非洲的人类开发

——实践与文化人类学

[日]松园万龟雄　绳田浩志　石田慎一郎 编著
金稀玉 译

浙江工商大学出版社 ZHEJIANG GONGSHANG UNIVERSITY PRESS | 杭州

图字:11-2018-370号

图书在版编目(CIP)数据

非洲的人类开发:实践与文化人类学 / (日)松园万龟雄,(日)绳田浩志,(日)石田慎一郎编著;金稀玉译.—杭州:浙江工商大学出版社, 2018.6

(日本对非研究译丛 / 徐微洁, 刘鸿武主编)

ISBN 978-7-5178-2795-5

Ⅰ. ①非… Ⅱ. ①松… ②绳… ③石… ④金… Ⅲ. ①文化人类学—研究—非洲 Ⅳ. ①C912.4

中国版本图书馆 CIP 数据核字(2018)第129225号

非洲的人类开发——实践与文化人类学

FEIZHOU DE RENLEIKAIFA—SHIJIAN YU WENHUARENLEIXUE

[日]松园万龟雄　绳田浩志　石田慎一郎 编著　金稀玉 译

责任编辑　姚　媛

封面设计　王妤驰

责任印制　包建辉

出版发行　浙江工商大学出版社

(杭州市教工路198号　邮政编码310012)

(E-mail:zjgsupress@163.com)

(网址:http://www.zjgsupress.com)

电话:0571-88904980,88831806(传真)

排　　版　杭州朝曦图文设计有限公司

印　　刷　虎彩印艺股份有限公司

开　　本　710mm×1000mm　1/16

印　　张　15.75

字　　数　274千

版 印 次　2018年6月第1版　2018年6月第1次印刷

书　　号　ISBN 978-7-5178-2795-5

定　　价　52.00元

总 序

非洲作为发展中国家最多的大陆,其辽阔的土地、丰富的资源、多元而悠久的历史文化,以及贫穷与欠发展的社会、经济状态,使非洲拥有和中国同样巨大也更为持久的发展需求。自2013年习近平总书记提出"一带一路"的合作发展倡议以来,国际社会积极响应,非洲也成为"21世纪海上丝绸之路"中重要的一环,中非合作潜力巨大。中非发展合作是中非双方的一个特殊机会、一个双方实现长远发展的外部舞台,对中非双方都有重大意义和深远影响。

目前,中非关系已超出双边关系的范畴而对世界产生多方面的影响,成为撬动中国与外部世界关系的一个支点。我国努力与"一带一路"沿线国家一起,建设政治互信、经济融合、文化包容的利益共同体、命运共同体和责任共同体。在此大背景下,中国社会产生了认知非洲之广泛需求,需要对非洲国家的各个方面及快速发展的中非关系展开深入系统的研究。面对这种互通互融需要,我们一方面应力促中国文化"走进非洲",另一方面也应组织力量,通过媒体出版、品牌建设、院校合作等多种渠道入手,使非洲文化"走进中国"。而日本对非研究的丰硕成果则是我们了解非洲的一个重要媒介。了解日本对非研究的具体情况,有助于我国更快、更好地开展对非援助以及中非合作交流,谋求互惠共赢。

对外援助是日本外交的重要组成部分,也是日本外交的特色和重要政策,而非洲则是日本对外援助的重点地区。日本对非洲的外交政策,在经历过几番起伏后,近年来掀起了新一轮高潮:从最初单纯的"资源外交"或"新重商主义"政策,转向"大国外交",发展与非洲在政治、经济等方面的全方位合作。

日本的非洲研究长期以来基于田野调查,产生了架构宏观的历史/政治结构与微观的社会/文化世界的独特的跨学科研究。日本的对非研究成果,特别是在对非援助政策、非洲的政治经济、非洲的社会文化、非洲的开发与共生的研究方面可以给我们提供极好的借鉴和启示。然而,国内学界有关日本对非政策的研究、日本对非研究的译介方面还存在不少问题与不足。比如,虽然有不少研究日本对非援助、日本对非政策方面的论文,但关于日本对非政策的研究尚未形成一整套理论体系,特别是从学者们对外政策的研究中寻找对非援助的理论渊源。

这些研究散见于国内期刊上的单篇学术论文，虽数量可观，但并无系统研究日本对非政策的专著，仅在部分专著的若干章节有所提及，缺乏系统和深层次的分析。与日本如火如荼的对非援助相比，我国对相关研究成果译介和传播的程度显然不尽如人意。

翻译是文化交流的桥梁，是文化“走出去”和“引进来”的重要途径，我们在进一步加大对外译介的力度的同时，更不能忽略对内译介的重要性。只有如此，才能消除“输入导向”与“需求期待”之间存在的隔膜。

有鉴于此，浙江师范大学非洲研究院、浙江师范大学外国语学院与浙江工商大学出版社在深入沟通、多次调研的基础上，共同策划了本套“日本对非研究译丛”，立意与非洲大陆的人文交流，为我国民间、社会团体、组织与政府了解非洲提供一个窗口。

我们将分批次推出《非洲问题——开发与援助的世界史》（平野克己著、徐微洁译），《非洲的人类开发——实践与文化人类学》（松园万龟雄、绳田浩志等著，金稀玉译），《非洲教育开发与国际合作》（泽村信英著、李沛译），《经济大陆非洲——从资源、粮食问题到开发政策》（平野克己著、于海鹏译），《非洲的开发与教育——以保障人类安全为目标的国际教育》（泽村信英著、樊晓萍译），《国际援助体系和非洲——关于后冷战时代“减贫机制”的思考》（吉川光明著、张赫译），《开发和国家——非洲政治经济论序说》（高桥基树著、陶魏青译），《生活在民族纷争中的人们——现代非洲国家和少数派》（栗本英世著、包央译），《援助国与被援助国——为了非洲的发展》（服部正也著、金玉英译）等日本非洲研究方面的系列译著。

本译丛为国内首批大型“日本对非研究译丛”，也是浙江师范大学非洲研究院“非洲文库”国家智库丛书的重要组成部分。丛书由日本对非研究经典著作中选择而来，作品有代表性，有知名度，能作为我国深入了解非洲经济、非洲教育、非洲文化、非洲社会及日本对非政策的基础丛书，是不可多得的“他山之石”，是深入贯彻习总书记提出的“一带一路”合作思想的丛书。通过丛书的译介和研究，有望形成一支高效实干的学术团队，培养一批非洲人文领域的译介与研究人才，挖掘非洲研究的中国特色与价值，推进中国对外援助事业的发展、中非合作的快速发展和中非文化的交流互鉴。

刘鸿武
教育部长江学者特聘教授、浙江省特级专家
浙江师范大学非洲研究院初始院长
2018年6月16日

关于国立民族学博物馆"机构研究"的成果出版

（日本）国立民族学博物馆馆长 松园万龟雄

基于文化人类学和民族学的立场，国立民族学博物馆于平成十六年（2004）围绕现代社会所面临的各种学术上的问题，开展了集调查、研究会、国际研究集会等于一体的公开的大型"机构研究"。至今已组织、实施了多个项目，其成员除了博物馆的教员之外，还有各个大学和研究机构的研究者。作为大学共同利用机构，各方研究者进一步发挥"机构研究"的功能，主要选取了与我国（日本）文化人类学和民族学的研究基地相符的课题。

"机构研究"涵盖"社会与文化的多元性""人类学式历史认识""文化人类学的社会应用""新人类科学的创造"四个领域，并在各个领域内实施多个研究项目。在第一个领域和第二个领域中，我们通过共时研究和历时研究，致力于剖析现代社会的各种问题；在第三个领域中，为了把学术知识运用到实践中，我们主要针对开发、国际协作的现场，以及框架中的文化人类学和民族学的相互关系及有效性进行研究；在第四个领域中，为了开拓文化人类学和民族学等人文社会学科的新研究领域和研究主题，我们实施了相关项目。

这次，作为"民博实践人类学"系列丛书，我们首先出版了第三领域"文化人类学的社会应用"的成果。各卷中涉及了医疗合作、内战后的社会复兴、原住民社会与开发、资源的管理及流通，以及备受关注的巨大灾害后的复兴计划等各种主题。文化人类学和民族学属于基础学问，同时又将社会应用也纳入其研究范围。希望通过本书多少能够反映文化人类学和民族学的这一研究状况。

目 录

开发研究与实践(代总序)

松园万龟雄

1 日本的国际协作与文化人类学

发达国家中,只有日本例外,其文化人类学家和社会学家在开发援助活动中的参与度很低。日本是世界上屈指可数的由政府进行开发援助预算的援助国。从这一点来看,的确让人很吃惊。这不管是对在接受援助的发展中国家从事异文化研究的文化人类学家来说,还是对日本的援助机构来说,都将是个大问题。其原因在哪里呢?我时任日本民族学会(现日本文化人类学会)会长期间(1998—1999),基于这一问题意识,发表了题为《寻求国际协力与人类学的契合点》的论文(《国际协力研究》[①],1999年10月,第15卷第2期)。

我在该文中写道:"笔者身边就有专攻人类学的友人和知己,有时也会有研究生加入国际协力机构(Japan International Cooperation Agency,JICA)的项目、评价调查及国内委员中等等。但是,不仅其人数微乎其微,而且虽然听过他们的口头演讲,却没见过其在研讨会上或以论文等其他形式发表,即公开发表的成果。综合笔者的印象,其原因应该是他们所承担的是次要的工作,从而没有感受到完全投入工作时的充实感。"

在同篇论文的结尾处还写道:"不知是福是祸,在人类学家之间也有意见分歧(笔者认为这是极其不幸的事情),但JICA和人类学家没有正视此问题。或许是片面的理解,笔者认为原因在于JICA至今没有做好接受并充分利用人类学家的准备。笔者曾多次提到应关注开发援助引起的急剧的社会变化和文化变化。笔者发现,近年来以此为研究主题的人类学家有所增加。这种倾向在年轻的研究者和研究生中尤为明显。据笔者所知,已有好几个以人类学家为中心的与开发援助相关的研究团队。人类学相关的研究大会和学会杂志中相关报告也逐渐

① 因翻译要求,全书在叙述时统一将"协力"改为"协作",但涉及机构名或文章名等时,为方便读者阅读,仍保留"协力"一词。(译者注)

增多，还出版了研究专集。……不应把援助机构与人类学的世界，以及对方近几年的动向看作‘事不关己的事情’，而应意识到共同放眼未来、顾全大局的时代已经来到了我们身边。”

写这篇论文时距离现在已经有8年了。现在，可以说援助机构和文化人类学之间逐渐开始了人与人的交流和信息交换。例如，我工作的国立民族学博物馆(以下简称为民博)也是如此，不仅在JICA工作的人，还有在联合国儿童基金会等联合国机构和非政府组织(Non-Governmental Organizations，NGO)从事过援助事业实务的人也开始参加人类学家主办的与开发相关的研究会。正如本书中花谷和杉田的论文所述，欧洲的援助机构发生了巨大变化，即从基础设施的完善和经济开发转变到以人为中心的开发。进入20世纪80年代后半期，在以这种援助机构为中心的世界性动向中，JICA提出将贫困、环境、女性等社会关怀作为其援助方针。JICA采用了“社会开发”“人类开发”“居民参与”“民间援助”等标语所启示的“人类中心”的援助模式，并开始认识到文化人类学的重要性。

更为重要的是，曾经在援助机构工作过的研究者逐渐开始在学会的研究大会中分享自己的经验，并在学会杂志上发表论文。8年前我深切感受到，援助经验要么被作为个别研究者的个人经验封锁起来，要么仅仅是在小型内部团体中被作为意见进行交换而已。无论有无援助实务的经验，这种经验及其建议并没有被许多研究者，尤其是文化人类学研究者所共享。我认为这才是最大的问题。关于这一点，我认为应争取更大的进步。

分析世界各地研究开发事业的现状，并将其纳入调查内容的人类学家数量有了显著增加。作为促进变化的外在因素，各种开发事业在社会中积极开展完善基础设施、医疗、教育等相关活动。人类学家不得不面对这种现实，开始观察该地区传统的社会组织及经济活动、人类与自然的相互关系的变化过程。开发事业作为社会与文化动态变化的重要因素，被纳入研究视野。换言之，人类学家虽然不是开发人类学家，但会在对社会与文化进行全面了解的基础上，关注当地居民对开发事业的应对方式和开发事业带来的结果。

在人类学知识的基础上，积极参与各个方面援助活动的研究者人数虽然不多，但也有不断增加的趋势。此外，将来打算致力于开发事业的人类学专业研究生人数也大幅增加。但是，任何大学都尚未制订足以将这些研究生培养成未来援助活动家的有关教师人数和教学计划的政策。今后，应在文化人类学的研究生院积极招聘实践研究领域的教师，并进一步完善教学计划。

通过近年日本文化人类学会研究大会上发表的内容也能看出，文化人类学研究者对开发等整个实践人类学的关注度正在逐步提高。虽然没有积极投身于实践当中,但许多“普通的”文化人类学研究者已将城市化、移民、难民、国内民族纷争、人口控制政策、资源枯竭、医疗援助、信息技术的渗透等近几年错综复杂的变化视为实地调查的对象,而且在该学会中有关这类研究的文章数量也显著增加。我希望这种研究能更为援助活动家所熟知,并有助于他们的研究。

2004—2007年,日本文化人类学会研究大会举办广义上的实践人类学分科会,其所发表的论文中对实践人类学有用的分科会的题目和代表人姓名整理如下(没有包含全部内容)。

2004年(于东京外国语大学)
“水产资源的利用与流通——寒冷地区和热带地区的比较”(岸上伸启)
“医疗教育现场中医疗人类学的可行性”(松冈悦子)
“作为资源的文化——开发与利用”(山下晋司)
“贫民社会与政府、外部组织的关系”(江口信清)
“对海外日本企业的人类学研究”(住原则也)

2005年(于北海道大学)
“与地区相关的人类学”(桥本和也)
“援助实践人类学——摸索其距离感”(关根久雄)
“护理人类学”(藤田真理子)
“人类学式移民、难民研究的实践与理论性课题”(芹泽知广)
“系统运行时——从地方性活动看技术、制度、知识”(森田敦郎、莫哈奇·戈尔盖)

2006年(于东京大学驹场校区)
“科学技术时代的人类学”(福岛真人)
“民俗知识诸相——亚非地区民族生物学研究进展”(重田真义)
“非法占据地和贫民社会的原始领导权与性别”(江口信清)
“实践人类学的必然性与可能性”(铃木纪)

2007年(于名古屋大学)
“社会弱势群体与观光”(江口信清)

"狩猎采集民的生计文化变迁"（池谷和信）
"开发援助项目与民族志式调查"（铃木纪）
"运动中的东亚：跨国移民的比较视角"（山下晋司）

以上只列举了相关分科会的部分内容。除了分科会，大会还进行了许多实践人类学相关的个人发言。这类分科会的会场坐满了听众，有时连站的地方都没有。提问环节也非常活跃，出席的大多为研究生等较年轻的研究者和骨干研究者。此外，也有很多女性会员。学会也好，大学和研究机构也好，应努力开拓这种激发会员的关心和热情，并将研究与实践密切联系在一起的全新的专业领域，从而为研究者和执行者提供交流讨论的场所。

因此，2007年，以大阪大学与大阪外国语大学的合并为契机，在大阪大学设立了国际协作中心，其发展动向备受瞩目。成立该中心的目的是把研究、教育、实践三者紧密联系在一起，并致力于全球化社会的贫困、环境、教育、传染病等课题研究，从而为国际社会做贡献。JICA和国立民族学博物馆也与该中心携手合作，共同开展各项活动。

实践人类学倾向于对现阶段现象的研究，并对过去到现在较短时间内的变化现象感兴趣。但是，实践人类学若想为当地居民做出对当地社会的开发与可持续发展等真实有效的贡献，学习全球化之前，即所谓"传统社会"经历缓慢变化时期的民族志研究，或现在仍然处于相同状况的社会研究也是非常重要的。不论是发达国家还是发展中国家，支撑现代社会的中坚阶层及其父母、祖父母这三代都出生并生活在截然不同的生活环境中。尤其是在发展中国家，大部分生活在城市里的人至今都与祖辈乡下的土地保持着紧密的联系。连棉质衣服都没有的祖父母的文化价值和规范依然扎根在穿着西装、敲打电脑键盘的现代都市精英等许多人的心中。如果没有针对过去的民族志进行研究，以及在落后于当今全球化的社会中进行长期的实地调查，就不会明白哪些是人们切实期待的援助。并不是每个社会的"人类都是相同的"。因此，应在每个社会的"人类是不尽相同的"这个前提下着手开展援助活动。

今后应该会有更多的文化人类学研究者投身当地，从事与自己的专业领域和题目相关的援助活动及评价作业。同时也需要因对知识和学术的关心及好奇心而长期驻扎在当地从事实地调查的研究者。此外，后者的优质研究成果必然会有助于援助的执行者和实践性文化人类学家的研究。

2 国立民族学博物馆与实践人类学

2004年,民博以法人化为契机,在四个领域开始了以本馆研究者为主力开展的机构研究。其中一个领域是"文化人类学的社会应用",在机构研究中其与实践人类学的关系最为深厚。在法人化前后,除了"人类学知识的使用与被使用的方法——医疗、开发、教育"之外,还开展了主题为水产资源分配、环保型经济、日本社会的多民族化、文化遗产管理与旅游业、异文化理解教育的计划开发等的共同研究。在馆内,这类多少与文化人类学的实践相关的共同研究也逐渐增多。为了奖励这类研究,并在馆内汇集成果,从而促进成果发表,民博开设了前述的机构研究——"文化人类学的社会应用"。

在民博从事共同研究的主要代表人有三种,分别是馆内研究者、客座教师,以及公开招聘的馆外研究者。2007年度这些代表人实施的共同研究中,与实践人类学相关的部分研究整理如下。括号内是代表人姓名。

"全球化背景下的保健体系变迁"(池田光穗)
"开发与原住民族"(岸上伸启)
"开发援助的人类学评价法"(铃木纪)
"有关健康、保健、身体、生殖的医疗人类学的应用学研究"(波平惠美子)
"有关灾害的人类学研究"(林勋男)
"利用沿岸水域的社会变迁——海洋环境保护与参与型开发"(松本博之)

在机构研究"文化人类学的社会应用"的研究项目"为了日本的应用人类学发展进行的基础研究"(代表人岸上伸启)中,2004年后邀请了既是来自欧美的社会科学研究者,同时又从事开发援助工作的人员举办了如下国际开发援助研究会。

第一届"丹麦、瑞典、日本的开发援助——以开发中的社会科学的作用为中心"(2004年11月6—7日)

第二届"开发与性别(一)"(2005年2月20日)

第三届"开发与性别(二)"(2005年6月19日)

第四届"加拿大国际开发厅和世界银行中的人类学家与社会学家的职责——社会评价、参与型开发及社会的安全关怀"(2005年11月12—13日)

此外，以民博的研究者为中心组织的、向普通民众公开的研讨会、研究论坛及研究会也不在少数。除了民博的经费之外，在日本学术振兴会、国际交流基金及其他外部资金赞助下还举办了一些会议。2004年以后的主要会议主题如下所示(只注明民博以外的举办地点，年月日前面的是代表人姓名)。

"现代世界中人类学知识的社会应用"(国际研讨会，由澁泽民族学振兴基金和大阪大学21世纪COE①计划共同举办，田村克己，2004年10月28—30日)

"种族灭绝后社会的重组——以中美危地马拉为例"(研究会，由日本学术振兴会、国际交流基金及东京大学共同举办，关雄二，2004年11月27日)

"多元社会的原住民运动——加拿大的因纽特人和日本的阿伊努人"(国际研讨会，民博与日本学术振兴会共同举办，岸上伸启，2005年1月13—15日)

"2004年印度洋地震海啸灾区的现状与重建的课题Ⅰ"(研究论坛，林勋男，2005年4月23日)

"2004年印度洋地震海啸灾区的现状与重建的课题Ⅱ"(研究论坛，林勋男，2006年1月8日)

"种族灭绝后社会的重组——为了和平的社区博物馆"(研究论坛，与日本学术振兴会共同举办，关雄二，2006年3月11日)

"挪威的开发协力——卑尔根大学、克里斯蒂安·米凯尔森研究所、NGO"(国际研讨会，岸上伸启，2006年11月23—24日)

"实践文化人类学——国际开发协力与防灾中的应用"(公开研讨会，大阪国际会议场，岸上伸浩，2006年10月21日)

"公平贸易的目标——其多样化的现状与课题"(公开研讨会，民博与日本学术振兴会共同举办，京都校园广场，宇田川妙子，2007年3月10日)

"和移民一起变化的地区与国家"(庄司博史，2007年3月26—28日)

民博携手新闻社每年在东京和大阪各举办一次面向普通民众的馆内研究者学术报告会。报告中反映近几年全球化形势的、和实践人类学相关的内容逐渐多了起来。以下是2004年以后的报告会主题。

---

① COE，全称为Center of Excellence，是日本政府为推动本国高等教育的改革和发展而实施的计划。(译者注)

“震灾十年中的NGO与NPO[1]——对国际协力的建议”(东京,日经Hall,2004年10月8日)

“灾害的记忆——从灾害民族志思考社区防灾”(丰中市,千里生命科学中心,2005年3月23日)

“家庭设计——韩国、中国及日本的选择”(东京,日经Hall,2005年10月28日)

“世界的传统技艺与最前沿——影像能传承文化遗产吗?”(大阪,每日新闻Oval Hall,2006年3月3日)

“思考多文化共生——以澳大利亚的现场为中心”(东京,日经Hall,2006年10月27日)

“生活在日本——移民的智慧与活力”(大阪,每日新闻Oval Hall,2007年3月2日)

如上所述,在日本的文化人类学研究中涉及实践与应用的,或者是对其有帮助的研究逐年增多。这在以现代文化社会为对象的研究中是理所当然的事情。今后,直接或间接涉及日本的国际关系和国内各方面行政的研究也将不断增多。

日本文化人类学会也考虑到人们对实践的关心不断高涨,于2006年设立了“实践人类学合作事业研讨委员会”。委员会内的“有关应用与实践人类学的研讨工作组”开始探讨与民博以外的机构开展合作事业的可能性。2007年该研讨委员会作为“实践人类学合作事业实施委员会”被列入学会的正式委员会。据说,该委员会今后计划建立从事实践人类学的研究者数据库,并开展以开发等国际协作为主题的实践人类学研究等事业。作为大学共同利用机构,民博也会积极支援学会的这类动态。

3 民博共同研究会“开发与原住民族”

本书是将2005年12月3—4日公开举办的第二届国立民族学博物馆共同研究会“开发与原住民族”(代表人岸上伸启)之“非洲地区开发”中的报告汇总而成的。举办此次研究会的宗旨如下(转自国立民族学博物馆主页):

---

① NPO,全称为Non-Profit Organizations,指“非营利组织”。(译者注)

第二届共同研究会“开发与原住民族”中提到了非洲地区的开发援助。而且,在非洲各国和地区,思考人口移动的历史经纬时就会发现,“原住民族”这一概念并非很适合。不仅如此,与针对少数派进行开发援助的国家和地区不同,非洲地区大部分的人都处于贫困状态。因此,本书不限于狭义的原住民族,而是以广义上的地区居民和开发援助之间的关系为研究对象。第二届共同研究会的主要内容如下:(1)从事由各种官方机构、NGO等实施的援助事业开发工作的执行专家及在受援国进行民族志式调查的研究者的案例报告。(2)为了了解非洲开发的实态和提起问题而进行的信息交换与讨论。(3)开展非洲以外地区的(援助)执行者和研究者也参与的比较研究。

大部分非洲国家预计无法如期(2015年)完成联合国千年发展目标(Millennium Development Goals, MDGs)中的数值目标(例如,根据2005年9月发布的《人类开发报告书》,肯尼亚在177个国家中排在第154位,这一“排名”使肯尼亚人民十分沮丧)。与此相比,2005年7月在格伦伊格尔斯召开的八国首脑峰会(日本)同意对发展中国家增加援助(“今后三年日本将对非ODA[①]增加一倍”)。通过新闻报道等,将国际社会援助非洲开发的新动向传递给了受援国的人们,并表达了在今后将进一步扩大事业版图的期望。

第二届研究会基于以下观点开展了开发援助事业的案例研究。第一,有必要了解开发援助实施机构的实态。这是因为,每项援助事业“虽然有着共同的理想和目标,但根据实施支援的援助机构不同,项目的性质和结果也不同”(杉田映理:《援助实施机构的组织文化与“居民参与”》,《民族学研究》1999年第64卷第3期)。第二,详查援助事业对当地社会造成了怎样的影响。有各种详查方法,但希望能够结合具体的案例报告开展实践性研究。第三,讨论该援助事业的起草、实施、评价的方法论。而且,今后将围绕长期干预地区社会下形成的人类学的方法与知识是否被援助机构采纳,或被采纳的会是什么样的方法与知识等,对开发援助方法论的实务与研究的契合点进行讨论。

JICA的刊物中写道:“2003年10月之后,JICA在新理事长绪方贞子的领导下,根据‘现场主义’‘人类安全保障’‘效果、效率性与迅速性’这3个中心思想重新审视事业和组织,并致力于新的改革。……据此,从以往的计划(协作形态)部门体制转移到强化MDGs等开发课题研究的课题部实施体制,同时为了强化与达

① ODA,全称为Official Development Assistance,指“政府开发援助”。(译者注)

成MDGs的非洲的合作,新设了非洲部门。"(国际协力机构:《为了世界更美好的明天——面向JICA千年发展目标(MDGs)的对策》,国际协力机构2005年版,第12页)第二届研究会还从JICA招聘了特聘讲师。因此,也将围绕主张"重视非洲"的JICA基本方针中南南合作(亚非合作、非洲区域内合作)的历史背景和可能性交换意见。

以上有关宗旨的说明中,作为反映非洲各国贫困状况的一个具体指标,提到了联合国开发计划署(United Nations Development Program,UNDP)2005年版《人类开发报告书》中肯尼亚的"排名"(在177个国家中排在第154位)。顺便说一下,在2006年版(2006年11月9日发表)《人类开发报告书》中,肯尼亚的人类开发指标得到了些许提高,在177个国家中排在第152位(正式发布次日,即11月10日,肯尼亚国内的媒体也进行了速报)。2006年版的报告书,以解决水和卫生设施的危机为整体课题。作为肯尼亚危机的具体例子,报告书提到了其位于首都内罗毕郊区的基贝拉贫民窟的恶劣的如厕环境和北部干燥地区的严重水资源不足问题。但是,包括"排在第152位"的肯尼亚在内,非洲各国(从第147位到第177位共计31个"低开发"国家中占29个)的危机并不只限于水和卫生的危机。通过《人类开发报告书》中的各种统计、比较也能够看出,其所有部门都处于极端低开发的状态。

以上有关宗旨的说明,介绍了发达国家的开发援助政策中"重视非洲"的动向。不仅如此,在日本国内的新闻报道中也随处可见就对非支援的必要性和日本作为世界最大的开发援助国所能发挥的作用提出的各种建议。例如,2007年5月3日刊登在《朝日新闻》晨报第12版第19页上的题为《非洲支援——如果放任不管,问题就会扩散至全世界》的新闻评论,其开头部分就非洲的危机状况做了如下阐述。

> 有好几个令人震惊的数据。生活在非洲的约9亿人口中,生活费不足1美元的人居然占4成以上。平均寿命是46岁,在日本这正是年富力强的年纪。全世界66%的艾滋病病毒感染者集中在这里。内战纷争不断,7成多的联合国维持和平活动(Peace-Keeping Operation,PKO)都指向了非洲。全世界1/4的难民生活在这个大陆。对于这个空前的人道危机,我们应给予更有力的关注。同时不应忘记,如果非洲大陆没有实现可持续和平和可持续发展,任何全球规模的问题都没有解决的希望。

包括以上提及的各种问题在内，在各种局势下非洲各国所面临的危机都在威胁着人们的生活。例如，恶劣的道路状况，缺乏医院、医生、药品，学校和教师制度的不完善，艾滋病和疟疾等造成的人类损失，犯罪和交通事故等城市风险，政治和行政中的贪污及不正当行为，地方经济作物生产失败等非常多的课题。这些不仅源于过去在殖民地支配时期所遭受的政治、经济上的掠夺，还源于在当今世界范围内推进的全球化和各地区多种多样的社会习俗、价值观之间的冲突。因此，很多时候仅靠以完善传统基础设施为中心的统一的开发援助和单一的无偿援助是不能解决根本问题的。在非洲各国，卫生设施和路网完善等硬件方面的援助将继续成为课题。与此同时，我们应充分考虑到各贫困地区不同的社会背景，并在此基础上实施开发援助。以上问题意识正是撰写本书的基础，即召开共同研究会的动机。

作为本书的基础，民博共同研究会主要发表了如下几点论题。

青木澄夫（中部大学国际关系专业）“近代日本的非洲认识——援助和研究的前提”

花谷厚（国际协力机构非洲部）“削减贫困战略体制下的非洲开发援助——对我国的应对和地方开发事业的启示”

若月利之（近畿大学农学系）“西非的水田开发——基于尼日利亚努佩和加纳阿散蒂的经验”

箱山富美子（藤女子大学人类生活系）“关于非洲地区的开发援助——联合国儿童基金会开发援助项目案例”

绳田浩志（鸟取大学干燥地研究中心）“人类学对开发援助事业的实践性贡献——苏丹的荒漠化治理项目和传统知识的重要性”

上述所有发表者，要么现在仍旧从事开发援助事业，要么过去曾参与过开发援助事业。

青木澄夫过去作为JICA的一员参与了日本的ODA，同时还从事以日本和非洲民间交流为中心的历史研究。他既是开发援助实务的经验者，也是这方面的研究者。花谷厚的专业是以非洲为中心的开发政治社会学和社会人类学，他目前就职于JICA，是站在日本ODA最前沿的开发援助执行者。若月利之是农学家,作为JICA的专家被长期派遣到西非从事水田开发研究和实践。箱山富美子作为联合国职员,在教育、女性、保健卫生等领域有着长期积累的实际经验,现就职于某大学。绳田浩志曾作为JICA的专家被短期派遣到西亚,现在是和自然科学家一起共同推进干燥地研究的文化人类学家。

当天的会议中,花谷、若月、箱山口头发表了收录在本书中的论文。青木发表的内容没有收录在本书中,此外,绳田发表的内容不同于本书中的绳田论文。以下是当天青木和绳田两位先生发表的内容摘要:

青木发表的内容是,通过详查第二次世界大战以前在日本出版的非洲相关文献,探讨明治以后日本人对非洲的关心是从何时起以及怎样产生的。例如,对福泽谕吉的《世界国尽》和内田正雄的《舆地志略》,以及在日本对斯坦利、利文斯敦、戈登等和非洲有着密切关系的西方探险家、传道士、军人的介绍进行了分析和解说。此外,还对明治时期活跃在非洲的日本人、非洲移民政策,以及进入昭和时期后非洲航路的开通、外务省向东非派遣经济调查团、与埃塞俄比亚的交流、埃塞俄比亚热潮的到来和消失等进行了具体考察。可以说,当时日本掌握的有关非洲的信息比掌握的中东、南美的信息还要多很多,但大部分是日本用于走向海外的、有关殖民地化的信息。在谈论日本和非洲的关系、交流、合作时,人们经常会说:"日本人没有在非洲弄脏自己的手。"但青木对此持怀疑态度。本文阐明了以平等合作伙伴的姿态面对非洲国家时,进一步了解非洲交流史和收集信息动机的必要性。

绳田发表的内容是,围绕人类学对开发援助事业的实践性贡献,提出了苏丹的荒漠化治理项目的具体方案(个人设想)。首先,指出了能够超越现有干燥地研究的新模式,而该研究过去是治理荒漠化的科学依据。其次,从"人类中心"的立场重新认识荒漠化治理,并创建了以"传统知识"的再利用和发展为轴的开发援助框架。最后,以苏丹为背景,围绕环境、农业与水、性别与健康、文化、综合开发的各领域,介绍了创造地区社会可持续发展的荒漠化治理项目的个人设想。

此外,虽然不是研究会的发表者,但向本论文集投稿的杉田映理(专业为开发人类学,开发援助执行者)也参加了本次研究会,其在讨论过程中发挥了积极的作用。

研究会当天,把执行者的经验和研究者的见解结合在一起,面向"文化人类学的社会应用"的未来进行了建设性讨论。假如说执行者和研究者之间有合作契合点,那么该契合点会在哪里呢?与会人员结合具体的课题,从各自的立场出发提出了意见。作为援助的最终受益人,有多少非洲当地人民的请求反映在过去的开发援助事业中呢？他们的要求真正落到实处了吗？谁通过开发援助事业获得了利益？与会人员就这些问题提出了强烈质疑。

非洲的开发与研究的执行者和研究者，在长期面对面进行对话的同时，也开始正视文化人类学或文化人类学视角和开发援助之间的关系。就这一点而言，可以说研究会达到目的了。

4 来自现场的课题与建议——论文简介

4.1 花谷厚《削减贫困战略体制下的非洲地方开发》

花谷指出，"援助作为宝贵的国家开发资源之一，应合并到整体开发战略和政府财政之下，并在受援国政府的主体管理下进行战略性投资"。在此基础上，花谷对其历史背景做了如下整理：

20世纪80年代中期以后，结构调整政策中也有了促进市场经济自由化和政治民主化的一面。但未能解决经济发展政策偏向于城市、地方的资源分配不均衡这些非洲长期以来存在的难题，"地方=农村"的开发仍旧处于停滞状态。开发中统治的正当化和开发战略上开始向更加重视综合性观点的削减贫困战略体制转移，成为现在（20世纪90年代末以后）围绕开发援助的世界性动向。从项目型援助转向计划型援助是这种新动向的特征之一。在计划型援助中，捐赠国通过受援国的行政体系进行财政等支援。通过这种方法，受援国的所有权得以确保，并有望促进体系改善和人才培养。

花谷围绕这种新的援助方法提出了几个课题。在过去的项目型援助中，捐赠国根据事前社会调查、计划设计、实施、事后评价等，可以独自进行决策。而在计划型援助中，这些则可以委托给受援国的当权者。但在现阶段很难说受援国有足够的能力完成这些工作。花谷提到了坦桑尼亚和乌干达的地方开发现状，同时指出"履行向国民说明的责任，以及实施国民所需的最低限度的公共服务和开发事业的国家体系建构"是前提条件。

正如花谷所指，通过受援国行政体系实施的援助中，捐赠国即援助国及援助国的专家或许变得很难独自进行决策。

花谷指出，非洲地方开发中上述制度的建构过程正成为近几年的主题，在此基础上其展望了捐赠国作为助跑者，而非开发主导者的职责。还指出，应"将通过现场事业所能获得的经验和意见反馈到整个制度建构过程中，帮助我们重新审视制度本身"。

4.2 杉田映理《JICA的独立行政法人化与社会关怀对策》

杉田在论文中围绕2003年独立行政法人化后JICA事业实施体制的现状和课题,尤其从开发援助事业的“社会关怀”的角度进行了考察。

所谓开发援助中的“社会关怀”是指“进行切实符合社会状况和人们需求的合作”。据杉田所言,JICA在1988—1996年的特殊法人(国际协力事业团)时期,在环境、贫困问题、开发与女性等领域进行了援助研究,并提出了社会关怀方针。此外,在实际援助事业案例中开始以社会开发为主要主题,在人才应用方面也发生了变化。这些反映了世界性动向的特征,即从基础设施完善和经济发展转向以削减贫困为中心的人类开发。

杉田对20世纪90年代改革的进展进行了详述,在此基础上关注了2003年独立行政法人化之后JICA着手制订的以“现场主义”“人类安全保障的观点”“效果、效率性与迅速性”为轴的“改革计划”。

首先,“现场主义”表示的是推进向驻外办事处的权限转让和人员移动的方针。其次,“人类安全保障的观点”与上述以人类为中心的开发援助的世界性动向进行联动。最后,“效果、效率性与迅速性”有着较强的对日本国内以国家预算为基础的官方机构——JICA的社会需求进行应对的特点。

杉田在围绕这种新方针介绍JICA动向的同时,对第三点做了如下说明:“谋求效率化的同时,实施有效的援助(提高业务质量),就会出现不得不面对‘选择与集中’的情况。”如果真是这样,杉田担心20世纪90年代以后强调的开发援助中的社会关怀,有可能在独立行政法人化之后的现在作为重视效率性的结果,从“选择”中被删除掉。

杉田在结论部分指出,为了社会关怀,以及积极确保真正的“现场主义”,需要“在当地长久派遣的方法”和“根据当地情况较容易地变更计划的灵活性”。

4.3 箱山富美子《开发援助的世界性动向与联合国儿童基金会项目案例》

箱山的论文基于其多年来在联合国儿童基金会(United Nations International Children's Emergency Fund,UNICEF)积累的实务经验,对如今开发援助的世界性动向和联合国儿童基金会在毛里塔尼亚实施的援助事业案例进行了介绍。

箱山围绕毛里塔尼亚确保饮用水、修建厕所、以女性为对象的经济支援活动、消灭几内亚龙线虫的运动,在举出具体例子的同时,指出援助除了重视硬件之外,还需要重视软件,即指出了在将对象地区的社会背景、生活习惯、性别观等考虑在内的综合模式下进行援助的具体理由。

在箱山介绍的厕所案例中,当地居民自行修建的"蜗牛型厕所"和在海外援助下修建的蹲坑式厕所,就其卫生情况和使用便利性来说,现阶段前者更符合当地实情。对后者进行有效利用和维持管理,除了厕所本身的修建,当地居民还需要使用方法和维护方面的相关信息。但是,由于缺乏信息,后者未能成为有效的援助项目。

以消灭几内亚龙线虫为目的的事业并不是仅引进预防接种和药物(这在过去的寄生虫病和传染病防治中是常见的方法)的单一项目,而是采取了将地区社会特有的各种条件考虑在内的综合性方法,这是其特点所在。具体来说,通过确保饮用水的安全来降低感染风险,并完善现场的保健行政。据箱山所言,通过这种对策,消灭几内亚龙线虫项目已发挥出令人欣喜的效果。

作为联合国职员,箱山长期在世界各地工作,在非洲的人生经验最为丰富,在毛里塔尼亚度过了将近6年,在苏丹度过了将近5年,在阿尔及利亚度过了2年多的时光,对非洲有着"深深的眷恋和感情"。例如,见证了"尽量做到不引人注目"的女性生殖器切除(Female Genital Mutilation,FGM)项目成为"国际主题",并参与了该项目的正式启动。尽管"当事人意识"是项目成败的关键,但当事人需要大量的时间和精力。由于效率太低,实际很多项目成了官员的一纸空谈。而且,箱山当时向日本的ODA相关人员说明了小额贷款的重要性和妇女银行的例子,但没有被认真采纳,从而其感受到ODA的矛盾之处。这些具体的事件中包含了只有常年在当地执行项目的人才能够了解的许多重要问题。

4.4 若月利之《通过水田生态技术实现西非的绿色革命——基于尼日利亚努佩和加纳阿散蒂的经验》

为了在粮食生产处于停滞状态的非洲实现绿色革命,若月在论文中提出了具体的建议。

绿色革命应具备3个要素,即高产量品种、土壤肥料、灌溉技术。在撒哈拉以南非洲,以欧美援助机构为主导的农业开发效仿热带亚洲的成功案例特别重视品种改良(生物技术),但没有得到令人满意的效果。据若月所言,想在非洲实现绿色革命,需要具备修建水田等改良生长环境的生态工程学技术,即生态技术。

本文首先讲述了若月从事西非水田开发研究的经历。1986—1988年,其在尼日利亚努佩的农村实施了第一次动态研究,1992—1997年,实施了第二次动态研究(因受各种因素的限制,都以失败告终)。通过1994—2001年实施的共同研究,在加纳阿散蒂的农村设计出依靠农民自力开发的水田开发方式(谷地田耕作方法),目前该事业也在不断扩大。在这一系列的过程中,把加纳的成果应用在尼日利亚,并致力于以尼日利亚和加纳的专家为对象的人才培养。2003年以后,利用之前的研究体制在加纳和尼日利亚实施的5年实证研究正在进行当中。

其次,对经营传统的准水田低洼地稻作的尼日利亚努佩农村等部分内容进行了考察。由于西非传统的耕作方法不是水田稻作,因此,“进一步降低了原本就很低的土壤肥沃度”。与此相比,若月重视水田开发的重要根据之一为“低洼地水田的可持续产量是旱稻的10倍以上”这一经验性事实。据此,还能保护森林不会因旱稻生产而消失。当初,欧美的援助机构对若月等的水田开发持怀疑态度,但生态工程学技术即生态技术的重要性最终得到了认可。当然,正如若月所说,“想在生态环境、文化、历史和社会经济条件均不同的西非土地上开展起源于季风亚洲的水田农业”则需要进行不断摸索,本文为此提出了几点具体的想法。

若月明确提出了自身研究中的假设和实践活动的理念,在此基础上,简单明了且通俗易懂地向读者传递了近20年来在哪些方面有“失败”,感受到怎样的“挫折”,又在“不断摸索”什么等内容。从若月在已有经验的基础上顽强前进的姿态中,研究者、执行者,以及日本的新一代年轻人一定能学到很多东西。

4.5 石田慎一郎《国际开发NGO在肯尼亚中央高地Nyambene地区——仁人家园的房屋建设支援和还贷现状》

在论文中,作为国际开发NGO在非洲的活动案例,石田对肯尼亚仁人家园的房屋建设支援事业做了详细报告,并基于人类学调查中所获得的见解提出了几点建议。

家园的支援事业中,虽然对房屋建设所需的贷款进行支援,并对事业运营实施技术指导,但始终以尽可能利用当地社会资源为其基本理念,极力排除来自外部的无偿提供。受益者本人(家庭)在建完自己的房子成为“业主”后,必须按月偿还建房费用。

石田围绕肯尼亚中央高地Nyambene[①]地区“分部”(家园支援的农村社区)的事业实态,特别是对贷款支援和还贷现状进行了案例分析,即首先对调查地的房屋状况、社会经济特征及家园事业的结构进行了概观。在此基础上,在还完贷款

---

① 为避免误译,文中出现的外文,若无常用或官方翻译,直接使用原文。(译者注)

的优质业主的案例中，通过对还贷期间发票等的分析，明确了各个业主的经济活动（现金收入）和还贷状况之间的关系。其次，还提及了明显延迟还贷的多数业主的实态及其导致的分部事业的停滞。

为了实现家园事业的可持续开发，以业主的还贷为前提的资金循环与周转至关重要。家园事业中采用"将贷款总额换算成水泥指标，把1袋水泥的市场价格作为每月还款额"的方法，具有"通过浮动制来应对建筑材料市场价格的变动，防止周转基金缩减，使事业持续开展下去"的优点。分部作为贷款和偿还的窗口，建立在浓厚的社会关系之上，因此，很难按规章催缴欠款。

现阶段，家园在农业生产性比较高的地区开展支援事业。在Nyambene地区，经济作物产业非常发达。今后如果在干燥地等缺少现金收入来源的地区扩大事业的话，可能会使还贷率变得更低。

本文指出，为了将家园作为可持续的支援事业继续下去，在坚持还贷为基本原则的同时，应有效利用创收计划等，并将此扩大至通过房屋建设进行的综合性自立支援事业。

4.6 绳田浩志《与希鲁克部族首领昆戈(Kwongo)的对话——用我们的双手创造和平吧》

绳田在论文中回顾了1993年5月访问苏丹南部时的经历，同时思考应如何利用自己的经验，并在此基础上，对人类学的社会应用提出了建议。

副标题"用我们的双手创造和平吧"是苏丹南部希鲁克(Shilluk)部族首领昆戈（1993年7月登基为第34代国王）演讲中的一小节。绳田在现场聆听了首领的演讲，并在谒见首领后获得了直接对话的机会。绳田在该文中忠实地记录了与首领的对话内容，试图传递首领的观点，并在这一强烈意愿下撰写了该文。

绳田在前往希鲁克部落的漫长路程中，领略到尼罗河的自然风光，接触到尼罗河流域多样化的语言和生活习俗，并在各地听到了各种声音。绳田目睹了因持续的内战而荒废的国土，同时因第一次患上该地区特有的热带传染病而感到极度疲惫，身体上和精神上都陷入了危险状态。正是切实置身于苏丹南部特有的严酷的自然和社会环境之中，驱使绳田理解并传递首领的观点中所包含的希求和平的"坚定意志"，这远远超越了学术上对希鲁克神圣王权的关注。

据绳田所言，这一系列的当地体验最终成为思考人类学对开发的贡献的"个人契机"——"我之所以想从事'开发'相关的工作，是因为通过肉体上和精神上接近死亡的经验，强烈反思了自己对这个社会的价值"。许多人类学家前往"与外部社会的接触相对较少的地区”进行调查。踏上那片土地,获得总体经验(学术论文只是极少的一部分),并就地培养对事物的看法和想法。只有通过这一过程我们才能倾听在远方无法听到的来自现场的声音。

所谓人类学的“经验性”方法,归根结底也是通过从早到晚置身于现场所获得的经验来发现问题的方法。比起满足自身对知识的渴望,人类学家的见闻和体验远远超过了这些内容。绳田指出,就这一点来说,人类学家具有“不可被其他专家代替的存在意义”。

绳田主张的人类学的精髓是田野工作。绳田认为,这与最近在各个领域随处进行的田野工作实则不同,是一种研究者全身心投入的体验。

削减贫困战略体制下的非洲地方开发

花谷厚

1 问题意识

无论从削减贫困这一联合国千年发展目标的观点，还是从农业开发这一主要产业的观点来看，在谈论非洲开发时都无法回避有关非洲地方开发的问题。非洲诸多国家的大多数人口，仍旧是地方居民[1]，地方的贫困问题比城市更加严重[2]。不仅如此，农业作为非洲最重要的产业，主要在非城市地区的地方，即农村地区开展。

6成以上的非洲人口从事农业生产[3]，其生产形态是以相对剩余土地为前提的依赖雨水的传统小农生产为基础的。但是，经济作物的市场价格低迷、农业投入品补贴削减、天气反常、人口压力加大导致的剩余土地的减少和土壤肥沃度的下降等使农业生产遇到了瓶颈，农户家庭收入同样也陷入停滞状态（平野，2002：30-57）。此外，从社会服务的观点来看，在道路、电力和自来水等基础设施，以及现代医疗保健和教育服务等方面，地方也远远落后于城市（尤其是首都）[4]。

这些现象与20世纪60年代至70年代非洲各国独立后所采取的偏重城市的经济发展政策和地方资源分配不足的发展政策有关（Bates，1981）。此外，根据80年代中期之后实施的结构调整政策，（各国）对农业领域和社会领域的国家干预和补助也大幅减少了，即在结构调整实施之前实施的国家主导型经济政策下，与城市相比，地方（农业部门）同样遭受了冷遇。但是，随之引入的结构调整政策，迫使居住在非洲地方的人民（即农民）承受了更大的负担。

此外，在这些政策环境下，包括援助国（捐赠国）援助项目在内的地方开发事业未能取得可持续发展的成果。在非洲各国的政府预算非常有限的情况下，捐赠国实施的开发援助项目对地方开发所起的作用是非常大的。这些“地方开发项目”在援助地区的综合性开发（地区综合开发研究）和重视有助于居民参加的方法论（参与型开发）等方面采用了多种新方法。这在一定程度上对援助地区和对象带来益处。但鉴于持续至今的非洲农业低迷和农村贫困状况，对于整个非洲地方开发来说，其未能带来全面且持续的影响。

可见，非洲地方开发在经济和社会发展方面的重要性是不容置疑的。但在现实政策中并未受到重视，在实践中也未能取得足够理想的成果。那么地方开发目前在多数非洲国家是以何种形式实施的呢？尤其是90年代以后，在以结构调整政策理论为背景的自由市场主义思想、民主化与新型社会管理模式的影响下进行的政治、经济、行政方面诸多改革，以及90年代末以后引入的以削减贫困战略[Poverty Reduction Strategy（Paper/Process），PRS]为中心的开发体制建构过程中，地方开发政策是如何实施的呢？此外，包括日本在内的各捐赠国实施的地方开发援助受到了怎样的影响？本文将在有限的范围内对这些问题进行考察。

众所周知，非洲幅员辽阔，资源丰富，其文化博大精深且富有多样性。将议论、说明化为一般形式就会面临失去该多样性的风险。本文以非洲东南部母语为英语的国家为中心，旨在指明涉及多数非洲国家的基本开发方向。

2　非洲的开发经验和削减贫困战略

2.1　引入削减贫困战略(PRS)体制的背景

首先，本节将梳理当今非洲地方开发政策的背景，即国家开发政策的概要及其引入背景。

正如人们所知，每隔数年乃至十年，开发的主题都会有很大的变化。其原因是倡导开发主题的联合国机构和世界银行自身工作需求会有变化。然而，对一个国家及地区的开发本身就是没有经验可借鉴的，是摸着石头过河的过程，必然会不断经历试错和改正。

将非洲独立之后的主要开发主题的变迁整理如图1所示。在图1所示的变迁的开发主题中，PRS体制无疑成为当今非洲主流的开发框架。为了了解PRS体制，有必要先了解引入该体制的非洲开发的历史背景，基本可列举为以下几点。

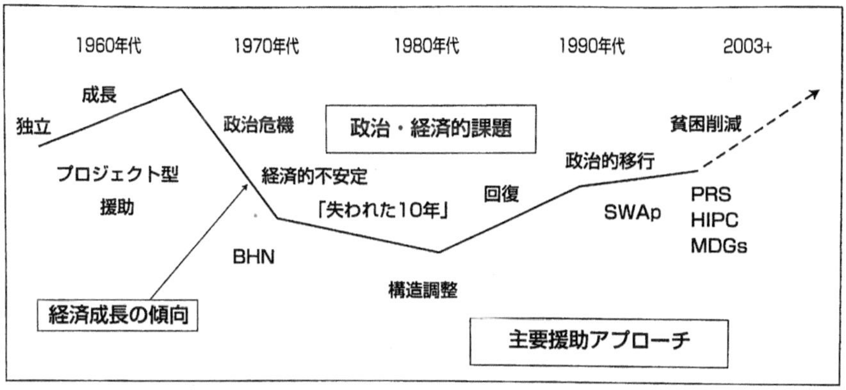

图1 非洲开发主题的变迁①

（笔者根据世界银行"Strategic Framework for Assistance to Africa 2004"制作。）

第一,反省国际社会和捐赠国实施的结构调整政策。进入20世纪80年代中期之后,作为融资条件,世界银行和国际货币基金组织(International Monetary Fund,IMF)引入的结构调整政策通过宏观经济的稳定化、贸易和汇兑的自由化、排除政府对市场的干预等政策的实施,期待可以从民间领域推进经济开发。虽然在宏观经济的稳定、经济自由化的推进和政府财政的收支改善等方面取得了一定的效果,但事实上,除了一部分国家之外,大部分国家未能取得前期所期待的民间领域成长带来的经济发展成果。反而,因政府财政紧缩化引起的社会服务的缺失,以及国营和公营企业民营化引起的失业人员增加等对社会弱势群体的影响而饱受批评(北川,高桥,2004:113)。

贫困问题作为推进市场经济化的负面效应备受关注。当时,受到阿玛蒂亚·森等提出的厚生(公共福利)经济学中深化贫困概念的影响,更多的人逐渐意识到开发不只是改善所得,而应将其理解为人类为了能够过上富有创造力的生活所必要的选择项的扩大,即"潜在能力"的问题(Sen,1999:83-85;绘所,1997:197-198)。以此为背景,进入20世纪90年代后"削减贫困"即"人类开发"成为重

---

① "1960年代""1970年代""1980年代""1990年代""独立""プロジェクト型援助""成長""政治危機""経済的不安定"的中译文分别是"20世纪60年代""20世纪70年代""20世纪80年代""20世纪90年代""独立""项目型援助""增长""政治危机""经济不稳定";"'失われた10年'""構造調整""回復""政治的移行""貧困削減"的中译文分别是"'失去的10年'""结构调整""恢复""政治过渡""削减贫困";"経済成長の傾向""政治·経済的課題""主要援助アプローチ"的中译文分别是"经济增长的倾向""政治和经济课题""主要援助研究"。(译者注)

点开发计划。在国际社会中，从1990年由UNDP创刊的《人类开发报告书》及其“人类开发指标”到1996年将支援该人类开发指标内领域作为捐赠国援助战略目标，并由此设定的开发援助委员会（Development Assistance Committee，DAC）新开发战略，以及在这些领域中具体目标的设定，再到2015年之前实现作为国际公约的千年发展目标等一系列的发展趋势都可以具体体现这一过程。

第二，关注开发中的统治的重要性。可分为两个过程，一是20世纪80年代后半期开始，试图改变应用结构调整政策时妨碍经济稳健运营的主要因素，即贪污及其背后长期存在的一党专制体制，并要求政治民主化。此外，这一时期欧洲社会主义体制国家解体，自由主义经济体制和民主政治体制逐渐成为“世界标准”，这也是影响因素之一。其结果是，90年代初期推进了由一党制转向多党制的“民主化”[5]。

另一个是，正如世界银行有关“评估援助”的研究所表明的那样，各国普遍认识到经济增长和该国的统治状况之间有着一定的关联（World Bank，1998：1-27）。但国家之间或国内的纷争不断，导致作为经济发展基础的人类经济活动处于停滞状态。不仅生命被剥夺，政治和经济高层人物的贪污腐败也导致国家资源被掠夺，甚至连基本的公共服务都无法提供的状况与该国的开发和经济增长有着很大的关系。这一点可从研究成果中得到证实。

第三，开发战略上的综合性观点。如上所述，从独立后的政治和经济发展的历史经纬来看，开发不仅是经济问题，还和纷争等政治和统治密切相关。不仅如此，由于结构调整政策受挫，在尚未形成自由市场的情况下，民间领域主导的经济发展受到很大的制约，市场以外的制度、组织、政府所发挥的作用对经济增长来说是不可或缺的。其背后原因则是“新制度派经济学”指出的这一观点得到普及（绘所，1997：178-179）。

此外，针对开发的主体问题，研究者也认识到在非洲开发方面既要以居民自身为开发主体，又要考虑与其近距离进行开发支援的NGO活动。这是因为，前面提到的参与型开发研究的渗透、代替在非洲开发上陷入半瘫痪状态的政府提供公共服务的NGO和民间组织活动得到了广泛好评（弗里德曼，1994）。

从开发经济学的观点来看，援助资金的“转用可能性”（Fungibility）[6]问题开始受到关注，各国深刻认识到在推进开发时财政资源综合管理的重要性（World Bank，1998：60-82）。这里需要指出的是，无论实物还是资金，接受援助有可能会破坏一国整体经济和特定部门所希望的资源的合理分配。还要指出的是，诸如非洲各国那样在因贪污和腐败未能对开发资金和财政进行合理管理的情况下接受援助,最终有可能无法实现整体资源的合理分配及其国家整体开发(该事业产生的个别利益除外)。因统治(尤其是经济统治)的重要性和以往开发援助中存在的问题,多数援助事业以不涉及政府调控的形式个别实施,其结果是项目的效果仅停留在有限的水平。因此,推进经济发展时有必要对国家预算进行综合管理(即改善公共支出管理)(Foster,2000)。

如前所述,从20世纪80年代中期开始,在发展中国家,尤其是在非洲开发的经验基础上,开发的中心观点主要以实现削减贫困为目标,在受益国主导之下确立全面掌控国家(统治)和市场(经济)的综合开发战略,并通过政府及多元化主体之间的合作(即伙伴关系)推进这一战略。其中,援助作为国家开发资源中宝贵的一部分,与整体开发战略合并到政府财政中,并在受援国政府的积极管理下寻求战略性投资。

到了20世纪90年代后半期,(各国)就MDGs实现削减贫困的具体目标达成国际协议。在此开发目标下制订了综合开发战略,并形成由国际社会合力支援的国际共识。在这种情况下,20世纪90年代末出现了以非洲为中心的低度开发国家的债务救济问题。作为IMF和世界银行债务救济的审批条件,登场的正是PRS(P)(Poverty Reduction Strategy Paper),即削减贫困战略(书)。

2.2 PRS概要

PRS现被视为低收入国家实现削减贫困的“必经之路”。PRSP是自1999年引入初期就开始使用的正式“公文”。最初公布于1999年9月召开的IMF和世界银行年度总会,其制订了债务救济对象,即重债务贫困国及所有的IDA融资对象国削减债务或获得国际开发协会(International Development Association,IDA)融资的条件,须由IMF和世界银行审批(World Bank,2001)。

PRSP的内容是,低收入国家根据其所有权,分析自身的贫困现状和原因,在3年(现在主要是5年)计划期内,制订削减贫困所需的宏观经济政策、结构改革政策、削减贫困相关的重点开发部门划分及其主要部门政策,包含了3年乃至5年的中期预算和监控指标。根据国家的不同,也包含了重点部门的具体对策(计划)和投资计划(项目)。主要由PRS主管政府机关(通常由总统府及副总统府,或首相府负责)实施监控。通过《年度进展情况报告》确认每年乃至几年内指标完成情况。计划期结束后进行下一周期的PRS制订、目标再设定、活动内容修改。

与之前的结构调整主要由财政机关负责相比,这个过程(从公文制作到监控、下一周期公文制作的整个过程)的特点是,这是一个涉及削减贫困的所有利害关系者共同参与的国民性过程。这里包括可称之为"职能部委"的中央技术机关,地方政府及NGO、CBO[①]等市民团体,还包括在开发上投入大量的资源,因而具有很高发言权的所有捐赠国。关于贫困分析,采用参与式贫困评价法(Participatory Poverty Analysis,PPA),尝试对贫困阶层最真实的声音、主观认识上的贫困状况和原因进行分析,并在各地召开国民对话集会,试着反映市民团体对部分计划内容的意见。

捐赠国应以PRS代替形式上的"国家开发计划",并将其作为整合援助所需的整体开发框架来进行援助。而且,从制订到监控的过程来看,捐赠国全面支持政府方的努力,但也会出现因过度支持而阻碍政府和低收入国家所有权的情况。对已基本具备重债务贫困国(Heavily Indebted Poor Countries,HIPCs)条件和IDA融资资格的非洲各国来说,PRS公文及其过程是推进开发所不可或缺的部分。鉴于PRS在该国开发中占据的位置及其作用,以及在其背景下所包含的开发和开发援助的各种理论和方法论的普及,以PRS为中心的开发体制可称为"削减贫困体制"(北川,高桥,2004:39-49)。

虽然谁都不能保证这一体制和方法论今后能真正开发非洲,但应着重认识到这些对策的背后有着开发的历史背景及经验,而且这些经验主要是以非洲为背景的。

3 PRS体制下的开发援助

3.1 开发援助方法的验证

本节将考察前一节中围绕开发现状进行讨论的变迁过程和表里一致的开发援助现状的推移过程。其中,非洲开发经济学的讨论对象主要是"从'经济增长'到'削减贫困'""从'通过市场自由化的民间主导型经济开发'到'政府的合理政策和制度环境下的民间经济活动的活性化'"等,围绕经济发展研究的讨论[主要涉及"实施援助的方法"和"援助方式"(Aid Modality)的讨论]则另当别论。

关于目前的援助现状,各种批评声不绝于耳。这些批评主要针对那些因看不到开发的成果而被怀疑援助效果的面向非洲的援助。

批评现有援助方法的观点主要有以下几种(World Bank,1998;UNDP,Development Alternatives Inc.,1993;Helleiner,1995)。

---

① 原书未解释CBO全称及意思。(译者注)

①在援助事业的制订、实施上，受援国的主体性薄弱。换言之，是以捐赠国为中心的援助事业（捐赠国中心主义）。由于通常捐赠国主要针对受援国没有的技术、制度、物质资本进行援助，因此受援国虽然不会接受捐赠国对其援助事业提出的所有提议，但考虑到其背后的捐赠国与受援国之间的力学关系，受援国基本不可能拒绝捐赠国的提议和实施援助的附加条件。当受援国同意捐赠国提议内容时毫无异议，援助事业就有可能成为“取之于捐赠国，用之于捐赠国”的活动。

②以特定领域和地区为对象的各种援助事业并存的问题。不用说受援国对此进行充分调整了，就连其存在也鲜为负责部门之外的人知晓。例如，有报告称1995年40个以上的捐赠国在坦桑尼亚实施了2000余个援助事业（Helleiner，1995）。这不仅难以合理分配由政府管理的财政资源，因捐赠国不同，其实施的各种政策条件也难以确保政策一贯性，有可能会使国民陷入混乱。

③受援国政府负担援助国和援助机构的各种申请和实施手续，由受援国承担的内容、会计报告方法、监控事业进展和评价方法等产生的巨额行政手续费用。此外，为了便于在事业开始前进行交涉和在过程中进行监控，捐赠国不断派遣专家到受援国，即便这是执行任务所需的必要活动，但对于受援国政府各相关行政机关来说也是个很大的负担。

④捐赠国实施的援助事业，对受援国政府职员支付追加补贴成为惯例。为了召集更优秀的职员，捐赠国常在项目实施过程中向相关人员支付特殊津贴、加班补贴、出差经费及参会补贴，并以此来获得受援国政府职员的欢心。由于政府发放的工资不足以维持生计，因此非洲各国的政府职员经常通过援助事业的收入来度日。由此出现了受援国政府职员疏忽本职工作的现象。

⑤援助事业中外国专家占多数导致当地人才的录用机会受到限制。外国专家的高额收入与当地人收入上的差距，降低了受援国政府职员的工作积极性。为了在规定的期间内完成援助事业，并取得预期的成果，捐赠国往往以高薪雇用外国专家和顾问。也有不少筹款对象仅限本国人和本国企业等带有“附加”（Tied）条件的事业。他们获得的报酬相当于在各自出生（先进）国维持基本生活的薪资水平，所以必然会高于当地政府发放给政府职员的报酬，有时甚至高于当地顾问的高额报酬。不仅如此，外国专家占多数导致当地人才的录用机会受限，影响了在援助事业中进行人才培养。

⑥援助事业的实施过程中及结束后，受援国政府负担的经费（内汇预算）分配不均。对于捐赠国主导且主要由捐赠国的人才实施的事业来说，受援国政府

分配有限的财政资源，缺乏完成事业目标和持续实施的积极性，而且也没有尽最大的努力。结果在援助事业结束的同时，停止或减少了活动，事业的持续性和效果的扩大也会受到影响。

其中，①作为主体性乃至所有权的问题是贯穿于整个援助中的课题，②—⑤主要是对以往援助事业的主要形式，即项目型援助指出的问题，⑥一方面与①—⑤进行关联，一方面与其背后由政府主导的整个国家预算管理相关的宏观课题进行关联。如2.1所述，在没能对财政资源进行综合管理的情况下，不仅难以对特定援助事业要求进行内汇预算分配，甚至有可能会破坏合理的财政资源分配。因此，不仅要追求每个援助事业的成果，为了维持并推广该成果，有必要强化整个国家财政资源的管理(财政收入和财政支出)。

当然，并不是所有的援助事业都有此类问题。但据我们客观公正地看待以往的非洲开发援助事业的现状，无可否认到头来无法确保多数援助事业的持续性，其效果也仅停留在有限的层面。当然，从形式来看，援助事业始于受援国的申请，在事业实施期间受援国也会进行一些财政、人员配置。但事实上，对于多少是受援国积极接受援助，并将其转化为成果的，需要客观且批判地进行验证和审视。

这种"非效率援助"占据国家预算的大部分时，其损失是非常大的。在非洲，可控的援助资金占据国家预算的5成，而占据8成开发预算的国家也不在少数。在这种援助依存度高的国家，援助的成败直接关系到开发的成败。在这种情况下，将有关开发现状的讨论和有关援助现状的讨论联系起来进行是理所当然且很有必要的。

3.2 计划型援助和援助效果的提高

从20世纪80年代后半期到90年代，在结构调整政策下非洲开发处于停滞状态，重新审视非洲开发和开发援助可以发现，这一时期形成的正是代替项目型援助的计划型援助方式和与提高援助效果相关的对策。

所谓计划型援助并不是指通过外汇资金和外汇筹措的物品发放来实施的"国际收支支援型援助"(Balance of Payment Support，BOP Support)和"无偿债务救济"等以改善受援国短期国际收支为目的的所谓"非项目援助"，而是指以教育、保健等领域和部门为对象，以该领域和部门的整体开发为目标，为改善公共服务和公共投资进行各种活动(计划)的援助。具体包括，一般财政支援、部门财政支援、部门援助模式下的一篮子基金支援等(国际开发中心，2000；White，

1999)。其中有以下几点内容要求。

①重视政府主导性。

②以整个领域为对象的开发战略和计划的制订与共享。

③确保包括开发预算和经常预算在内的该领域政府支出计划和纳入受援额预算。

④通过会计、筹措、报告、决算等受援国政府行政体系来实施事业。

⑤促进捐赠国对受援国政府的战略、计划、预算、实施手续整合化进行调整。

以上内容立足于3.2中所述的有关援助现状的批判性审视,同时也是2.1中所述的以非洲为中心的发展中国家对开发经验的反省。从不以特定地域的开发和特定机构的功能强化为目的来看,属于“非项目型援助”;但从以内汇等整个政府财政为对象来看(作为BOP支援),又与“非项目援助”不同。而且,虽然项目型援助直接面向开发,但其对象(超越项目)围绕领域和部门,并包含一系列的“计划”(作为项目式开发行为的集合)。这就是其被称为“计划型援助”的原因。

此意义上的计划型援助,向捐赠国要求不同于以往的援助方法。捐赠国基本上不是各自单独进行支援,而是应在该国设立的政策和行政体系之下合力援助、相互合作。以前说起捐赠国之间的关系多指几个援助机构有效利用相互擅长的领域或寻求互补性来实施的“合作”,以及为了避免捐赠国之间的事业重复和显著的志向分歧而进行的“调整”等。但在推进计划型援助的过程中,会要求超越这些“合作”和“调整”,开展更高强度的协同工作。

在实施计划型援助时,首先,由政府和捐赠国共同制订开发战略及其基础上的开发事业计划,完工后作为该国唯一的战略和计划进行共享。其次,共享在实施该计划时所需的该国的预算计划(包含受援助的份额)。此外,在其实施阶段共享会作为该国行政体系的预算执行、筹措、报告、会计手续。这种“共享化”过程乃至受援国体系“一体化”过程被称为“调整”(Alignment),这也成为计划型援助实施时捐赠国应负担的必要条件。

作为应对,为了制订开发战略和开发事业计划,提供各自拥有的专业见解,或者为制订所需的外部资源筹措提供资金,以及为了共享预算计划,捐赠国要求将在整体计划基础上实施的援助事业所需的必要经费自行纳入受援国预算(预算内化)。但是,为了实施“一体化”的终极形态——“通过受援国行政体系的开发行为”,有必要将援助资源即资金与对象国预算一体化。因此,为了满足最后的必要条件,有必要采取向对象国预算直接投入资金的“财政支援”法。

“财政支援”包括,以特定领域和部门为对象实施的“部门财政支援”和全面推进国家开发计划——以实施PRS为目的向整个国家预算进行资金援助的“一般财政支援”。从促进“预算内化”、简化预算管理的观点，避免由于捐赠国采取各自不同援助方式而导致受援国蒙受过重负担的观点，以及受援国行政职员依据该国行政制度和手续实施事业(即该国行政行为)，并以此来培养能够熟练掌握该职务的技能和业务执行的能力来看，“财政支援”作为代替以往项目型援助的新援助方式，主要在以英语为母语的非洲各国迅速扩大。

如上所述，基于对以往的援助状况和效果的批判性评价，作为提高援助效果的一种尝试，应不断推进计划型援助和受援国体系的调整。这是在各开发事业或项目等微观级别的省察中形成的，同时也是在高效管理援助资源等以整个国家财政资源为目标的宏观级别的需求中形成的。然而，不能忘记其基础是2015年之前实现MDGs这一有关削减贫困的国际公约。

近几年经济合作与发展组织(Organization for Economic Cooperation and Development，OECD)开发援助委员会(DAC)面向捐赠国开展了一系列的倡导活动，其目的是推进以计划型援助为中心，提高援助效果的调整。继2002年发表罗马宣言作为初次尝试后，DAC于2005年又发表了巴黎宣言，列举了有关调整程度的各种指标，并开展了强化捐赠国公约的活动(OECD/DAC，2005)。

关于计划型援助，基于对以往援助现状的反省，其各种优点，以及在教育和保健方面的效果也的确得到了认可。但也被指存在各种问题。例如，针对为将多数捐赠国的支援统一在共同战略和事业计划之下所需要的对成本大小的调整(包含所需要的时间长短)、薄弱的受援国预算管理和行政体系导致的援助资金泄漏的可能性、贪污诱惑、行政服务和对开发事业能否如期执行的担忧等，捐赠国的应对程度也各不相同。此外，关于“财政支援”，尤其是“一般财政支援”，改善公共财政管理体系这一效果虽得到了认可，但显然没有轻易达成当初期待的“通过PRS支援实现削减贫困”的目标。因此，今后应继续探讨直接关系到终极目标——削减贫困的援助现状(Overseas Development Institute et al.，2004；OECD/DAC，2006)。

4 削减贫困和地方分权化

4.1 引入地方分权化政策的背景

如上所述，当以非洲为背景的开发和援助现状迎来大转机时，非洲各国也在进行各种“行政、财政改革”。其动机是结构调整政策，响应了基于捐赠国改善政治统治和新公共管理(New Public Management，NPM)的行政效率化需求，并在以实现MDGs为目标的PRSP中谋求具体政策。目前非洲各国的“行政、财政改革”有以下几个目标。

· 实现“小政府”；
· 反映政策决定过程中的民意和提高向国民说明的责任；
· 基于民间主导的经济发展；
· 公共服务的改善（利用市场机制、业绩与成果主义、顾客主义、分权化）；
· 国家财政资源管理的公正性。

这些目标可用一句话概括，即“如何通过改善非洲各国政府的管理来高效地实现削减贫困”。

基于这个观点，目前在非洲各国举行的“行政、财政改革”涉及许多方面。

为了实现“小政府”，应实施缩小政府部门、削减公务员、重估公务员待遇等的“公务员改革”（Civil Service Reform）。引入利用市场机制的公共服务和通过NPM改善服务属于“公共服务改革”（Public Service Reform）。为了财政资源管理的公正性应实施“公共财政管理改革”（Public Financial Management Reform）。保健、教育、农业等领域的“部门方案/部门改革”（Sector Programme/Sector Reform）则以各部门公共服务综合改革为目的。此外，涉及“实现‘小政府’”“反映政策决定过程中的民意”“公共服务的改善”等的改革还有“地方分权化改革”（Local Government Reform Programme，LGRP）。本文将对其中的“地方分权化改革”进行详述，但正如前文所述，需要注意这一改革并非独立存在，而是与其他改革融为一体，在实施改革过程中与它们共享经纬和目的。

非洲的地方分权化（Decentralization）[7]绝不是新事物。尼日利亚和南非自不必说，非洲多国从20世纪60年代开始尝试实施联邦制等地方分权化政策。在殖民地支配体制下，原本在经济、文化上关系薄弱的小规模集团和由首领领导的王国置于“一国”领域之下，并受其支配。独立之后也未能花足够的时间去形成国民意识，不得不作为国民国家形成多民族共存的状态。从这一非洲所经历的历史经纬来看，这些也不难理解。

但是，我们所探讨的非洲的“地方分权化”，不仅以此为背景，同时还需在若干不同的脉络中对其进行理解。这是因为，现行的地方分权化是“行政、财政改革”的一环，以削减贫困和改善统治为目标。这里再次明确基于地方分权化的削减贫困和改善统治的战略性意图[8]。

如前所述，削减贫困已成为非洲开发的主要议事日程。在此意义上，地方分权化首先在国家资源的分配上较多地反映地方的声音，即期望资源分配向地方转移。不管是不是政治修辞，独立后的非洲开发并非采取重视地方的政策，因通货的过高评价、进口关税和出口农产品课税，比起城市，农业部门(地方)已成为被过度榨取的对象。从部门间资源分配的观点来看，结构调整对该体制做了适当的修改，但为了促进向主要经济部门——农业和大多数居民居住的地方进行水平式资源转移，应提高地方的政治自立性，并在中央政策中反映其意向。

其次，地方分权化促进地方居民参与开发事业决策过程，这些事业是在切实反映居民需求这一开发干预的妥当性和提高效果的观点下实施的。过去由中央政府机关和捐赠国制订非洲的地方开发事业和公共服务相关的计划，并没有反映地方现状和居民意向，从而使事业的持续性和效果受到了限制。因此，政府对此进行了反省，并在改善开发干预的妥当性中添加了改善开发干预效果。

第三，NPM希望通过计划、管理部门与执行部门的分离来实施业务，并通过小规模单位来降低管理成本和进行快速决策。通过进行权限转让的地方分权化，能够简化从地方到中央的决策和行政手续的漫长程序，从而能够削减必要的行政成本。即通过地方分权化来分散决策权限，提高公共服务的效率。

此外，地方分权化是推进政治民主化的手段。进入20世纪80年代后半期以后，国际社会强烈要求非洲各国实施以多党制为中心的民主化。在非洲积极推进国民政治参与度的主要手段有，国政中引入多党制、地方政治的活性化和促进居民参与地方政治。在此观点下，实施地方分权化的目的不仅是将提供行政服务的责任委托给地方下级行政机关，而且是希望通过成立由地方居民选出的地方议会来促进自治，进而通过自治提高居民的能力(授权)。

根据此观点，作为目前积极推进地方分权化的典型，下面以乌干达和坦桑尼亚为例进行详细介绍。

4.2 地方分权化的具体案例[9]

4.2.1 乌干达

乌干达历史上曾有过国民合并的问题。例如，如何将国内最大的民族集团——布干达人所归属的布干达王国合并在新生国民国家框架内。1962年独立后其采取了承认地方具有一定自治权的体制，之后在军事政权下该体制被中央集权体系取代。但1986年掌握政权的“全国抵抗运动”(National Resistance Movement，NRM)有效利用内战时期反政府抵抗组织“抵抗委员会”，并通过1993年的地方自治令、1995年的宪法、1997年的地方自治法将此制度化，在地方成功建构了统治体系。

组织上隶属于地方自治省管辖范围之内，行政区划具体如图2所示。

从最底层的行政区划LC1（Local Council）（Ward：区，相当于村落级别）到LC5（District：相当于县级别）共分5个阶层。其中具有议会和法人资格的主要单位是LC3（Sub County：副郡）和LC5。县具有对管辖区域内的下级地方政府的监督权，由副郡提供具体的行政服务。

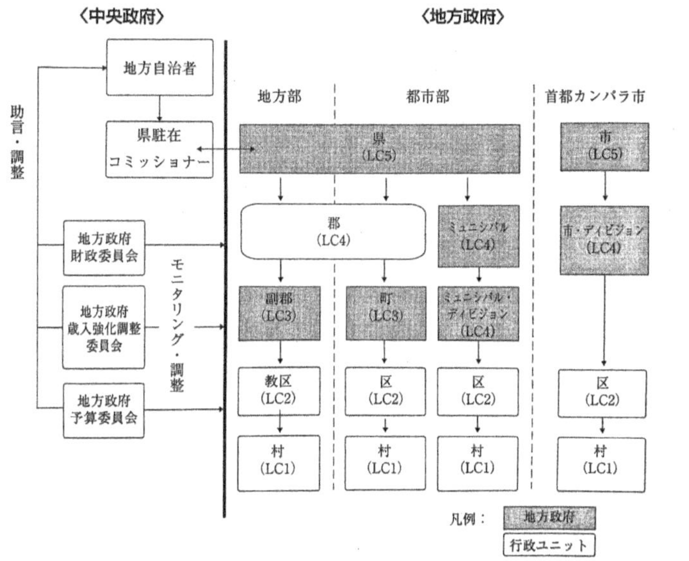

图2　乌干达的地方行政机构[①]

（出处：「『アフリカにおける地方分権化支援のあり方』にかかる地方分権化動向基礎調査」，国際協力総合研修所，2006。）

通过全县成人选举产生县知事，并由选举产生的各副郡的代表构成县议会。县议会具有法人资格和条例制定权。县政府由县公务员委员会（District Service Commission）任命的主任行政官（Chief Administrative Officer，CAO）运营。此外，

① “中央政府”“助言·調整”“地方自治者”“県駐在コミッショナー”“モニタリング·調整”“地方政府財政委員会”“地方政府歳入強化調整委員会”“地方政府予算委員会”的中译文分别是“中央政府”“建议和调整”“地方自治者”“驻县长官”“监控和调整”“地方政府财政委员会”“地方政府财政收入强化调整委员会”“地方政府预算委员会”；“地方政府”“地方部”“都市部”“首都カンパラ市”“県”“市”“郡”“ミュニシパル”“市·ディビジョン”“副郡”“町”“ミュニシパル·ディビジョン”“教区”“区”“村”的中译文分别是“地方政府”“地方部”“城市部”“首都坎帕拉市”“县”“市”“郡”“自治区”“市选区”“副郡”“镇”“自治区选区”“教区”“区”“村”；“凡例”“行政ユニット”的中译文分别是“凡例”“行政单位”。（译者注）

县里有由各部门部长构成的技术计划委员会(Technical Planning Committee),承担调整下级地方政府的行政服务和开发事业的职责。

此外,中央政府对县级别配置总统任命的驻在官(Resident District Commissioner),其主要任务是维持管辖范围内的治安,执行国防任务。

副郡的议会具有法人资格、制订和执行开发事业计划的权限,同时还具有在国家法律和县条例的框架内制定条例的权限。副郡议会由下级行政区——LC2(Parish:教区)、LC1的代表、青年代表、残疾人代表构成,并监督副郡政府的行政活动情况。由LC3级别各部门负责人构成的技术计划委员会策划并监控行政活动。

财政方面,根据地方自治法,允许地方政府独自编制、批准、执行预算。1998年根据《地方政府财政会计规则》实施了制订年度事业计划、编制预算、确保收入、执行预算、报告会计、审计等地方财政运营细则。2002年则根据《公共财政问责法》完善了关系到中央公共财政管理改革的财政管理框架。

每年10月开始的乌干达的预算编制流程中,向县政府提出下级地方政府制订的开发计划,县政府制作地方政府预算框架书的同时,根据需要修改县中期开发计划。之后,将各县的预算案合并在国家级预算框架书和中期支出框架(Medium-Term Expenditure Frame,MTEF)内。进行国会审议的同时,地方自治体制订详细的一年业务计划(Annual Work Plans),并填写预算明细。由地方政府审批一年业务计划和预算案之后,再向中央政府报告,每年6月国会对此进行审批。地方自治体的预算虽然并非一定要经过中央政府的审批,但中央政府的地方政府财政委员会会对地方自治体制订的预算计划进行评价。此后,政府部门商讨地方自治体制订的业务计划的内容,并只向已经获得审批的计划提供资金。

作为地方政府的独立财源,有人头税等各种各样的地方税,其向地方政府预算贡献的平均比例是12%—15%。剩余部分是来自中央政府的各种补助金,主要有限定用途的"附带条件的补助金"、根据县人口和面积核算出来并限定用途的"无条件补助金"、向独立财源不足的经济落后的县进行重点分配的"缩小差距补助金",占据整体的85%—88%。

4.2.2 坦桑尼亚

坦桑尼亚从独立之初就有明确的脱离传统的统治制度,形成统一的国民国家的目标。自1963年废除首长制开始,坦桑尼亚就通过国语——斯瓦希里语的使用和教育等积极培养国民意识。1967年在尼雷尔政权下,作为乌贾马政策的一环,村委员会(Village Council)和全村议会(Village Assembly)被采纳为全国制度,至今仍作为地方统治制度的基础被实施。之后,20世纪70年代至80年代,伴随着集村计划的推进，地方统治制度经历了短暂的集权化时期。但因1982年乌贾马政策的废除，又恢复了以县议会(District Council)为中心的地方自治体。

此后，在1986年开始的结构调整政策下，公共部门的预算分配逐渐减少，地方政府的功能也随之大幅衰退。但在20世纪90年代的民主化进程(坦桑尼亚1992年过渡到多党制)和开发战略上重视统治的运动中再次关注到地方分权化。1996年出现了面向"权限转让"型地方分权化(Local Government Reform Agenda)的政策转机，1998年开始在此政策下实施了具体的计划(LGRP)，并延续至今。

目前，地方自治制度是由以1998年设立的地方自治省为基础的首相府地方自治厅负责，其管辖下的地方政府结构如图3所示。

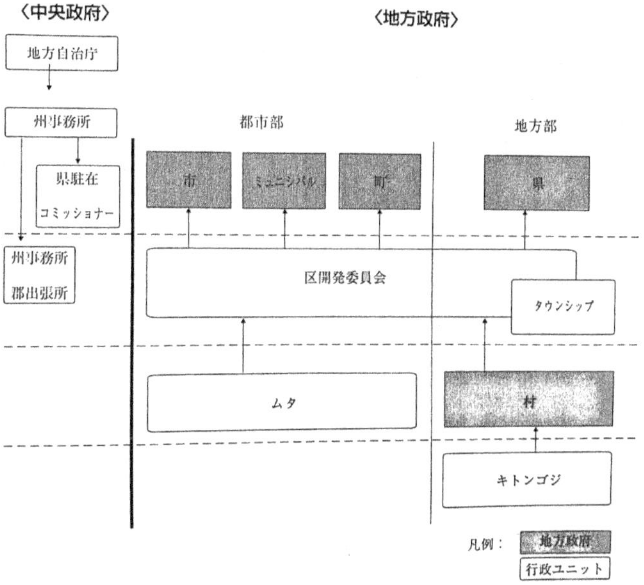

图3 坦桑尼亚的地方行政机构①

(出处:「『アフリカにおける地方分権化支援のあり方』にかかる地方分権化動向基礎調査」，国際協力総合研修所，2006。)

---

① "中央政府""地方自治庁""州事務所""県駐在コミッショナー""郡出張所"的中译文分别是"中央政府""地方自治厅""州事务所""驻县长官""郡办事处"；"地方政府""都市部""地方部""市""ミュニシパル""町""県""区開発委員会""タウンシップ""ムタ""村""キトンゴジ"的中译文分别是"地方政府""城市部""地方部""市""自治区""镇""县""区开发委员会""小镇""Mtaa""村""Kitongozi"；"凡例""行政ユニット"的中译文分别是"凡例""行政单位"。(译者注)

地方政府的行政区划单位为District(县)、Division(郡)、Ward(区)、Village(村)、Mtaa、Kitongozi①。下级地方政府——村委员会的议员由全村议会的议长和Kitongozi的代表组成。根据村委员会议员之间的互选,选举出上级地方政府——县议会的议员。

地方自治厅的驻外机构——州级别的州事务所实施对县的技术性指导,对县业务的监控和调整等。由总统任命的州知事(Regional Commissioner)被视为总统的政治代理人,负有传达中央政府的政策、遵守法律等的责任,而且可以向县级别派遣主要负责治安和公安问题的县长官。

县级别的地方政府包括地方的县议会(District Council)、城市的市议会(City Council)、自治区议会(Municipal Council)、镇议会(Town Council)。县行政长官(District Executive Director, DED)担任县议会秘书长的同时,管理县政府。在地方政府改革计划中,县级别成为权限转让的直接对象。

郡级别有作为州事务所驻外机构的郡办事处(Divisional Secretariat),而地方政府是没有的。区级别没有中央政府的驻外机构和地方议会,但有县议会下级机构——区开发委员会(Ward Development Committee)。其主要任务是维持管辖区内的治安和制订开发计划,但因没有独立的财政收入,所以没法制定条例。

作为坦桑尼亚的特色制度,村级别有居民直接参与的议会(集会),即全村议会。由18岁以上的村民组成,每3个月开一次集会,决定村里的政策。全村议会人数为15—25人,主要由全村议会选出的议长、村内部Kitongozi的领导人等组成。全村议会有权制定条例。村长通过直接选举产生。

在坦桑尼亚,由区收集并编制村级别的开发计划,并向县里提出。在各个部门和县议会常任委员会的审议基础上,向县议会提出该计划。在制订计划的时候采用依据参与型手法的自下而上的方式。

基于此,预算编制流程也采取自下而上的形式。在县级别对Mtaa和Kitongozi制订的预算案进行汇总。县级别的地方政府制订预算案,并向中央政府驻外机构——州事务局(Regional Secretariat)提出。

坦桑尼亚地方政府的自主财源较少,来自中央政府的补助金占据财政收入的80%。虽然地方自治体的自主财源有所增加,但由于中央政府的补助金额度增加高于此,所以地方自治体的自主财源的比率也在下降[10]。

2005年1月,坦桑尼亚设立了地方政府资本开发补助金(Local Government

① Mtaa、Kitongozi为斯瓦希里语,无固定中文译名,此处根据日文音译。(译者注)

Capital Development Grant)。该基金用于地方自治体完善基础设施建设和向居民提供服务,此外还将世界银行地方政府支援计划的资金、其他已达成协议的捐赠国核拨的普通一篮子基金、从政府预算到地方的开发补助金三者合为一体。这些补助金并非限定于某个特定部门,而是可以灵活使用的。分配给各县的资金中,约5成分配给村级别的地方自治体。

地方政府资本开发补助金包括开发补助金(Capital Development Grant)和能力建设补助金(Capacity Building Grant)。开发补助金是以具有计划制订能力和公共财政管理能力的地方自治体为对象的,2004年度补助了47个县。能力不足的地方自治体以强化能力为目的接受能力建设补助金。

将乌干达和坦桑尼亚的案例归纳如下:

目前正在推进地方分权化政策的非洲各国致力于面向地方政治和行政的"权限转让"(Devolution)型分权化,并作为地方的统治主体形成了兼具立法机关和行政机关的"地方政府"(Local Government)。在中央政府的下面建立了两层结构(加上中央政府就是三层结构),即拥有20万—30万人口规模的上级地方政府单位和拥有数千人口规模的下级地方政府单位。过去,属于中央政府部门的地方职员主要提供地方行政服务,现被分配到地方政府后提供初等教育、基础性保健医疗、供水、农业普及、交通道路维修等面向地方居民的公共服务。

但是,因非洲地方区域的税收来源原本就有限,征税价值大的人头税成为主流。有关农产品的地方税并没有振兴农业,反而抬高了农产品流通成本。削减债务和接受财政支援改善了中央政府的财政状况,地方税也随之削减。因此,以扩大独立财源为其内容的财政上的分权化反而有衰退的趋势。为了填补这些,由中央政府引入分配补助金的体系,对地方政府的人员费用、经常费用,以及开发费用和人才培养所需的经费进行分配。

5 地方分权化体制下的地方开发

5.1 地方开发研究的变迁

在非洲各国推进地方分权化政策时,有关地方开发的研究将发生怎样的变化呢?

20世纪70年代至80年代流行的地方开发方法论是"地域综合开发"(Integrated Rural Development,IRD)研究。IRD以特定的州、县、河川流域等比较大规模的地域单位为对象，并以该地域的经济和社会发展为目标，综合计划并实施所需要的横跨农业、保健、教育、供水、基础设施等多个领域的开发。关于此类方法存在的问题已做阐述（Ruttan，1975，1984；Parker，1995；Tidemand，2006）。

①使用IRD可根据引用都市计划的空间计划手法来制订有关对象区域内不同部门间的开发计划。这些主要是依据参与项目的顾问和专家制订的“蓝图”计划，并非理解最终受益者即居民的意图。因此，在实施阶段遭到居民的反对，出现拒绝参加设施的运营和维持管理活动等情况。

②在制订计划后的实施阶段，由于负责实施综合且复杂计划的政府机关的能力不足，常常由项目（支援项目的捐赠国）设置实施单位（Project/Program Implementation Unit，PIU）。而这些单位与现有的政府组织并存，并且避开了政府决策和事业实施流程。因此，此举不但没能强化政府能力，甚至导致其变弱。此外，由于在财政上IRD项目实施与政府的预算分配体系形成相平行的结构，所以项目结束后无法确保事业的持续性，也看不到自立发展性。

③除了基础设施维修事业，项目期间实施的事业起到了领航的作用。但在项目结束后，由于捐赠国几乎无法投入与项目中相同程度的人员、财政、技术资源，所以不用说全国，这些事业就连在对象区域内也鲜有普及和扩大（Scaling-up）。

④再有，以特定区域为对象的IRD项目中有捐赠国的支援集中的区域和不集中的区域，结果导致两个区域之间出现了发展差距。这些都是IRD存在的问题。

1987年世界银行也对IRD的实施状况进行了评价，并提出如下几点地区开发成功应具备的条件（World Bank，1987）。

· 完善政策环境；
· 确保援助国的公约（内汇预算的分配）；
· 应用符合地区自然、社会、经济条件的正当技术；
· 回避设置PIU；
· 促进受益者参与；
· 实现部门之间的调整。

基于这些反省，政府在之后的地区开发事业中引入了“参与型开发手法”。此外，为了减轻IRD造成的部门之间调整的问题，还设立了负责特定地区综合开发的“地区开发公社”。参与型开发在之后的开发中发挥着重要作用。但肯尼亚和尼日利亚的流域开发公社等“公社”方式仅仅是制订与发展中国家现有的行政机构相并行的制度，而未能解决部门之间调整的问题和行政机构弱化的问题。

其结果是,IRD型地区开发手法趋于规避,捐赠国尝试通过居民参与,实施部门之间调整成本较低的单一部门开发事业、技术性困难度较低的村级别小规模事业(以农村道路、微型灌溉、地方交易市场、小学、保健所的完善等为内容)。换言之,中央政府或地方政府储备开发基金,根据居民参与型计划申请的小规模开发事业交给由相关居民组成的事业组合,并通过该组合来实施事业。世界银行将此类计划称为“社会开发基金”(Social Development Fund),并在广大地区乃至全国范围内实施(例:Tanzania Social Action Fund,TSAF)。此外,捐赠国以特定地区的地方政府为对象,给予县政府等开发基金,并通过相同的居民事业组合来实施。这些均在“特定地区开发计划”(Area-based Development Programme)下实施。

5.2 新型地方开发研究

过去的地方开发事业是地方行政机构在政治、行政体系上,以及在财政状况上都极其脆弱时实施的。因此,考虑到捐赠国要在规定的时间内取得援助项目的成果这一压力的话,过去的地方开发事业主要以中央政府为对象达成协议和制订计划,避开地方行政机构,设立平行的事业实施机构等都是合乎情理的。

但是,目前在非洲实施的权限转让型地方分权化政策中,“地方政府”被规定为担任削减该地区贫困的开发主体,正在大幅改变其制度上的定位。为了对此进行财政支持,引入多种补助金体系。基于自行制订的开发计划,地区开发和提供所需的公共服务的体制日趋完善。而且,以往分配在中央政府驻外机构的职员也重新分配到地方政府。从形式来看,可以说在权限转让型地方分权化体制下推进地方开发的基础日趋完善。

当然,这些体系也是地方政府在经历多次失败后引入的。地方政府要想在新体系下完成事业还要相当长的时间。关键是地方政府职员的能力还不足以利用补助金实施切实的公共服务和开发事业。

但是,基于以往非洲各国追寻的开发和援助的历史经纬,并考虑到目前非洲地方的贫困问题的严重性,应积极向地方推进大规模资源迁移,提供切实反映地区居民意向的公共服务,推进地方开发所需的全国性体系建构。暂且不论是否采取权限转让型地方分权化的形式,非洲各国目前并没有任凭捐赠国操控地方开发,而是将其作为自身的课题完善成全国性制度。此外,还通过改善面向国民的公共服务和分配开发成果来实现削减贫困。这不仅从经济和社会发展的观点,就是从在非洲大多数人居住的地方也可实现良好的统治效果的观点来看,也是极其重要的。

通过权限转让型地方分权化体制进行的地方开发研究，不仅适用于整个地区开发事业，也已被教育和保健、地方供水、农业等部门的开发计划所采纳。在这些部门中已有多数国家在部门援助模式下进行部门计划的制订和实施，其中有地方政府制订年度计划、利用部门补助金（附带条件的补助金）实施事业等。例如，在基础教育部门，以每个小学设置的学校委员会为中心，制订该校的设施维修计划和教育计划，并由管辖该地区的地方政府（县级别）进行汇总，再由中央政府分配该县的教育开发计划所需的资金。

目前，权限转让型地方分权化体制逐渐成为非洲地方开发和提供地方公共服务时的标准制度框架。在地方开发领域实施援助的捐赠国也需要进行相应的改变。

6 新型地方开发研究和援助

6.1 捐赠国支援研究

地方开发研究从IRD转向居民直接支援型，而且近年试图转向推进地方分权化的同时强化地方政府体系的形式。这一现状下以地方开发为目的的援助方式会有怎样的变化呢？

在巩固转让权限的地方政府和利用所分配补助金的地方开发结构的前提下，以往采取的捐赠国选定特定地区并提出地区开发计划，或将变为通过与政府体系并行的事业实施体制独自推进开发，即理论上来说逐渐变得难以采取以特定地区为对象的地区开发项目这一援助方式。在新的前提下，应重新认识到来自捐赠国的援助应扮演的角色不是特定地区开发的主导者，而是政府体系的支撑者。应承认地区开发目标的设定及其所需的资源分配、部门之间的调整，基本上是由在分权化政策下受其作用影响的地方政府来实施的。

在这种前提下，捐赠国的支援方法主要有如下几个：

①对建构并完善地方分权化制度（包含补助金体系和地方财源的问题）进行的支援（针对体系建构的支援）；

②对地方分权化体制下的地方开发行政运营效率化进行的支援和技术性强化（针对改善体系运营的支援）；

③对担任地方开发行政的地方公务员人才培训进行的支援（针对体系构成人才培养的支援）；

④对补助金的资金协助(针对体系运营经费的支援)。

①和④主要是针对中央的改革流程的支援,而②和③是在各地方政府的现场以每个人和地方组织为对象的支援。而且,①到③是依据雇用顾问等技术协助来实施,④通常是依据财政支援和普通一篮子基金来实施。一部分捐赠国的支援战略[11],从过去以特定地区为对象的地区开发事业转向支援地方分权化和基于地方分权化的部门开发形式,但到目前为止,主要集中在①和④。笔者虽承认改善体系及培养支撑它的个人能力的必要性,但由于篇幅所限,将其留作今后的课题。

6.2 新型地方开发研究的课题与展望

以往捐赠国在特定地区利用专家及顾问等的外部资源,对该地区的自然条件、社会条件、经济条件进行分析和研究,并通过居民的参与确认其需求,同时制订并实施开发计划。这里存在如前所述的避开政府体系的问题。在各位专家的协作下,对促进居民参与、分析对象社会、地区内的资源活用方法等提出了改善对策。这也许是因为经历了多次失败,但无可否认,由此形成了各种新的计策和方法论。

此外,通过项目能够获取捐赠国实施调查分析、制订开发计划,以及确保应具备的前提条件(例如,居民参与型事业中居民公约的确认及实施有关维持管理的训练等)所需的充足时间。特别是在人类学分析方面,接近对象社会,并花费时间和精力来明确其结构及成员之间的社会关系、价值规范、世界观、生存战略和基于此的自然资源利用方法等。

但是,在以整个地方行政体系为对象,以及通过政府体系进行支援的前提下,捐赠国孤军奋战变得越发艰难。因为要作为政府日常业务的一环来执行所有开发行为,所以在以往的地区开发项目中实施的、花费时间进行的社会分析和居民动员也将变得困难,试行新的技术也会受到制约。

这一新潮流果真会成为有效的非洲地方开发方法吗?地方开发难度下的开发状态,形成了各地区形形色色的自然资源,而且符合该地区居民社会和经济现状。初等教育和地区保健等应对方法基本不被地区状况所左右,以全国统一的方式应对的公共服务也不存在太多问题。但由于农业开发很大程度上依赖地区自然资源的赋存状况,因此,仅以全国统一的服务和开发方法是很难开展适合各地区的开发活动的。

不仅如此,目前非洲地方政府的能力还不足以进行符合各地区状况的开发实践。以往大部分国家除了人员费用之外没有足够的活动预算，因而很难说目前能够有效利用开发预算来推进地区开发。因此，应充分尊重按照政府体系进行支援的观点，同时也应协助提高地方政府的能力。

虽然一直都有这种担忧，但回顾目前非洲各国的政治、经济、行政状况的话，应再次明确如何制定作为国家根基的制度是最重要的课题。正如"国家掠夺论"所指，非洲经济停滞的背后存在政治和经济界精英的贪污和因裁量性岗位分配导致的对国家资源的掠夺。这不仅降低了国家公共服务水平，荒废了基础设施，还遗留了容许制度性寻租的规定和制度，结果阻碍了市场制度的发展，还阻碍了海外投资和国内正规民间领域的增长。在这种状况下，国民摆脱国家的管束，选择停留在自给自足的农业生产和都市非正规部门。其后果是别说经济增长了，国民甚至无法参与市场经济，政府也得不到国民的信任，而这种状况仍在持续。

基于这种认识，虽然略晚但还是应该建构一个对国民能尽到说明责任，而且能够实施国民所需的最低限度的公共服务和开发事业的国家体系，即对于非洲国家来说目前需要的正是改革国家的基本职能。即便忽视这个问题而致力于各地区开发，也会让人担心是否会重复持续性和波及性都有限的捐赠国的"实验"。

非洲的地方开发目前已超越了各地区的开发实践，是国家重大举措的一部分。这里首先需要强化作为国家体系的地方行政体系。但是，并非不需要理解各地区的特点和社会结构，以及花费时间去取得居民的理解和参与。问题是如何在地方开发的行政实践中将这些举措制度化、程序化。也许无法马上实现这一点，但当一定程度上落实制度时，这将是极其必要的一种尝试。

7 结论

非洲的地方开发正发生如上的变化。对此，日本的援助应采取怎样的立场呢？众所周知，日本实行的是极其有限地实施财政支援等的计划型援助，其支援中心仍旧是项目型援助。日本的ODA实施机构——JICA通过项目型援助方法进行人才培养和对象国政府机关的能力建设（Capacity Building）。归根结底，该方法符合IRD和特定地区开发计划型支援。为了推进特定地区的开发，捐赠国和对象国共同深入干预并分析对象地区的生态环境及经济和社会结构，并考察开发应有的状态和方法论，从而接近该地区的政府职员、居民、NGO等。

但正如本文所述，今后（至少是当前）非洲的地方开发，以及所有领域内的援助研究，将非洲的制度建构和促进根据各国制度实施的开发置于其中心时，日本的援助和技术合作能做出怎样的贡献呢?

在这种环境下,日本的项目型援助能够发挥其有效性的方法主要是6.1中的②和③。其他捐赠国的支援注重新制度的建构,日本的支援则重视现场的"业务改善"和"人才培养"。这种支援是在谋求新制度的落实,同时通过改善现场的制度运用,帮助提高公共服务和开发效果。但另一方面,因该方法的对象有限,每个现场需要非常密集的支援,与以往项目型援助的共同之处是裨益效果的扩大受到了制约。

认识到非洲的制度建构的重要性,为此项目型援助也应做出贡献,应将通过这些现场的事业所取得的经验和见识反馈到整个制度建构过程中,应用于对制度本身的重新认识。正如过去的结构调整那样,目前在非洲尝试引入的制度改革在其内容、优先顺序、引入速度等方面也未能充分估计到非洲的实际情况,而是以先进国家的标准为基础。而且,制度的落实通常需要经历多次失败。因此,日本若要充分了解非洲的实际情况,将现场的课题解读为制度问题,并提出具体建议的话,就应该大力参与制度建构的过程。

为了实现这个目标,首先从有效利用开发资源的观点来看,现场级别的举措必须置于整体开发框架的合理位置(协调化),同时有必要关注中央政府的制度改革过程,并保持持续干预。只有将项目型援助置于这种框架内,现场级别的举措才能给非洲带来广泛的开发效果。我们认为,今后人类学有关开发的研究也应认识到这种制度性环境。

【注】

[1]根据UNDP,Development Alternatives Inc.(2003),2001年撒哈拉以南非洲城市人口比例是34.8%,农村人口比例是65.2%。

[2]根据World Bank(2000),撒哈拉以南非洲的不同国家,其贫困农村占的比例在65%—90%。

[3]2004年南非等撒哈拉以南非洲各国的平均农业就业比例(推算)是61.8%。除了南非之外的平均值是65.4%(FAOSTAT,FAO)。

[4]例如,2000年在撒哈拉以南非洲,城市的水安全达标率接近83%,而农村仅停留在44%(UNDP,Development Alternatives Inc.,2003)。

[5]1989年,在撒哈拉以南非洲采取多党制的国家有博茨瓦纳、冈比亚、毛里求斯、塞内加尔、津巴布韦等5个国家,但在2001年增加到38个国家(国际协力

综合研修所,2003b)。

[6]“Fungibility”的中译文有“流动可能性”“代替可能性”等多种,但在明确一定的财政资金具有可挪作他用的特性时,选用“转用可能性”这一中译文。参照高桥(2005)。

[7]“Decentralization”一般被翻译成“地方分权化”,其定义是“权限和责任从中央政府向下级政府机关、半独立的政府机关、民间领域转移”(Rondinelli,1981),其中有脱集中化(Deconcentration)、权限委任(Delegation)、权限转让(Devolution)、民营化(Privatization)4个范畴。这里主要以相当于平行、地理(责任和权限的)转移的“责任和权限从中央向下级政府机关转移”为对象。

[8]非洲的地方分权化是否为公共服务的改善和削减贫困做贡献,目前还处于验证过程中,而且应克服的课题也较多。参照Jutting, J. et al. (2005);UNDP, ECA(2001); Akin, J. et al. (2005)。

[9]这一章节的叙述主要依据Steffencen,J. et al.(2004)和国际协力综合研修所(2006)。此外,原则上虚构了各国案例中的县、村等地方自治体单位的名称。

[10]2003年坦桑尼亚废除了多种税目(开发税、市场税、家畜税等)。其目的是通过废除征收成本高过税收金额的税目,实现业务的合理化。但是,几个地方税的废除给地方政府的财政收入带来了很大的影响。

[11]例如,爱尔兰对乌干达的援助战略(*Country Strategy Paper 2004-2006*)中写道:“因对象国行政的负担、报告体系的重复(面向政府内和捐赠国)、缺乏捐赠国之间的调整、援助分配上地区之间不平等现象、与地方分权化政策的不匹配……从特定地区开发型计划(Area Based Programme)转向地方政府开发计划(Local Government Development Programme)。”[Development Cooperation Ireland(Uganda),2004]

【参考文献】

英文文献

AKIN J, HUTCHINSON P, STRUMPF K, 2004. Decentralization and government provision of public goods:the public health sector in Uganda[J]. The journal of development studies, 41 (8): 1417-1443.

BATES R H, 1981. Markets and states in tropical Africa: the political basis of agricultural policies[M]. Berkeley: University of California Press.

Development Cooperation Ireland (Uganda), 2004. Country strategy paper 2004-2006[C]. Kampala: Embassy of Ireland.

FOSTER M, 2000. Integrating aid into budget management[M]. London: Overseas Development Institute.

HASAN K M, 2000. Rural poverty in developing countries: issues and policies [R]. IMF: IMF Working Paper.

HELLEINER K G, KILLICK T, LIPUMBA N, et al., 1995. Report of the group of independent advisers on development cooperation issues between Tanzania and its aid donors[R]. Copenhagen: Danish Ministry of Foreign Affairs.

JUTTING J, CORSI E, STOCKMAYER A, 2005. Decentralization and poverty reduction[J]. Policy insights (5).

Overseas Development Institute, et al., 2004. Joint evaluation of general budget support to Tanzania 1995—2004[R]. London: Daima Associates.

OECD/DAC, 2005. The Paris declaration on aid effectiveness[EB/OL]. OECD/DAC [2008-03-31]. http://www.oecd.org/document/18/0,2340,en_2649_3236398_35401554_1_1_1_1,00.html.

OECD/DAC, 2006. Evaluation of general budget support[R]. [S.l.]: DAC Network on Development Evaluation.

PARKER N A, 1995. Decentralization—the way forward for rural development? [R]// The World Bank. Policy research working paper No.1475. Washington D.C.: World Bank.

RONDINELLI D A, 1981. Government decentralization in comparative perspective: theory and practice in developing countries[J]. International review of administrative science (47): 31.

RONDINELLI D A, 1982. Decentralization of development administration in East Africa[M]// CHEEMA G S, RONDINELLI D A. Decentralization and development: policy implementation in developing countries. Beverly Hills: Sage: 77-125.

RUTTAN V W, 1975. Integrated rural development programs: a skeptical perspective[J]. International development review, 17 (4): 9-16.

RUTTAN V W, 1983. Integrated rural development programmes: a historical perspective[J]. World development, 12 (4): 393-401.

SEN A, 1999. Development as freedom[M]. New York: Alfred A Knopf.

STEFFENCEN J, TIDEMAND P, HARRIET N, et al., 2005, A comparative analysis of experiences from decentralisation in Kenya, Tanzania and Uganda [M]. Washington D.C.: World Bank.

TIDEMAND P, 2002. Area-based support to local government reform in Tanzania: an overview of five major programmes[R]. New York: UNCDF.

TIDEMAND P, 2006. Tanzania country case study of local development[R]. Washington D.C.: World Bank.

UNDP, ECA, 2001. Local governance for poverty reduction in Africa [Z]. [S.l.]: Fifth Africa Governance Forum.

UNDP, Development Alternatives Inc., 1993. Rethinking technical cooperation: reforms for capacity building[R]. New York: UNDP.

UNDP, Development Alternatives Inc., 2003. Human development report 2003 [R]. Washington D.C.: Oxford University Press.

WHITE H, 1999. From commodity aid on poverty support, Sida evaluation report [R]. Stockholm: Swedish International Development Cooperation Agency.

World Bank, 1987. World Bank experience with rural development, operations evaluation department[R]// Report No.6883. Washington D.C.: World Bank.

World Bank, 1998. Assessing aid: what works, what doesn't and why[M]. Washington D.C.: Oxford University Press.

World Bank, 2000. World development indicator 2000[M]. Washington D.C.: World Bank.

日文文献

絵所秀紀，1997. 開発の政治経済学[M]. 東京：日本評論社.

大住壮四郎，1999. ニュー·パブリック·マネジメント[M]. 東京：日本評論社.

大野泉，二井矢由美子，2002. 援助モダリティの選択と日本のODA改革—開発ニーズとオーナーシップを尊重して[M]. 東京：GRIPS開発フォーラム.

大林稔，1999. アフリカ—第三の変容[M]. 京都：昭和堂.

北川勝彦，高橋基樹，2004. アフリカ経済論[M]. 京都：ミネルヴァ書房.

国際開発センター，2000. アフリカにおけるプログラム援助に関する基礎調査報告書[R]. 東京：国際開発センター.

国際協力総合研修所，2003a. 途上国における財政管理と援助[M]. 東京：国際協力事業団.

国際協力総合研修所，2003b. 民主的な国づくりへの支援に向けて[M]. 東京：国際協力事業団.

国際協力総合研修所，2006.「アフリカにおける地方分権化支援のあり方」にかかる地方分権化動向基礎調査[M]. 東京：国際協力機構(アイ·シー·ネット株式会社).

笹岡雄一，2005. 東アフリカにおける地方分権化について[M]. 東京：財団法人国際開発高等教育機構.

高橋基樹，2003. アフリカ国家論と経済開発政策[M]// 平野克己. アフリカ経済学宣言. 東京：アジア経済研究所：229–276.

高橋基樹，2005. ファンジビリティと開発援助—貧困国家に対する一般財政支援の課題[J]. 国民経済雑誌，191（6).

平野克己，2002. 図説アフリカ経済[M]. 東京：日本評論社.

フリードマン J，1994. 市民·政府·NGO—「力の剥奪」からエンパワーメントへ[M]. 斉藤千宏，雨森孝悦，訳. 東京：新評論.

峯陽一，1999. 現在アフリカと開発経済学[M]. 東京：日本評論社.

JICA的独立行政法人化与社会关怀对策

杉田映理

1 问题意识与本文的目的

进入20世纪90年代后，国际开发援助的模式发生了变化，其目标变为削减贫困，人类和社会成为焦点。根据1989年DAC参与型开发的倡议，从1990年开始发行的UNDP的《人类发展报告书》，以及1995年召开的联合国社会发展问题世界首脑会议（下村等，2005）成为该潮流的象征。这一潮流现在也没有发生大的变化，在2000年的联合国千年首脑会议中通过的"联合国千年发展目标"以削减贫困为中心课题，而"人类安全保障"的概念也让各国充分认识到以人为中心的发展的重要性。

开发援助的实施机构也随着该潮流加大了对社会因素的关怀力度。例如，1985年英国海外发展署（现英国国际发展部，Department for International Development，DFID）设立了社会发展小组（现社会发展局）（中村，2001）。世界银行1974年雇用了第一位社会学家迈克尔·塞尔诺，1978年雇用了第一位人类学家歌莉娅·戴维斯，但真正致力于社会发展是从20世纪80年代末开始的（Davis，2004）。

作为日本政府开发援助（ODA）的实施机构之一，日本国际协力机构（JICA，2003年10月之前是日本国际协力事业团）是国际动向的追随者，也采取了社会关怀合作所需的对策。其开端正是始于1988年的"领域援助研究会"。该研究会提出了超越"环境""贫困问题""参与型开发"等以往技术部门框架的主题。之后，发行了《贫困问题手册》《社会性别分析方法指南》等入门书籍和研究报告书。无论是在组织体制层面，还是在各个项目层面，社会关怀对策逐渐丰实起来了[1]。

JICA在日本政府的一系列行政改革的潮流下，于2003年10月实施了独立行政法人化。研究组织论的Scott（1987）认为，组织的环境基础不仅是组织的体制，还是事业内容和行动模式的决定因素。若是这样，独立行政法人化这一JICA的法律立场的变化，将会影响JICA的体制、事业、行动模式。实际上，以独立行政法人化为契机，JICA的组织体制发生了很大变化。这些变化对JICA实施社会关怀合作起到了怎样的影响呢？对于需要下功夫的社会关怀来说，追求效率化的独立行政法人化会不会是逆流而行呢？

本文的目的在于，考察独立行政法人化一系列的变化对JICA事业中社会关怀对策的影响。因此，本文将以如下结构展开研究。首先，在第2节中，从组织方面和人才方面考察JICA社会关怀对策的沿革和现状。其次，在第3节中，考察独立行政法人化引起的JICA组织上的变化，尤其是将焦点放在“JICA改革计划”中推进的“现场主义”“人类安全保障”“效果、效率性与迅速性”，以及与其关联实施的再部署及JICA事业中人才确保计划的变化上。再次，在第4节中，考察这些变化对社会关怀的影响。最后，在第5节中，阐述笔者对今后的展望。

本文中的“社会关怀”是指“为提高人们的生活质量做出贡献，开展切合人类社会状况和需求的合作”。其范围包含为掌握社会状况而实施的社会调查和社会分析（也包含社会与性别分析）、居民参与型手法等研究方法的有效利用，以及实施以削减地区社会的贫困和促进社会发展为目的的议案（社会发展系的议案）。此外，在JICA内部为了实施这类事业而进行的完善体制的改革也被看作社会关怀对策。

另外，JICA内部设有社会发展部，其负责的课题是管理方法、建构和平、城市开发、道路交通和通信网等与基础设施相关的技术合作。但本文中的社会发展系的议案并不一定指JICA社会发展部所实施的议案。关于“社会发展”这一概念的定义有很多种，随着时代背景及发展理念的变迁，对其的理解也在发生变化（板垣，2002；佐藤，2007）。本文将为了提高人们的生活质量而推动社会性因素的议案称为社会发展系的议案。

2 JICA内部的社会关怀对策

2.1 组织性对策及其沿革

2.1.1 以“技术转移”为目标的初期JICA

JICA是1974年由负责ODA的多个机构[2]合并后成立的特殊法人。在ODA中，JICA的定位是实施技术合作的机构。正如在特殊法人时期制作的介绍组织的小册子中所写，JICA将“技术及知识的转移”作为其事业目标（国际协力事业团，1996a）。其前提是日本拥有所要转移的技术，而且此专业技术基本上是由日本政府的技术省厅（包括其外围团体）提供。正如后述，JICA的组织也形成了技术部门编制。

JICA自成立后到20世纪80年代后半期，也未能取得社会关怀对策的实际成果。1974年当时的农林水产开发调查部发行的《亚太地区经济与社会调查》刊登了联合国亚洲及太平洋经济社会委员会(The United Nations Economic and Social Commission for Asia and the Pacific,ESCAP)制作的报告书中有关土地改革和制度改革的译文,调查部还将其用作办公参考资料。但在初期,从落实技术转移的观点来看,有关正当技术的研究及项目并不少见[3]。如果说正当技术是“符合发展中国家的经济、技术环境和各项条件的技术”(国际开发杂志社,2004:149),那么对正当技术的关心可以说是广义上的社会关怀。

1988年可以说是JICA对超越各技术部门的主题及研究采取对策的转折点。换言之,笔者认为这是JICA尝试对社会方面采取对策的开端(Sugita,1998)。同年,JICA确保了援助效率促进费这一新预算,力图强化事业的“入口和出口”——项目形成(入口)和结束时评价(出口),与此同时开始了领域性援助研究。

领域性援助研究是超越以往垂直技术部门的特定主题,成立由大学及相关机构的有识之士担任委员的研究会进行的研究。JICA的职员也作为特别工作组成员参与研究。该研究以报告书的形式对研究结果和建议进行总结,并公开发表。从1988年的“环境”到1996年的“贫困问题”“开发与女性”“人口与开发”“开发与教育”“参与式开发与良好的统治”“地区发展与政府职能”,基本上每个年度一个主题。这些领域性援助研究在以下几个方面对JICA的社会关怀源流有着重要的意义。

2.1.2 环境关怀中的社会关怀

第一,在环境关怀这一语境下的社会关怀。在领域性援助研究中,首先提出“环境”这个主题是因为其接受了1985年经济协力开发机构(OECD)理事会提到的重视开发过程中环境视点的建议,并有意参加预计①在1992年召开的全球环境首脑会议。JICA接受针对“环境”提出的有关领域性援助研究的建议,并在1990—1995年就社会经济基础设施的完善、农业开发、矿工业开发等20个领域制订了环境关怀指导方针[4]。其中,社会关怀、自然环境及环境污染被视为项目内容必须考虑到的“环境”三要素。

2004年对这些指导方针进行大量修订后发行了《JICA环境社会关怀指导方针》(国际协力机构,2004a)。《JICA环境社会关怀指导方针》的标题中不仅增加了“社会关怀”,同时对其内涵也做了更为具体的阐释。虽然“环境社会关怀”中社会方面受到何种程度的关怀还有待研究,但其标志着正式承认在基础设施议案

① 根据原书翻译,故保留“预计”一词。(译者注)

中考虑社会方面因素的必要性。适用范围也并非跟以往一样仅限于开发调查，而是扩大到无偿资金合作和技术合作项目。

在《JICA环境社会关怀指导方针》修订过程中，成立了专门的委员会，并先后召开了30余次研讨会。该指导方针有着比以往更强的约束力。根据可预测的影响环境及社会的程度，对全新议案（例如，2004年有1092件）进行范畴分类（A.影响大；B.有影响；C.最小限度的影响）。其中对A或B类的议案采取由2004年9月成立的外部专家审查会所研讨的体制。

目前在JICA的组织机构方面，审查并负责环境社会关怀的是企划调整部中的性别与环境社会关怀审查组（由环境社会关怀队负责）。该部门是在领域性“环境”援助研究会的建议下，由1990年成立的企划部环境室发展而来的。正如后述，作为独立行政法人，“JICA中期计划”（国际协力机构，2003a）中包含了强化环境社会关怀对策。

2.1.3 社会与性别分析

第二，领域性援助研究会开始通过“女性参与发展”（Woman in Development，WID）与性别的关联进行社会分析。1990年JICA提出“开发与女性”这一主题，并接受领域性援助研究会的建议，于1991年将上述企划部环境室改组为环境与WID等事业推进室。1993年该事业推进室升级为环境女性科，独立行政法人化之后改为上述的性别与环境社会关怀审查组（性别相关的内容由性别平等推进团队负责）。作为事业的课题，性别同样非常重要。基于此观点，研究会于2006年在社会开发部设立了性别治理团队。在组织体制上各部门指定男女各一名为促进性别主流化的负责人，并召开跨部门的性别联络会（国际协力机构，2003b，2005a）。

由于负责WID与性别课题的组织性基础得到进一步完善，因此性别研究相当活跃。JICA于1993年编写了《WID关怀指南》（JICA，1993a）等各种指南和研究报告书作为职员的办公参考资料。到1994年，各国的性别信息也逐步完善起来。之后，性别被确定为JICA的开发课题之一，JICA也由此制订了《课题部指南》（JICA，2002a）。随着独立行政法人化，JICA以性别相关组织为中心，试图在开发议案中推进性别主流化（国际协力机构，2003b）。

针对社会与性别的分析，最早作为项目编制方法被推荐引入WID，JICA在1993年制订了《WID关怀的社会/性别分析手法调查报告书》（国际协力事业团，1993b），1994年制订了《社会与性别分析手法指南》（国际协力事业团，1994a）。同年，为了议案的事前调查，JICA还派遣了社会与WID关怀团员，并做了经费预算。社会与性别分析将地区社会作为其分析对象，并将女性置于社会结构中，以了解男女的职责和需求的差异及相互关系。但是，仅看JICA报告书的话，就不会用“社会与性别分析”，而是用“性别分析”这一术语，分析对象也仅局限于地区社会的男女及其相互关系。

如果将后者的性别分析也看作广义的社会分析的一部分，那么随着性别研究的强化，在JICA议案中实施对象社会分析的例子也会日渐增多。

2.1.4 社会开发系议案的增加

第三，进入20世纪90年代后，随着在领域性援助研究中提出贫困问题和参与型开发等主题，JICA中社会开发视角下的项目，以及促进其实施的研究及刊物日渐增多。

该项目初期的代表性例子有，“提高菲律宾的生活水平（1991—1996年）”“印度尼西亚东南苏拉威西州农业农村综合开发计划（1991—1996年）”“坦桑尼亚乞力马扎罗村落林业计划 阶段Ⅱ（1993—1998年）”等（JICA，1995a）。每一个都是以地区居民为直接受益对象，并吸引人们来推动社会进步的议案。

1990年在领域性援助研究中提出贫困问题之后，1999年组成致力于削减贫困的课题部支援委员会，并积极推进《课题部指南》（国际协力事业团，2002b）等的制订。从2001年度取得的成绩可以看出，削减贫困相关的议案占据整个JICA事业的19.9%[5]（国际协力机构，2003c）。但是，削减贫困议案的范围每年都有变化，尤其是在发展中国家引入PRSP之后，将制定宏观（中央）政策和制度的PRSP支援也归类到消减贫困议案，请参见附注。

此外，从JICA的刊物可知，进入20世纪90年代之后，以领域性援助研究为开端，削减贫困及作为其手段的与居民参与或社会分析相关的内容日渐增多。表1是JICA各部门的相关刊物。表1中虽然没有列出领域性援助研究报告书，但出版该表中的研究报告书及指南都是为了使其能够在事业中得到有效利用，可以看出通过项目努力实现社会关怀的过程。

表1 JICA推进社会关怀合作的刊物

发行年份	题目	部门	关键词
1992	开发调查事业的社会分析指导方针制定研究（项目研究）最终报告书	社会开发调查部	环境社会关怀
1993a	WID关怀指南	企划部	社会与性别
1993b	WID关怀的社会／性别分析手法调查报告书	国际协力综合研修所	社会与性别

续表

发行年份	题目	部门	关键词
1994a	社会与性别分析手法指南	国际协力综合研修所	社会与性别
1994b	贫困问题手册	企划部	贫困
1994c	对项目管理中“组织与制度建构”的思考	国际协力综合研修所	社会开发
1995b	面向开发调查(事前调查)的社会与WID关怀团员的辅导书	企划部	社会与性别
1996b	农业与农村开发计划调查手法研究	农林水产开发调查部	社会调查
1996c	开发援助项目中应用社会能力的基础研究	国际协力综合研修所	社会开发
1997	地区展开型合作议案计划阶段中引入社会与性别调查的基础研究	企划部	社会与性别
1999	农村社会调查手法研究(理论篇、实务篇、实施要领)	农林水产开发调查部	社会调查
2000a	农村调查指南:研究和普及合作型农业项目的问题发掘与诊断	农业开发协力部	社会调查
2004a	JICA环境社会关怀指导方针	国际协力机构	环境社会关怀
2004b	在开发调查中运用环境社会关怀指导方针的基础研究研究会报告书	社会开发部	环境社会关怀
2004c	削减贫困实务指南	削减贫困特别工作组	社会开发
2005b	特定主题评价“参与型地区社会开发的性别评价”报告书	企划与调整部	社会与性别
2005c	社会调查在事业中的应用:进行吧！社会调查	国际协力综合研修所	社会调查
2007	社会调查的心得与使用方法	国际协力综合研修所	社会调查

注:此处不包含具体项目和JICA客座研究员的报告书。

2.2 JICA事业中与社会政策相关的"人"

前一项中以领域性援助研究为契机，考察到相关政策作为社会组织在不断加强。那么，实际与事业相关的"人"，现状如何呢？

2.2.1 JICA的人力资源分类

由于JICA是技术协作机构，因此非常重视"人"与"人"的合作。而且，在组织的建立及成长过程中承载了各种技术合作计划。从这一点来看，有形形色色的工作人员参与到该事业中。当然，负责JICA事业的不只是JICA的职员。本文以日方人力资源为中心，对从事JICA事业的工作人员进行梳理。首先，大致可分成两类，即实际前往发展中国家并通过项目等在现场进行协作的工作人员，计划、监理或支援项目的工作人员。（表2）

表2 JICA事业相关的日方主要工作人员

在现场工作的相关人员	在后方进行支援的相关人员
· 专家（技术合作项目） · 开发顾问（开发调查、无偿资金合作） · 青年海外协作队与老年海外志愿者（志愿者事业） · NGO（民间技术合作等）	· JICA职员 · 企划调查员 · JICA国际合作专职人员 · 日本政府相关省厅 · 国别、课题部、国内支援委员会

如表2所示，前者包含在技术合作项目（以前称作项目型技术合作）中利用专业技术协作对象国的相关人员实施事业的所谓"专家"。而在过去，由日本省厅（包含其外围团体及地方自治体）推荐并派遣专家是主流。但正如后述，近几年随着JICA独立行政法人化的进展，在民间招募的例子多了起来。首先是被称作"开发顾问"的职能团队。开发顾问接受JICA或对象国政府的委托，向基础设施计划和设计等无偿资金合作事业、发展中国家部门开发计划的制订等开发调查事业提供技术（近几年软件系顾问有所增加，他们也参与到技术合作项目中）。其次是参加志愿者事业的"青年海外协作队"和"老年海外志愿者"，他们是在普通民众中公开招募的。此外，近几年通过JICA的委托和契约等方式，日本的NGO等利用JICA的资金在当地开展活动的例子也不断增加。

另一方面，进行项目后方支援工作的人员主要有JICA职员、企划调查员、JICA国际合作专职人员。他们由JICA直接雇用，全职从事JICA的事业，并实施各项目的管理、援助手法等的改善对策，以及JICA组织的运营。相关省厅负责推荐派往技术合作项目的专家和接收研修人员，并加入项目的国内支援委员会或国别与课题部支援委员会后提供技术性建议。此外，也有许多大学的研究者等有识之士加入国内支援委员会或国别与课题部支援委员会。

2.2.2　致力于社会关怀的现场相关人员

如上所述，形形色色的工作人员从事JICA事业。那么，为了社会关怀所投入的人力资源的情况又如何呢？首先来看一下在现场工作的相关人员。

在技术合作项目的准备阶段，派遣事前调查团。JICA早在1994年就将社会与WID关怀团员作为该事前调查团的一员纳入预算。但由于事前调查时间较短，通常只有1—2周，因此，为了根据需要长期进行项目成型相关的调查，于1998年将“社会性别调查费”纳入预算。为了能够在事前阶段、中期评价(监视调查)及终期评价时在项目中加入性别视角和社会方面的信息，有时也会另行派遣实施社会调查(或向当地顾问再委托时，对此进行监督)的调查团员。

在技术合作项目的实施阶段，派遣专家指导“参与型开发”“社会与性别”“强化居民组织”等科目。他们实施基础调查和需求调查，或者为了组织参与项目的居民，对其进行指导。有时负责技术的专家兼做研究会的指导等工作，但通常是派遣JICA单独招聘的社会调查及性别等软件系专业人才。他们大部分是有着与居民一起从事共同体开发经验的协作队员，或在开发系研究生院学习过农村开发和社会分析的人。有时会委托大学短期派遣地区研究者。但因人才缺乏，JICA开展了由国际综合研修所实施的专家人才培训研修活动，并于1991年开设了“贫困对策课程”和“社会与性别调查手法实践课程”(研修期为2个月左右)等。

技术合作项目的专家，其派遣期因业务内容而不同。例如，从2周左右的短期派遣到2年左右扎根在当地的长期派遣等。派遣时间未满1年的为短期专家，1年以上的为长期专家，长期专家团队是实施项目的主体。社会开发系的项目中常常将软件系专家作为长期专家来派遣。但是，如后所述，这种情况正在发生变化。

开发调查的目的是根据发展中国家的要求制订开发基本计划和就某些特定的开发计划实施可行性研究(实行可能性调查)。项目内容主要包含提高农村地区居民的收入及组织与制度的开发等。为了计划方案的实证调查常常进行试验。在这类议案中，社会开发系的顾问会加入委托开发调查的顾问团队中。

由于20世纪90年代前半期引入环境关怀指导方针，在大规模基础设施事业的开发调查中，为事前调查团和正规调查团配置“环境社会关怀团员”的例子多了起来(海外环境协力中心，2000)。尤其在2004年修订环境社会关怀指导方针之后，预测对社会的冲击较大时，将派遣负责社会关怀和公共咨询的顾问。例如，“湄公河第二架桥项目”就常作为典型案例而被提及。该项目19名顾问团队中，5人是环境社会关怀团员。这5人的职责分别是，1人负责自然环境关怀，1人负责社会环境关怀，1人负责地区开发计划，2人负责公共咨询。

青年海外协作队员具有志愿者性质，他们经常开展民间活动，并且有很强的根据当地的社会状况开展活动的倾向。其中，“村落开发普及员”负责采取“从居民的视角出发挖掘居民中存在的各类问题，并通过与居民的沟通寻求切实可行的解决措施的方法”（JICA内部资料）开展活动。负责该职务的队员派遣人数有增加的趋势，是2005年派遣出去的所有协作队员中人数最多的（国际协力机构，2005d）。当社会调查和性别分析为主要工作内容时，JICA也会派遣“村落开发普及员”。另外，也有“文化人类学”和“社会学”这类职务，但只有31人，在截至2006年的实际派遣总数（约3万件）中仅占0.1%[6]。

2.2.3 致力于社会关怀的后方支援相关人员

接下来看一下对JICA事业进行后方支援的相关人员的现状。目前很难统计在JICA职员中有多少人拥有农村开发学、文化人类学或社会学的背景。因为JICA职员的专业性强化问题主要由人事部研究，所以人员在录用时并不是按专业进行招募和选拔，而是基本上作为多面手来实施业务。1994年以来，JICA以“贫困与WID”“社会与性别”“环境社会关怀”等为主题，开设了半天的职员研修课程。

85名国际合作专职人员中，专业为性别、农村开发、削减贫困的有10人左右。而且，即便专业是公共卫生和教育，但凭借多年在国际合作现场积累的经验，从社会开发的视角出发为JICA事业建言献策的专职人员也不在少数。

外部的有识之士常以各种形式参与JICA事业的后方支援，为其提供专业知识。就“削减贫困”和“性别”而言，1999年设立了以大学等的研究者为主要成员的“重点课题部支援委员会”。并且，就“性别”另行召开了“性别与WID恳谈会”。除了研究者之外，NGO及媒体相关人员也是其成员（国际协力机构，2003b）。此外，每项项目的活动支援及表1中列出的调查研究报告书中，多采纳了精通社会开发和地区研究的外部有识之士的建议。

3 独立行政法人化引起的JICA组织的变化

本节将考察JICA的独立行政法人化。JICA于2003年10月实施了独立行政法人化，这一变化直接或间接地使JICA的组织与机构、事业的运行模式发生了很大改变。首先来看一下JICA组织的变化。

3.1 组织法律定位的变化

随着1998年6月日本政府中央省厅改革基本法的颁布，独立行政法人制度也正式诞生了。行政改革大纲也于2000年12月通过了内阁决议。在政府一系列的行政改革潮流影响下，2003年10月国际协力事业团由特殊法人改革为独立行政法人。组织的日文名称也随之更改为国际协力机构。但是，英文名称及略称还是保留原来的Japan International Cooperation Agency（JICA：ジャイカ）。JICA组织的法律依据也由国际协力事业团法更改为国际协力机构法[7]。

除此之外，独立行政法人化（以下简称独法化）也导致其法律立场上的重要变化。和过去一样，JICA是政府开发援助（ODA）的技术协作机构[8]，以外务省为监督省厅，并依靠国家预算来开展活动。但正如独立行政法人是“具备自律性、自发性及透明性的法人”（总务省，N.D.）一样，作为独立经营体，JICA一方面得到法律上明确的规定，例如，以前是依据法令等对组织及人事进行统一管理，但在独法化后，法人可以在法令规定的基本范围内决定内部组织的变更。而且，就财务方面也有能够灵活有效地使用所交付的运营费等的变化。另一方面，为了提高对国民的透明度，扩大信息公开范围，JICA正式引入作为组织接受评价的制度。

每3—5年的“中期目标”及“中期计划”是接受该评价的前提。“中期目标”由充当监督省厅的外务省设立，但是如何实现该目标这一“中期计划”则是由独立行政法人来制订。2003年10月国际协力机构刚成立时就开始的中期计划包含经费削减与效率化、议案的有效性与效率性实施、议案评价的充实性等，并设定客观性指标（国际协力机构，2003a）。外务省独立行政法人评价委员会定期评价JICA是否取得中期计划的成果，并向总务省评价委员会汇报评价结果。尤其是完成每阶段的中期目标后，对组织的保留及业务内容的正误进行严格的评价。

特殊法人时期，在以外务省为首的各省厅的监督下，外务大臣、农林水产大臣、经济产业大臣每年都会联名向JICA提交有关“业务实施方针”的公文。JICA基于此开展事业，但在独法化后则形成根据“中期目标”和“中期计划”，以及基于此的年度计划来制定目标和具体方案，并形成各项目都接受评价的法律体系。其结果是对组织所重视的观点及价值观也带来了变化。

表3 JICA特殊法人时期和独法化之后法律立场的变化

特殊法人时期	独法化之后
特殊法人	独立行政法人(2003年10月—)
ODA的技术协作机构	同左。组织的目的中追加“复兴支援”和“国民等的合作活动”,此外还有若干变化
在以外务省为首的各省厅的监督下	外务省属于监督省厅,但其具有作为独立经营体的一面
实施机构(政策由外务省负责)	同左
国家预算(来自外务省的资金、补助金)	同左,设定削减目标,能弹性地、有效地使用运营费等
“业务实施方针”	“中期目标”“中期计划”“年度计划”

3.2 有关改革的3个观点

独法化半年之后的2004年3月,JICA发布了“JICA改革计划”,作为“深入挖掘并加速中期目标和中期计划的内部改革”(国际协力机构,2006a:1)。3个观点反映了推进该JICA改革计划的方向性,即“现场主义”“人类安全保障的观点”“效果、效率性和迅速性”。在面向大众的《JICA指南》(*Guide to JICA*)中,也介绍了JICA实施事业时的这3个重要观点。我们认为,这3个观点不仅是行政公文上的标题,还规定了独法化之后JICA组织的价值观。

3.2.1 现场主义

JICA改革计划中“现场主义”和“在外强化”表示相同的意思,即表示强化JICA驻外办事处。具体的对策有:(1)扩大预算执行权限等向驻外办事处的权限转让;(2)强化以地区支援办事处的设立为中心的驻外支援体制;(3)驻外办事处的人员移动。

引进“驻外办事处主管议案”是向驻外办事处转让权限的形式之一,是指项目的计划、实施,以及决策决定和管理都由驻外办事处统一实施[9]。2005年度正式引进该体系后的“驻外主管议案”约占据30所重点推进的驻外办事处全部议案的4成(国际协力机构,2005e)。

驻外办事处的人员移动是为了使国内外人员比例达到同等规模,计划在中期计划期间派遣200人。另外,在实施独法化的2003年末,配置在驻外办事处的职员数为369人,约占据全部职员数1213人的3成(国际协力机构,2003d)。

3.2.2 人类安全保障的观点

2003年ODA大纲修订时提出了“人类安全保障”这一新的基本理念。JICA发布JICA改革计划时也提出基于“人类安全保障”观点实施事业的目标。2004年10月，企划调整部设立了“人类安全保障队”，为了在事业中具体实现相关概念，整理出“7个观点”。通过选定并介绍符合“人类安全保障的观典”的典型议案等方式，谋求在JICA内外推进(国际协力机构，N.D.)。

3.2.3 效果、效率性和迅速性

JICA改革计划的3个观点出现在公文时，其顺序是“现场主义”“人类安全保障的观点”“效果、效率性和迅速性”。但是，对独法化后的组织内部变化影响最大的应该是“效果、效率性和迅速性”所指向的方向性。这是因为其直接关系到独立行政法人的评价。

效率化不仅是指办公手续的效率化和经费削减，还以事业的效率化为目标。例如，中期计划中由短期专家代替派遣期1年以上的长期专家，从而使长期专家派遣人数减少10%。由于是以同时实现效率性和效果(提高援助质量)为目标，这是非常困难的。在JICA内部经常使用“选择和集中”这一措辞。此外，若要评价效果就应对其进行具体展示，为了反映该认识也常提及“成果主义”。

那么接下来谈一下在“效果、效率性和迅速性”观点下实施(或进行中)的改革中2个特大的改编[10]。第一，以强化“为了提高战略性，开展更加有效且效率高的合作”(国际协力机构，2005e：4-5)的实施体制为目标，改编成地区部、课题部体制。第二，技术合作事业中为了提高专家质量和项目运营的效率化，大幅改革专家招聘方法和项目实施方法，推进法人契约化管理。下节中将就此进行详述。

3.3 组织再编

如前所述，在JICA内部实施了包括独法化在内的地区部、课题部体制等组织改编。独法化之后，JICA把内部组织的变更看作努力经营的手段。从2003年10月开始的JICA中期计划中记载“改善组织运营，……对现行事业实施部门的垂直组织编制进行灵活重组”(国际协力机构，2003a：1)。JICA在2004年4月独法化半年之后实行的组织改编中，对过去由垂直结构和援助计划(援助形态的框架)组合而成的8个部门[11]进行重组，并设立了5个课题部。这5个课题部分别是社会开发部、人类开发部、地球环境部、农村开发部和经济开发部。

过去是农业、医疗、矿工业等8个技术部门，但由于这些技术部门的分类方法基本上与日本政府的省厅对应，因此被称为“垂直结构”。这是因为，在1974年

JICA设立过程中对附属于省厅的机构及事业进行合并和调整，从而形成了JICA(Sugita，1998)。但是，2004年组织改编的目的是组成比起日本的省厅更适合MDG等开发课题的部门(国际协力机构，2005e)。

就计划分配来看，过去是由农业开发调查部、农业开发协力部等部门负责开发调查和项目式技术合作等不同的援助方案，现在则将组织重组为由一个部门横向负责技术合作计划。由于不同计划的研究和手续方式也各自相异，所以对于同时负责几个计划的职员来说，压力在不断加大。另一方面，不是按照计划实施援助，而是根据当地的需求选择或组合计划，进行更加灵活的应对，从而实现援助的“质的提升”。

关于组织改编需要特别指出的是，在独法化之前的2000年新设了4个“地区部”，即亚洲一部(东盟地区)，亚洲二部(东亚、西南亚地区)，中南美部，非洲、中东、欧洲部。基于非洲地区开发援助的重要性，在独法化之后的2004年4月，非洲部独立出来形成5地区部体制。不言而喻，此次组织改编的目的在于强化国别、地区研究。在地区部分由不同职员负责各国事务，并采取按国别制订援助方针和预算投入计划的体制。

地区部和课题部形成矩阵型，从而能在地区部即上层部分实施地区、国别投入计划的制订及新计划的调查。课题部的职责是在项目形成中提供技术支援，并作为实施部门进行管理等。该体制既有优点也有缺点，笔者将在后面的章节阐述其对事业“社会关怀”的影响。

3.4 JICA事业中人才确保计划的变化

“效果、效率性和迅速性”的推进及成果主义的引入，大大改变了技术合作项目的“专家”招聘方式。以前是决定实施项目后，JICA向省厅请求委托推荐该项目实施所需要的专家，并由省厅负责人选与人才提供。每个专家在派遣期间应实施的业务内容虽有大致的框架，但JICA并未事先决定其具体的职权范围(Terms of Reference，TOR)，并且也未对业务成果进行评价。但在独法化，并被赋予实现中期计划中“提升业务质量”的责任后，JICA也担负起与技术合作事业的质量关系密切的专家招聘及业务计划的制订。中期计划中写有“关于专家，应积极有效地利用民间人才等广大人才，并致力于专家质量的提升”(国际协力机构，2003a:6)。

于是，为了积极推进人才确保计划，2004年4月JICA内部成立了新的部门——国际协力人才部[12]。在选拔专家时，发布公告并从民间招聘的情况逐渐增多。该“民间”主要指开发顾问。发布公告不仅能增加选拔过程的透明度，JICA还能事先决定TOR，并通过与人才签约，使其承担执行TOR的责任。专家公示议案数实现了飞跃增长，在独法化前的2002年度有67件，（独法化后）2003年度有152件，2004年度有671件，2005年度有1221件（国际协力机构，2006a）。

此外，项目本身也朝着全权委托给法人（主要是顾问公司），并签订业务实施契约的方向推进。和顾问公司签订全权契约是以往在开发调查和无偿资金合作事业中采取的方式，现被应用到技术合作项目中。通过和法人签订契约，一方面明确了为完成项目目标而实施业务的责任体制，另一方面该法人对人事管理及派遣手续等微管理进行了有组织的应对，可以减轻JICA方的管理成本。以该方式实施的项目数也在剧增，从新议案数来看，试图引进的数量在2003年有2件，2004年有22件（其中4件是大学作为实施团体参加的），2005年有56件（国际协力机构，2004d，2005e，2006a）。

随着JICA事业的人才招聘方式及项目实施方式的变化，JICA职员的职责也自然而然地发生了变化。为了实施法人契约，职员需要制订详细的TOR。而且，为此需要进行比以往更为详细的项目设计，同时职员也承担管理成果的职责（JICA内部资料）。

4　考察——独法化对社会关怀对策的影响

如上所述，JICA通过独法化实现了很大的变化，这一变化给JICA事业的社会关怀对策带来怎样的影响，或者能带来怎样的影响呢？重视“效果、效率性”的视角，并且谋求效率化的同时实施有效的援助（业务质量的提升），就会自然而然地朝向“选择与集中”这一方向。通常认为在开发中引入社会方面因素是花费时间和精力的事情。例如，从“效率化”的观点来看，居民参与参与型开发项目的筹划和实施被指出也会有需要更多时间、手续复杂等问题（下村等，2005）。开发援助中引入社会方面因素，即使无意是不是也可以从“选择”中删除呢？本节将考察基于社会方面因素的事业因JICA的独法化而受到的影响及其可能性。

4.1　项目的人才确保计划和实施方法的变化造成的影响

4.1.1　专家招聘方式的变化

以发布公告的方式招聘技术合作项目的专家，不仅提高了竞争性，还为专家质量的提升做出了贡献。但是，申请的写法及手续有其自身的“规则”，而熟悉该“规则”的通常是具有经验的顾问公司，即出现了个人较难参加应聘的情况[13]。

过去通常是在JICA人才库中选拔社会调查和社会开发的专家，并由JICA直属(即作为个人)派遣。但是，在有组织地推进公告方式的过程中，社会调查和社会开发的专家也无一例外地无法再采取过去的选拔方式进行选拔。于是出现了过去以JICA直营方式进行的人才派遣陷入困境，或这些人才向软件系顾问公司请求派遣等现象。

与过去的招聘方式和公告方式相比，不仅选拔方法不同，派遣形态及派遣期也各不相同。公告方式中为了执行与专家的契约，规定派遣的时间上限为1年，但JICA直营派遣中长期专家的派遣时间多为1—2年。从独法化引起的业务效率化的观点来看，也在推进减少长期专家，并由短期派遣来代替的方法。即在社会开发专家中“黏着”在现场的专家逐渐减少，反而多次短期逗留的“穿梭型”专家在不断增加。对于需要与项目用地居民建构信赖关系及进行长期调查、合作的社会开发系专家来说，不得不说派遣时间是个大问题。

4.1.2 成果主义

独法化的推进，的确强化了项目的“成果主义”。为了了解项目现场的状况而实施的社会调查中，指出了“与对方的协同”的有用性(国际协力机构，2007)。但当偏重成果主义时，对于本公司的评价和今后契约机会受该成果左右的顾问来说，也会出现无法配合对方或居民的情况。

最初，采用社会关怀和居民参与等的研究来开展工作的社会开发系专家的业务很难马上取得立竿见影的成果(内藤，2006)。今后有必要对契约型社会开发系专家的成果进行探讨。

4.1.3 项目的全权契约

此外，还要考察全权契约中将项目集中委托给一个(或者以联营的形式委托给两个)法人的情况。

除了志愿者及政策顾问等个别派遣的专家之外，JICA事业是以团队形式实施的。该团队的社会调查或社会开发专家的定位，将影响项目能够采纳多少社会因素。传统型项目运营方式中，社会开发等软件系专家特派到技术、医疗等工作繁重的专家集团里，经受各种困难的例子并不少见(例如，内藤，2006)。此外，分析约40件评价JICA项目的调查研究(国际协力机构，2005a)的结果，判断社会调查的结果是否有效利用到项目的最大因素是，以项目主管顾问(总负责人)为首的相关人员对社会调查的必要性是否有着明确的共识。根据全权契约，法人以团队形式承担责任的项目运营方式，比过去的方式更容易在团队内获得一致意见。

但是，以团队形式承办契约，并不等于能够获得关系到社会关怀的共识。社会调查系的专家(顾问)常常由资历较浅的人才担任,在团队内的话语权也不是很大。这是由要节省经费以及进行项目设计的JICA职员对软件系专家的必要性认识不足造成的。另外,开发调查议案"湄公河第二架桥项目"作为实施有效社会关怀的成功案例,副总负责环境社会关怀,如前所述,整个团体19人中5人是环境社会关怀团员。

此外,确保灵活性是全权契约方式的课题之一。全权契约中,JICA在项目开始前进行详细的项目设计,并基于此与顾问公司签订契约。采取法人契约方式的无偿资金合作,开发调查以基础设施的计划、设计,或基本计划的制订等为中心,工程的预测性比过去高。与此相比,这些合作反映了居民参与和对当地地区社会的认识,因此应具有相应的变更计划的灵活性。前述的社会调查进行的评价调查(国际协力机构,2005c)中,指出了社会调查结果反馈时机的重要性。为了不错过该时机,仅在年度末重新评价计划的体制也是存在问题的。

此外,职员应强化项目设计和TOR制订能力。不少曾经参加过开发调查及全权契约方式项目的社会开发系顾问提出,从时间制约来看,TOR的居民调查存在难度。

4.2 在国别和课题部体制之下

如前所述,独法化之后的新体制中部门编制形成地区部、课题部的矩阵型。据此,以地区部为主体实施的涉及整个国家和地区的国别计划制订及计划化成为可能,同时积累课题经验的课题部能够对采纳后的项目进行运营和监理。而且,针对由外部有识之士组成的支援委员会,为了得到对地区部业务的建议设立了国别、地区部支援委员会,而针对课题部则设立了课题部支援委员会。此外,探讨过去为了支援个别技术合作项目或开发调查项目而设立的国内支援委员会因效率化等原因由课题部支援委员会代替其职能。

如果将该体制当作事业周期的话,计划的部分主要由地区部负责,而实施的部分则主要由课题部负责。即一方面地区部实施包含政策层面在内的宏观计划的制订,地区专家的建议对某个国家的国家政策、政治体制及经济状况等起到宏观作用。另一方面,运营实际项目的课题部积累有关环境管理、水资源开发、母子保健等课题的经验,课题支援委员会也对这些课题给予相应的专业建议。为了在项目中引入社会关怀,需要将每个地区社会的微信息反映在项目里。但在效率化的新体制中,忽略这一点的可能性很高。因此,至今仍然保留着社会关怀等的横向课题研究体制建构。

4.3 “中期计划”中的环境社会关怀和性别主流化

作为提升业务质量的措施，在中期计划中，环境社会关怀和性别（中期计划中使用的是“男女共同参与计划”的表述）分别属于独立的内容，并采取了横向课题应对方式。

关于环境社会关怀，计划将“……提高职员和其他相关人员逃避、最小化环境保护及居民迁移等社会影响的意识，修改环境社会关怀指导方针，并致力于环境及社会的业务运营”（国际协力机构，2003a），JICA每年的业务实绩报告中也对其进行了详述。笔者已在第2节中提及2004年“JICA对环境关怀指导方针”时做了修改。从2003年度开始连续3年举办了60次以上的职员研修活动，还召开了专家培训和面向顾问的说明会（国际协力机构，2006a）。

关于性别，“事业中的性别主流化”是为了实现中期计划而实施的研究。以2004年4月设立的性别平等推进团队为中心，完成了“性别主流化体制”的引入、关于职员及相关人员的研修、在计划阶段对性别关怀的彻底审查等（国际协力机构，2005e）。

笔者也认为，应高度评价组织为环境社会关怀和性别主流化付出的努力，但在探讨对需要社会关怀的项目进行的研究时就会发现问题。第一，2004年修订指导方针后，虽然环境社会关怀中有关社会关怀的记载变得更加明确，但社会关怀可以说仍然是“继子”。社会关怀中就居民迁移做了一些规定，有必要进一步深入挖掘社会关怀所涵盖的范围及具体内容。

第二，性别主流化的性别分析中，社会分析容易隐藏在背后。这正如在中期计划中所写的“……更加致力于女性地位提升”一样，与其说从社会差距的视角分析性别，不如说是将开发的焦点集中在女性。

4.4 人类安全保障——以“以人为中心”的合作为目标

前面提到过，以“人类安全保障”的视角实施事业成为JICA独法化后的基本合作方针。整理JICA所推进的“人类安全保障”的7个观点，并从2005年度开始将其反映在国别事业计划及《课题部指南》的制订和修改中（国际协力机构，2006a）。

这7个观点中包含以下3点（国际协力机构，N.D.：2-3）。

> 一、以人为中心，人们确实得到的援助。
>
> ……

五、以人们存在的问题为中心,在分析问题结构的基础上,为解决该问题,整合各种专业意见,进行综合援助。

六、从政府(中央政府和地方政府)层面和地区社会及人的层面进行探讨,为对象国及地区社会的可持续发展做出贡献。

着重点因作者而不同,但很显然为了实施这里所表示的"有效的援助",应根据社会分析,实施符合居民需求的合作,即考虑到社会方面因素的合作。

但是,为了将此观点转化为实践而采取的对策尚处于探索过程。今后需要完善在每个项目中对"人类安全保障"进行具体化的手法和体制。笔者认为,"人类安全保障"成为JICA的基本合作方针顺应了强化社会关怀之势。

5 今后的展望

正如本文所述,独法化这一法律框架的变化除了对JICA的体制有影响外,还对事业的社会关怀对策也造成了影响。此外,在第4节进行的考察中得知,该影响未必都是正面的,也存在有待进一步探讨的部分。

JICA面临与国际协力银行(Japn Bank for International Coopertion,JBIC)海外经济协作部门的合并,又要进行大幅度的组织改编。但是,独立行政法人这一框架得以维持,以效果、效率性援助为目标的方向性从未发生变化。正因为处于这种时期,笔者认为有必要了解独法化造成的影响,并将其作为今后改革的基础。

为了实现"更加好的援助"这一基本使命,对议案的社会关怀也是必不可少的,为此提出以下建议。

①进行专家招聘和派遣时,尽量恢复以往的长期派遣方法。此外,就项目签订全权契约时,也能根据当地情况灵活变更计划。所谓真正的现场主义不正是这样的吗?

②提升职员的TOR制订能力,建构从社会开发顾问(临时名称)及地区社会的观点对TOR进行反复研究的体制。在JICA推进法人契约的过程中,项目设计的重要性日益提升,JICA是否有能力将社会方面因素反映在项目中将成为关键。

③进一步完善《JICA环境社会关怀指南》中的社会关怀部分。与JBIC合并后的新JICA也会处理大规模基础设施议案,希望能够充分发挥JICA过去通过技术合作积累的现场经验。

④对“人类安全保障”实施具体化研究的手法和体制进行探讨。就“人类安全保障”来说，需要进行宏观合作。但以地区社会层面的人为对象时，掌握其地区社会的状况将是绝对的前提。

【附注】

事先声明，笔者虽然拥有在JICA工作的经验，并且通过此经验进行过考察，但本文并不代表JICA的观点和方针。

【注】

[1]但是，在起用人类学家方面迟迟未有进展。推进对人类学家及社会学家的充分利用和在开发援助中促进社会关怀并不一定是一对一的对应关系。但正如松园(1999)所述，与美国和英国相比，日本在开发实践中起用人类学家明显较晚。虽然也尝试对JICA中人类学家的充分利用提出建议(中村，2001)，但仍然不充分。此外，JICA没有按职员或专家的背景统计人数的体系，而且在“专业领域”也没有人类学这一范畴，因此，很难获得定量数据。

[2]这时被合并的是海外技术协力事业团(Overseas Technical Cooperation Agency，OTCA)、移民事业团及海外农业开发财团的业务，以及海外贸易开发协会的部分业务，还有当初外务省实施的青年海外协作队事业(国际协力机构，2003d)。

[3]《关于国际协力事业团的正当技术》(国际协力事业团，1979)及《技术转移活动事例研究调查报告书：技术转移和正当技术》(国际协力事业团，1989)等。

[4]以1990年发行的《有关水坝建设计划的环境影响调查指导方针》为开端，1992年发行了《有关社会经济基础设施完善计划的环境关怀指导方针》Ⅰ—Ⅷ(包括港湾、道路、上水道、观光开发等)。此外，就农业、水产、林业、矿工业(矿业和火力发电)领域发行了有关开发调查的环境关怀指导方针。

[5]《对开发课题的有效探讨：削减贫困》(国际协力机构，2003c)的附录中有具体的削减贫困议案的目录和合作内容的概要。

[6]事实上，也会有以文化人类学及社会学为背景承担社会调查等职务的时候。但为了防止变成为学术调查而进行的调查，近几年以“村落开发普及员”的方式进行招募。

[7]《国际协力机构法》公布于JICA成立(2003年10月)之前的2002年12月。

[8]ODA包括对发展中国家实施直接援助的两国间援助和通过国际机构实施的多国间援助。两国间援助包括无偿资金合作、技术合作、有偿资金合作。另外,2005年度ODA的预算分配是,技术合作30.9%、无偿资金合作19.1%、有偿资金合作21.3%、多国间援助28.7%(外务省,2006)。

[9]2006年将"驻外办事处主管议案"的方式更改为"驻外主导"。

[10]加上这两点,在"效果、效率性和迅速性"的观点下实施的改革中引入计划这一要素。这是反省目前为止每个项目都是各自实施,并把项目定义为以开发课题为目标的计划的一个要素,是有利于持续实施多个项目的框架(国际协力机构,2006a:5)。关于计划引入,将做另行讨论。

[11]JICA独法化之前的8个部门分别是:社会开发调查部、社会开发协力部、医疗协力部、农村开发调查部、农村开发协力部、林业水产开发调查部、矿工业开发调查部、矿工业开发协力部。

[12]2001年1月,在派遣事业部中设立人才确保部的前身人才确保科,不限于省厅推荐和JICA人选,而是对申请的专家适合与否实施一元化审查(国际协力事业团,2001)。

[13]除了"公告"之外,还有同样从大众进行招募的"公募"体系。"公募"主要以项目的调整员及企划调查员为对象,个人也容易应聘。由于是JICA直营的派遣方式,每个月有派遣补贴和住房补贴等,几乎不用担心不受所属组织支援。

【参考文献】

英文文献

DAVIS S, 2004. A history of the social development network in the World Bank, 1973-2002[C]// World Bank. Social development papers No.56. Washington D. C.: World Bank.

SCOTT W R, 1987. The adolescence of institutional theory[J]. Administrative science quarterly (32): 493-511.

SUGITA E, 1998. "Social dimensions" in the organizational culture of JICA and a case study of a malaria program in Tanzania[M]. Gainesville, F.L.: University of Florida.

日文文献

外務省，2006. 政府開発援助（ODA）白書 二〇〇六年版[R]. 東京：外務省.

板垣啓子，2002. 第四章 社会開発における援助戦略·アプローチの動向とその特徴[M]// 国際協力機構国際協力総合研修所. 援助の潮流が分かる本：今、援助で何が焦点となっているのか. 東京：国際協力出版会：147–190.

海外環境協力センター，2000. 国際協力における環境アセスメント：国際協力に関係する人々が環境影響評価制度の理解を深めるために[M]. 東京：海外環境協力センター.

国際開発ジャーナル社，2004. 国際協力用語集[M]. 東京：国際協力出版会.

国際協力事業団，1974. アジア·太平洋地域における経済·社会調査[R]. 東京：国際協力事業団農林水産開発調査部.

国際協力事業団，1979. 国際協力事業団における適正技術について[R]. 東京：国際協力事業団企画課.

国際協力事業団，1988. 分野別（環境）援助研究会報告書[R]. 東京：国際協力事業団.

国際協力事業団，1989. 技術移転活動事例研究調査報告書：技術移転と適正技術[R]. 東京：国際協力事業団.

国際協力事業団，1990. 分野別（貧困問題）援助研究会報告書[R]. 東京：国際協力事業団.

国際協力事業団，1991. 分野別（開発と女性）援助研究会報告書[R]. 東京：国際協力事業団.

国際協力事業団，1992a. 開発調査事業における社会分析ガイドライン策定研究（プロジェクト研究）最終報告書[R]. 東京国際協力事業団社会開発調査部.

国際協力事業団，1993a. WID配慮の手引き[R]. 東京：国際協力事業団企画部.

国際協力事業団，1993b. WID配慮における社会/ジェンダー分析手法調査報告書[R]. 東京：国際協力事業団国際総合研修所

国際協力事業団，1994a. 社会·ジェンダー分析手法マニュアル[R]. 東京：国際協力事業団国際総合研修所.

国際協力事業団，1994b. 貧困問題ガイドブック[R]. 東京：国際協力事業団

企画部.
国際協力事業団，1994c. プロジェクトマネージメントにおける「組織·制度づくり」への配慮[R]. 東京：国際協力事業団国際協力総合研修所.
国際協力事業団，1995a. 貧困問題とその対策：地域社会とその社会的能力の重要性[R]. 東京：国際協力事業団国際協力総合研修所.
国際協力事業団，1995b. 開発調査（事前調査）における社会·WID配慮団員のための手引書[M]. 東京：国際協力事業団企画部.
国際協力事業団，1995c. 参加型開発と良い統治分野別援助研究会報告書[R]. 東京：国際協力事業団.
国際協力事業団，1996a. An introduction to JICA[R]. 東京：国際協力事業団.
国際協力事業団，1996b. 農業·農村開発計画調査手法の研究[M]. 東京：国際協力事業団農林水産開発調査部.
国際協力事業団，1996c. 開発援助プロジェクトにおける社会的能力の活用に向けた基礎研究[M]. 東京：国際協力事業団国際協力総合研修所.
国際協力事業団，1997. 地域展開型協力案件の計画段階における社会·ジェンダー調査導入にかかる基礎研究[R]. 東京：国際協力事業団企画部.
国際協力事業団，1999. 農村社会調査手法の研究（理論編·実務編·実施要領）[M]. 東京：国際協力事業団農林水産開発調査部.
国際協力事業団，2000a. 農村調査の手引書：研究·普及連携型農業プロジェクトにおける問題発掘と診断のために[M]. 東京：国際協力事業団農業開発協力部.
国際協力事業団，2001. 附録2：人材の養成と確保[R]// 二次環境分野別援助研究会報告書. 東京：国際協力事業団国際協力総合研修所：327–347.
国際協力事業団，2002a. 課題別指針：ジェンダー主流化·WID[R/OL]. 東京：国際協力事業団企画·評価部環境·女性課課題別指針チーム[2008-03-31]. http://www. jica. go. jp / infosite / issues / gender / pdf/_1224tm44ht089biggh-prh143a22816441mo_.pdf.
国際協力事業団，2002b. 課題別指針「貧困削減」[R/OL]. 東京：JICA「貧困削減」課題別指針チーム，JICA企画·評価部 環境·女性課[2008-03-31]. http://www.jica.go.jp/infosite/issues/poverty/pdf/04_kadaihinkon.pdf.
国際協力機構，2003a. 独立行政法人国際協力機構中期計画[R]. 東京：国際協力事業団[2008-03-31]. http://www.jica.go.jp/about/pdf/chuki_keikaku.pdf.

国際協力機構，2003b. 第二次分野別ジェンダー・WID研究会：ODAのジェンダー主流化を目指して[R]. 東京：国際協力機構企画·評価部.
国際協力機構，2003c. 開発課題に対する効果的アプローチ〈貧困削減〉[R]. 東京：国際協力機構国際協力総合研修所.
国際協力機構，2003d. 国際協力事業団年報2003[R]. 東京：国際協力事業団.
国際協力機構，2004a. JICA環境社会配慮ガイドライン[R]. 東京：独立行政法人国際協力機構[2008-03-31]. http://www.jica.go.jp/environment/guideline/pdf/guideline_jap.pdf.
国際協力機構，2004b. 開発調査における環境社会配慮ガイドラインの運用のための基礎研究会報告書[R]. 東京：国際協力機構社会開発部.
国際協力機構，2004c. 貧困削減実務マニュアル[R/OL]. 東京：国際協力機構[2008-03-31]. http://www.jica.go.jp/infosite/issues/poverty/pdf/04_pbookhinkon.pdf.
国際協力機構，2004d. 平成一五年度業務実績報告書[R]. 東京：独立行政法人国際協力機構.
国際協力機構，2005a. 平成一五年度業務実績報告書[R]. 2版. 東京：独立行政法人国際協力機構.
国際協力機構，2005b. 特定テーマ評価「参加型地域社会開発のジェンダー評価」報告書[R]. 東京：国際協力機構企画·調整部.
国際協力機構，2005c. 社会調査の事業への活用：使おう！社会調査[R]. 東京：国際協力機構国際協力総合研修所.
国際協力機構，2005d. 青年海外協力隊四〇周年 協力活動の軌跡[R]. 東京：独立行政法人国際協力機構青年海外協力隊事務局.
国際協力機構，2005e. 平成一六年度業務実績報告書[R]. 東京：独立行政法人国際協力機構.
国際協力機構，2006a. 平成一七年度業務実績報告書[R]. 東京：独立行政法人国際協力機構.
国際協力機構，2006b. Guide to JICA[R]. 東京：独立行政法人国際協力機構.
国際協力機構，2007. 社会調査の心得と使い方[R]. 東京：国際協力機構国際協力総合研修所.
国際協力機構，[時間不明]. 人間の安全保障にむけたJICAの取り組み[R/OL]. 東京：独立行政法人国際協力機構[2008-03-31]. http://www.jica.go.jp/

firstjica/pamph/pdf/anzen_01.pdf.
松園万亀雄，1999. 国際協力と人類学の接点を求めて[J]. 国際協力研究，15（2）：1-10.
内藤順子，2006.〈途上国〉という思想の解体に向けて：開発において人類学にできること[J]. 民博通信（112）：12-15.
中村百合，2001. 英国·スウェーデンの政府開発援助事業における社会人類学等の活用·協力について[J]. 国際協力研究，17（1）：57-65.
佐藤寛，2007. 社会開発に込められる多様な期待[M]// 佐藤寛. テキスト社会開発：貧困削減への新たな道筋. 東京：日本評論社：1-15.
下村恭民，辻一人，稲田十一，等，2005. 国際協力：その新しい潮流[M]. 東京：有斐閣選書.
総務省，[時間不明]. 独立行政法人とは[EB/OL]. 東京：総務省[2008-03-31]. http://www.soumu.go.jp/gyoukan/kanri/satei2_f.html.

开发援助的世界性动向与联合国儿童基金会项目案例

箱山富美子

1 引言

在开发援助的现场可以深刻感受到“对社会、文化、习惯、观点等变化进行考察”的重要性。所谓“开发”和“援助”是与“人类”和“自然”密切相关的，是对如何继承并延续“社会、文化、习惯、观点”，这些将发生哪些变化，或已经发生了怎样的变化等进行考察的过程。但至今包括联合国机构在内，在开发援助的领域几乎没有人从该观点进行过考察。援助带给居民的影响也是从援助领域的短期成果来计算的，对整个居民生活的长期影响则被无视或轻视。尤其是日本的ODA有明显重视技术、硬件的倾向，主要以物量标准评价成果。

对于多年来从联合国儿童基金会的立场观察这种状况的笔者来说，这次国立民族学博物馆有关非洲地区开发援助的计划是“划时代的大事”。这是因为，国立民族学博物馆等研究人类与社会之间关系的专业研究机构进入援助领域，就能够在世界的ODA，尤其在日本的ODA所缺乏的“有关人类”的领域做出更大的贡献。本文将围绕从事文化人类学研究的人们过去所不熟悉的内容进行阐述，并希望能为开发援助做出一定的贡献。

本文分为两个部分，分别是开发援助的世界性动向（第2节）和联合国儿童基金会的计划案例（第3节）。笔者作为联合国职员，多年来走遍了世界各地，其中在非洲工作的时间最长，因此对非洲有着深深的眷恋。笔者在联合国儿童基金会事务所工作时，在毛里塔尼亚度过近6年，在苏丹近5年，在阿尔及利亚2年多。从这些经历来说，想讲的内容很多。但考虑到信息的新鲜度，在此仅举出最后居住在毛里塔尼亚的例子。

2 开发援助的世界性动向

2.1 世界的动向

从历史上来看，援助起源于宗教团体和妇女团体等的慈善活动。从联合国及联合国儿童基金会来看，援助始于第二次世界大战后遭受战争、灾害而采取的紧急援助。无论什么年代都需要对战争及灾害进行紧急援助，虽然近年来更加突显其重要性，但援助的主流从紧急援助转变为了开发援助。

与此同时，援助明确与“慈善”划清了界限，受援方的主体问题备受关注。从援助国主导的援助转变到受援国主导的援助，也就是说，援助不再是取决于援助方立场的援助，而是优先考虑受援方立场的援助。前面提到的“对社会、文化、习惯、观点等变化进行考察”变得重要也是最优先考虑“作为人的权利”和“像人一样生活的权利”的缘故。可以说，这也响应了在全球范围内开始抬头的“尊重原住民和少数派的权利”“当事者主权”“生态学意向”的潮流。

2.1.1 在援助现场——从项目到计划，以及从个体主义到全体开发机构合作体制

在这种脉络中考察开发援助的动向时，首先可以举出从“项目”到“计划”的转变。

所谓“项目”，指的是在规定的区域和期限内，以规定的团体为执行基础，在指定领域内开展活动的援助。某个机构单独实施的支援乡村妇女团体的养鸡场、为防止绿洲的荒漠化而实施的造林援助、县内小学建设等都属于这一类。

与此相比，所谓“计划”，指的是在广大区域内，在明确的目标下，制订一个大目标和方针，各团体为了实现这些共同努力奋斗的过程。虽然也有某个机构单独实施的计划，但某个区域内的所有相关开发机构共同参与完成的例子也不在少数[1]。

由于项目是大众在谈论“援助”时通常会联想到的形态，所以较容易理解。计划则更加复杂且形态各异，因此较难理解。下面举出几个笔者曾经参与过的计划。

(1)联合国共同计划

联合国机构中联合国开发计划署(UNDP)、联合国儿童基金会(UNICEF)、联合国人口活动基金会(UNFPA①)及联合国难民事务高级专员办事处(UNHCR②)

---

① UNEPA，全称为United Nations Population Fund。(译者注)
② UNHCR，全称为United Nations High Commissioner for Refugees。(译者注)

等在世界各地设立了当地办事处，并以此为中心开展工作。世界卫生组织（WHO[①]）、联合国世界粮食计划署（WFP[②]）、联合国粮食及农业组织（FAO[③]）等也有强烈的此类倾向。虽说都是联合国机构，但各机构独立存在，独自制订计划，与政府协商，并各自完成项目。从20世纪90年代后半期开始这一倾向发生了变化，驻世界各地的联合国机构开始共同行动。改变多年的做法并非易事，虽然各国的共同计划有所不同，但大致采取了如下做法。

首先，进行国家公共评估——Common Country Assessment（CCA）的现状分析。由驻外的所有联合国机构和相关国家共同提出最重要的课题和相关问题，并分析原因。全体机构进行协商后制订大致的结构，各机构主要负责各自擅长的领域。整体与各领域之间的协调程度反映该国与联合国机构之间的协调关系。

其次，制订联合国大型计划框架——United Nations Development Assistance Framework（UNDAF）。基于CCA中所列出的问题和原因分析，相关国家全体联合国机构应就制订什么目标、以什么为优先、如何解决等达成协议。通常是充分发挥各机构的特色，并各自成为该领域的责任机构，同时与其他机构和国家共同推进计划。

然后，按照此大纲制订各机构的计划和项目。在UNDAF的准备阶段，将某一地区指定为合作典型时，就会把该地区列入各机构计划内，并与其他机构就此部分形成有机的关联。

由于上述的一系列过程需要好几年的时间，所以各机构在执行现行计划的同时，准备下一阶段的计划。

（2）部门援助模式

对发展中国家的援助中，相关受援国长期处于无政府状态。发达国家的各种团体从各领域以各自的方式来到受援国的不同地区。每个援助团体都非常认真、充满热情、别出心裁地以各自认为的最好的方式开展工作。但作为责任机构，相关国家政府及地方公共团体则未能进行有效应对。换句话说，作为责任当局没有得到应有的尊重。财力、人才、技术、组织能力等无论哪方面，两者都实力相差悬殊。就连什么团体开展什么活动、制订怎样的规范及对其如何应用等理应掌握的最基本的信息，行政当局也没能掌握。医疗从业者的培训及药品标准等也因援助团体不同而不同，因此在执行地方政策和国家政策的过程中经常会

① WHO，全称为World Health Organization。（译者注）
② WFP，全称为World Food Programme。（译者注）
③ FAO，全称为Food and Agriculture Organization。（译者注）

遇到阻碍。

从援助国一方来看，也会发现很多相同的项目在相同的地区由完全不同的团体以不同的标准来实施的例子。因此，从援助效率方面也意识到改善的必要性。

基于这种认识，在20世纪90年代后半期世界银行率先将部门援助模式引入非洲各国。该模式是政府和援助机构就保健和教育等领域签订协议，并在该协议所规定的政府方针和预算下，决定各援助团体对其中哪个部分做出贡献的模式。

当初该模式受到援助团体的大力排斥，虽然现在也有很多步调不一致的国家和机构，但全世界基本上都在朝着这个方向推进开发援助。

（3）PRSP

最贫穷国家的债务问题被大肆谈论，为了解决此问题引入了PRSP。用一句话概括的话，这是“债务国为了重建本国，制订长期计划来推进福祉政策。其中一个环节是不偿还债务，将相当于债务的金额分派到福祉事业。债权国则对该计划书进行商讨，如果认为可行，就批准实施”。

由于该计划左右着为偿还巨额债务而挣扎的最贫穷国家的未来，因此相关国家用尽各种办法制定PRSP。联合国机构的其他援助团体也对此进行协助。由此完成的PRSP成为援助团体今后进行援助时的大框架，各援助团体将依照此方针实施所有的援助。

2.1.2 在全世界或在广泛的地区——共同目标的设定与推进

在前一节中我们考察了受援国的开发援助动向，本节将考察在全世界，或在广泛的地区，开业援助会有怎样的动向。

（1）联合国千年发展目标（MDGs）

各联合国机构为了实现MDGs，在各个领域里努力奋斗着。MDGs承诺在2015年之前实现8项目标（见表1）。虽然刊登表上只有标题，但事实上每一个标题下面都有数字化的具体目标。其中，有些应在2005年之前实现的目标，到了2006年还未实现。实际上，2015年的目标中被认为是过于乐观的也不在少数。第8个目标和其他目标的性质不同，它指出在世界各地开展活动的开发团体之间进行合作的重要性。

表1 联合国千年发展目标(MDGs)[2]

①消灭极端贫穷和饥饿
②普及小学教育
③促进两性平等
④降低儿童死亡率
⑤改善产妇保健
⑥与艾滋病、疟疾以及其他疾病对抗
⑦确保环境的可持续能力
⑧全球合作促进发展

(2)联合国女童教育倡议(United Nations Girls' Education Initiative,UNGEI)

UNGEI是体现联合国千年发展目标中第8项目标的合作关系的典型例子。该倡议的目标是在教育方面实现男女平等,联合国儿童基金会对此做了如下阐述。

> 为了女童教育开展的此项国际性运动造就了所有层面的相关人员和主体之间史无前例的合作关系。联合国儿童基金会所提倡的此项运动包含了各国政府、联合国机构、捐赠国、开发机构、NGO、市民社会组织、民间部门、宗教团体、父母、教师、地方自治团体、学生组织等广大志同道合的合作伙伴。
>
> 联合国女童教育倡议并不是创建新的机构和计划,而是各组织之间进行调整,储备资源,在战略方面也采取步调一致的活动原则。基于此才能够产生相辅相成的效果,从而使面向女童教育的支援对策最大限度地发挥作用。[3]

该倡议与千年发展目标中所列举的大部分目标有直接或间接的关系,是后述的"综合研究"的一个例子。

(3)世界全民教育[(Universal Basic)Education for All]

从20世纪80年代开始,由联合国教科文组织主导的倡议中将此翻译成"世界全民教育"或"给所有人受教育的机会",又称宗迪恩宣言、达喀尔宣言等,是全球基础教育援助的基本概念[4]。顺便提一下,宗迪恩是1990年首次会议召开的地点，达喀尔是其10年后验收会议所选定的城市。其宗旨是让所有孩子无一例外地接受最基本的教育，从而在全球范围内扫除文盲。这是因为，教育是人类生活不可缺少的一部分，是全世界人民的权利。(因战争或童工等)儿童时期没能接受教育，这一空白将成为影响(不涉及就学率等整体数据)人一生的因素。

为了根据国家和地区的情况采取灵活对策，(联合国)不仅认可公共教育机构，同时还对非正式教育及扫盲教育也给予了积极的认可。因此，该宣言具有划时代的意义。各国为此做了各种尝试：在强烈不信任小学教育的地区，推荐人们把孩子送入伊斯兰学校；在伊斯兰学校除了古兰经之外，还可以学习算数和卫生教育等知识；建立社区学校；建立跟随游牧民移动的学校；在集市工作的孩子有条件参加夜间学习；等等。

(4)国际主题的设定

最近经常听到"今年是国际某某年"的说法。过去有"国际妇女年"，现在则有"国际原住民年"等。虽未冠名，但通常是先选定那一年的优先主题，然后各个机构围绕该主题开展工作。无论是在伦理方面，还是在立法及政治方面，发达国家和发展中国家的国际主题都赋予了共同带领大家前行的激进因素。近几年的"环境""人口""地雷""FGM废除""人身买卖"等主题向全世界敲响了警钟，要求强化推进措施。

不知如何解决或者受到政治压力等是各国考虑国内问题时普遍面临的情况。遇到这种情况时，可根据国际主题从国际化的视角对问题进行分析，从而获得抵抗国内压力的力量。

20世纪90年代，笔者参与苏丹的FGM项目时，尽管是与卫生部合作实施的，但联合国儿童基金会内部还是担心会对其他项目产生不良影响，因此受到"虽然承认，但要求尽量不引人注目"的限制。而在十几年之后的今天，其已然成为国际主题，因而人们能够光明正大地致力于FGM了。在毛里塔尼亚，孩子们被作为骆驼比赛的骑手卖到中东和近东各国。在处理这类问题时，由于过去的负遗产"奴隶制"、人身买卖、童工等各种关系，在政治上不得不非常小心。但成为国际主题之后，和过去相比，这些问题更加容易解决了。众所周知，国际主题不仅是我们需要解决的问题，同时还是对实际计划造成很大影响的因素。

2.1.3 共同计划

(1)大牌赞助商

大牌赞助商对某个特定计划进行支援是最近出现的倾向。IT界著名的梅林达·比尔·盖茨基金会对传染病采取应对措施，并大力支持预防接种工作。正因为其数额巨大（超过世界多个小国国家预算的总和），全世界的健康、幼儿、母亲相关的援助团体也认准趋势，与其制订了全面的传染病防治工作计划。此外，还有卡特财团的根除几内亚线虫病支援计划、扶轮社的消灭小儿麻痹支援计划等。对于支援者和被支援者双方来说，对一个领域进行集中支援有很多好处。例如，效果显著，有利于制定目标，容易出成果，有利于宣传，有利于计划管理，有利于积累技能，等等。因此，在世界各地进行援助的团体中，此类做法逐渐多了起来。

(2)巴马科倡议

这是20世纪90年代WHO和UNICEF与非洲各国携手实施的合作计划。该倡议将卫生所等的基层行政体系和必备药品的供给体系组合在一起，从而使各地区的卫生体系实现经济独立，是一个具有建设性的方案。在贫穷的非洲，国家卫生行政部门就连最基本的公共卫生服务也无法提供给当地居民。该倡议尝试从根本上改变这一现状。但是，如果想让受教育程度较低的偏远地区和农村地区的居民自己运作计划，中央政府的指导和其主办的研修是不可间断的。经过长时间的积累，此部分所需的费用已经成为一笔巨款。因此，筹集费用已经成为工作中一个棘手的问题，眼看各国对此倡议的热度逐渐降低，着实让人感到遗憾。

(3)推进幼儿教育和女童教育等

各机构常独自或与其他机构合作广泛开展各种主题的计划。例如，近几年在世界各地崭露头角的“幼儿教育计划”、在非洲盛行的“女童教育推进计划”等。“女童教育推进计划”是前述的“世界全民教育”中援助对象为女童的计划。这些大规模计划的特征是结合实施计划的国家和各机构的情况，灵活地、独具特色地开展各项计划。在广大地区实施同一项计划有着和大牌赞助商一样的优点，因此今后也将成为主流。

2.1.4 方法

在计划及项目的制订、实施之际，采取哪种方法是反映该计划及项目的质量、原则、态度的最重要因素。通过所采取的方法可以清楚地了解到计划实施方将如何开展计划，它还能左右计划的成败。由于重要且又是任何领域都有的共同想法，各个机构不断积累“研究方法”，进行广泛的讨论、反复的改良。可以说，它是在开发援助的历史上变化最大的一个概念。

(1)整体方法

近年来在“人类安全保障”等观点中有一个显著倾向：即使是地区、对象、领域、预算等方面都非常有限的小项目，也会对其必要性及其对自然、社会、个人的影响等内容进行整体思考。每一个项目都不是孤立存在的。在实施消灭几内亚龙线虫项目的过程中,巡视交通不发达地区时除了消灭几内亚的虫子,工作内容基本上涵盖了整个卫生领域。这样做虽然会花费更多的时间、劳力和金钱,但从整体角度来看,员工的工作效率会更高,还能起到相辅相成的作用。如果在针对女性团体实施的小额贷款项目中加入改善儿童的教育、营养及卫生等内容的话,在改善家庭生活和福利方面能够取得更好的效果。在制订项目计划时也应立足于每个人都不是独立的个体,而是社会和自然中的一分子这一事实。而且,在考虑某个项目时,也应时常注意其在上述各类大型计划框架中所占据的位置。

(2)所有权(当事人意识)

所有权是项目成功的关键,这一点到现在为止还是适用的。如果实际运营计划的人不具备"我就是项目"的意识,无论什么样的项目都不可能进展顺利。但是,不按照该原则实施的计划还有很多。这是为什么呢? 理由很简单。因为官员和行政人员所描绘的脱离现实的计划更快、更容易完成。而且,由于制订涉及所有权的计划会牵扯到相关当事人,需要耗费大量的时间和精力。所完成的计划很多也都不是有条有理的。换言之,虽然浪费了较多的时间和精力,效率却极其低下。因此,一边强调所有权,一边实际上敷衍了事、蒙混过关,最后成了官员的一纸空谈,不得不以失败告终的例子不在少数。

(3)居民主导

"居民参与"作为适合培养所有权的方法盛传开来。但是,正如前节所述,大部分都是仅开两三次居民集会就自称是"居民参与"的项目。所有权并不是那么容易就可以获得的。基于这种苦涩的经验,如果不加快实施"居民主导"的话,就无法得到真正的所有权,同时也不能确保其"持续性"。采取这类方法的计划近年逐渐增多。基于相同的原则,PRSP和部门援助模式充当当地的政府主体,援助机构则始终充当辅助角色。但是,以"居民主导"的方式朝着捐赠国能接受的方向有效推动计划的制订,事实上是一项极其艰难的工作。为了使居民不被眼前利益所左右,不陷入无序兜圈子的状态,计划负责人应具备高超的技能、专业知识、当地知识、忍耐力,以及极强的沟通能力。

(4)持续性

无论多么成功的项目,捐赠国如果断绝对其的资金援助(即项目结束),其都会陷入困境。在制订计划阶段就应保证持续性,但在如何顺利实施项目的阶段它反而变得无关紧要,还常常起到负面作用。因此,无人考虑保证持续性的问题(或者尽量不去考虑)。当项目结束时,开展临阵磨枪式的训练,并汇报"已确保持续性”是普遍模式。基于这些失败的例子，近几年在提案阶段就考察是否具有计划成功的重要因素——持续性。若要真正保证持续性应具备“居民主导”“在经济上、技术上实现自立”“体系井然有序，并已完善自主管理和研修体制”等条件。

(5)性别

这里所指的性别并非通常认为的男女人数保持一致或女性参加会议等，而是通过某个具体项目的实施，对现有的男女差距是会消除，还是会变得更加牢固，或者女性地位会提高，还是会下降等问题进行思考。

我们思考一下难民营的部族长把食物分配给户主，或直接分配给个人的两种情形。通过部族长、户主这一现有的组织进行分配，不仅效率高，还能很好地尊重当地人的风俗习惯。而这又是当地人所要求的，因此矛盾和摩擦自然也就更少。然而，难民营的食物是人们生存下去的唯一支柱，即“能量”。如果将此分配给户主(通常为男性)的话，户主在家庭内部的能量变得比分配给个人时还要强大。

虽然在成为难民之前，夫妻共同从事农活来获取收入的过程中也存在男女差距，但难民营此举进一步强化了这一差距。目前为止实施的许多项目中，尽管不是出于本意，但正因为没有考虑到性别，所以进一步强化了男女差距，甚至带来了新的问题。预估这种结果而制订项目(也作“思考分配的方法”)指的就是考虑性别问题。因此，有时也需要不顾居民的强烈反对，强制执行。但在决定某种做法之前，要充分考虑正负两个方面。例如，个人分配时也应考虑到实施援助者对性别的强制要求这一负面因素，然后再决定各难民营的分配方法。

(6)人权

“基于人权的援助”是对开发援助和“慈善”进行严格区分的根本理念。现行的援助计划根据《世界人权宣言》《儿童权利公约》《消除对妇女一切形式歧视公约》《难民公约》等保障人类生存权利的各种国际公约，对援助方法做了明文规定。由于援助的受益者无法享受应有的权利，即人权，因此进行援助的目的是保障人权。绝对不允许发生因为援助导致人权再次受到侵害等的现象，这一点是开发援助相关人员已达成的共识。

乍一看是理所当然的事情，但确立该原则的时间并不久远，这也不是能够简单地下结论的事情。例如，森林破坏和节育手术等尚属于模棱两可的计划也不在少数。在“童工”和“童子军”项目中，项目相关人员首先应明确“童工”和“儿童”等的基本定义。

"人权"这一概念本身就是西方意识形态的强行植入，部分认识也已根深蒂固地留存了下来。FGM之所以会有各种问题，是因为"自己身体的决定权在于自己""不受拷问""健康地生存"等人权与父母的权利、民族和共同体的传承，以及"民族认同感VS跨文化干预"等观点的分歧。

此外，不仅是作为标题，还要以强烈的"权利/义务"的意识起草、执行并监督援助。让孩子接受教育不是因为"没受过教育太可怜了"或"如果生活富余就可以接受教育"，而是因为这是国家和父母的"义务"，"不让孩子接受相应的文化教育违反了相关条约"。援助方和受援方实施教育项目时都应明确认识到这一点，不然就无法应对"因为贫穷，所以不工作就无法生存下去""由于无法让兄妹二人都上学，所以只能供养哥哥一个人上学""在学校里少数民族学生有可能受到多数民族学生的攻击"等有理由不上学的现实问题。

(7)成果主义、数值目标

新项目有明确的实施期限，并注明了应达到的目标，而且尽可能用数值表示。联合国千年发展目标等综合目标也不例外。以前是笼统的目标，多表述为提高质量等。如果是这样，不仅成果不明确，也无法高效完成计划。在这种反思下新项目做出了相应的改变。对那些已经习惯于过去项目的人来说，这种方法会有相当的违和感，而且这也不是万能的。但这的确戏剧性地改变了计划的方法，也有易懂、易于监控和评价等优点。

2.1.5 制订计划的技巧

我们应如何实现上述的方法呢？制订计划、监控和评价的方法将此变为可能。换言之，如果不采用这种方法就无法实现上述的方法。项目相关人员都应精通这些。

(1)参与型计划制订

从20世纪60年代到70年代，美国国际开发署(United States Agency for International Development，USAID)(美国官方援助机构)开发了"逻辑框架法"这一制订计划的新方法。联合国儿童基金会等多个机构采纳了该方法，并付诸实践。到了80年代，德国技术合作协会(German Technical Cooperation，GTZ)(德国官方援助机构)开发了此方法的改良版——目标导向项目规划(Goal Oriented Project Planning，GOPP，也作ZOPP)，并用于欧洲开发团体。基于此，进入90年代后，日本国际开发高等教育机构(Foundation for Advanced Studies on International Development，FASID)开发了项目周期管理(Project Cycle Management，PCM)这一制订计划的方法，并通过JICA组织的研修活动在全世界进行普及。其结果是，制订计划成了外行人无法完成的专业技术工作。这和第二次世界大战后联合国大致制订计划的做法相比有恍如隔世之感。

简而言之，制订计划是基于现状由全体当事人（称作Stakeholder）对谁涉及什么、谁有什么样的问题、其原因是什么、应如何改变、为此应做什么等进行讨论，并尽一切努力去实施的过程。然后，设定项目的范围和目标，所有下级目标的完成意味着上级目标的实现。为此制作目标分解图，考察每一项目标所需的Input（设备、物品、人、预算等的投入）。同时思考该项目在什么样的外部环境下是可行的，发生什么样的情况将会导致瘫痪，以及将给环境和人类生活带来什么样的影响等。

（2）监控/评价

制订计划时最重要的一点是设定应实现的目标（从大目标到每级各个细分的数值目标）。按照此目标对计划进行监控和评价，并根据反馈随时修正计划。即从制订计划的阶段就可以设想监控和评价的方法，“问题分析”“目标设定”“计划制订”“施行”“监控”“评价”是一系列的行为，可以通过它们之间的有机结合来完成计划。这是目前制订计划/项目的方法。例如，PCM花很长时间完成了制订一系列计划的集大成者——项目设计矩阵（Precedence Diagramming Method，PDM）（见表2）。这就是汇集成一页的项目概要，并据此定期进行监控，即PDM既是项目起草工作的结果，同时也是监控的有效手段。

表2 项目设计矩阵（PDM）[5]

项目摘要	指标	入手手段	外部条件
上级目标			
项目目标			
成果			
活动	投入		
			前提条件

2.2 日本ODA的特征

笔者并不是ODA的专家。首先声明，在此叙述的是，在非洲工作期间笔者作为联合国儿童基金会职员所见、所感的内容，只能说这是过去对日本ODA的印象而已。笔者认为现在的ODA在酝酿相当大的变化。

对2.1所述的开发援助的动向进行积极应对和正确引导的主要是西方的ODA和欧美主体的大型NGO，以及联合国机构。日本的ODA和后起之秀日本的NGO，近几年都发生了相当大的变化，但在过去不涉及此类动向，多为“走自己的路”。

首先，比起计划型，基本上以（虽然数额巨大，涉及范围广的）“项目型”为整体方向。例如，“小学建设”“医院建设”“饮用水供给”“鱼市建设”等。

其次，不太关注其他机构实施怎样的项目和计划，合作意识也较淡薄。这是由于日本的ODA以“对象国请求原则”为基础，认为“在当地政府提出请求的阶段就理应考虑到这些”。但事实上当地政府是在日本企业等的建议下提出了日本政府能够给予援助的计划，因而忽略了在该阶段与其他部门的合作已被排除在外这一事实。

日本ODA的显著特征是重视硬件。这是一种硬件建设，尽可能排除理应附带的软件。虽然也有因防止贪污和不正当行为、软件等繁杂计划数额巨大而难以管理等的原因，但日本经济结构这一必然因素的影响也相当之大。笔者见过很多因不重视软件而造成的损失。与其他国家的援助相比，日本的援助着实让人担忧。近几年这种倾向有所缓解，援助的重点逐渐转至软件建设，这让人感到无比欣慰。

近年来日本的ODA也提出了工作设想，并试图在世界援助中取得主动权。但这方面目前仍旧有所欠缺。虽然一些国家的ODA预算比日本少很多，但在坚定的信念和创新视角下，给开发援助带来了很大影响。笔者曾经目睹过好几次类似的情况。这不正是国立民族学博物馆能为日本的ODA做出最大贡献的领域吗？

3　联合国儿童基金会计划之案例分析

下面将介绍笔者所参与的联合国儿童基金会毛里塔尼亚计划/项目的案例，并寻找与文化人类学之间的契合点。

3.1　毛里塔尼亚——荒漠化导致的人口移动

毛里塔尼亚的国土面积是103.07万平方千米。毛里塔尼亚虽然幅员辽阔，但人口却只有270万人[6]，人口密度仅为2.7人每平方千米。大部分的国土是撒哈拉沙漠，人们在绿洲和南部的热带草原地区进行农业活动。人均年收入非常少，只有394美元，而且约一半人口，即46.3%的人一天的生活费不足1美元[7]。

毛里塔尼亚面临的最大挑战是荒漠化问题。此外，还面临荒漠化导致的人口移动和城市问题。游牧民由30年前占据总人口的80%以上降至现在的5%。因沙漠无法继续生活下去的人们搬迁至地方城市、首都周边和市内，以及一条穿过沙漠的柏油路旁边，并在此定居下来。结果城市化进展迅速，城市人口占至46%。1960年独立时居民只有5000人、计划容纳5万人的首都努瓦克肖特在2004年成为可容纳70万人的大都市，首都人口增加到占全国人口的25%。人口移动的主要形式是丈夫在城市工作，妻子和家人则居住在家乡附近的城市周边。结果常出现丈夫在城市结交异性而不回家的情况，从而导致城市周边的离婚率达到了37%，女户主家庭比例则达到了36.5%。

人口结构和居住环境的快速变化，必将影响社会的各个领域。此外，修建横穿沙漠的公路对行政、经济、社会结构的影响也非常大。笔者感受到应对这些诸多变化的必要性和迫切性。如此剧烈的社会变革在全世界也是很少见的。延续游牧民的禀性和习性的个人困惑、被丈夫抛弃的妻子的困惑，以及失去生活来源而导致的生活窘迫是超乎想象的。

图1　被沙子掩埋的绿洲，椰子树看似幼树，但实际是高高的树杆掩埋在沙子里，只露出了上面的叶子

图2　被沙子掩埋的城市——提希特，古时候曾因商队而繁盛，被指定为世界文化遗产

3.2　确保饮用水项目

与日本不同，毛里塔尼亚（不仅是毛里塔尼亚，整个撒哈拉沙漠周边的国家都一样）地域辽阔。然而，缺乏基础设施和能在“城市”生存下去的技能。

随着人口移动，人们定居下来的地方既没有电，也没有水。在撒哈拉沙漠周边的国家，图3中销售饮用水的情景随处可见。

图3　销售饮用水

在毛里塔尼亚的城市地区，安全的饮用水占总水源的比例已接近66.7%，而在农村地区则只有45.4%[8]。努瓦克肖特从附近获得丰富的优质地下水，并通过管道引水。但是，家庭的自来水普及率仅为22.6%[9]，其余大部分都集中在高级住宅区。平民居住区的道路边上设有供水栓，供水栓下面有水罐。由于供小于求，因此水压非常低，只能勉强蓄满水罐。除了住在附近的人到那里打水，就连在没有自来水栓的努瓦克肖特周边地区销售饮用水的“驴车售水”者也来这里买水，然后在新兴的近郊地区和贫民街以几倍的价格（根据季节最多可暴涨至7倍）售出。每立方米的平均价格是1060乌吉亚（约4美元）[10]，越贫穷的人反而喝越贵的水。这些宝贵的水只用于饮用和烹饪，不足以清洁身体和浇灌庭院里的树木。

水源的水质堪比矿泉水。但是管道陈旧，供水栓的地下水罐中混入了灰尘和泥土。偶尔下一场雨，道路的污水就会流入水罐。而“驴车售水”者用水桶把水罐里的水打上来，并倒入生了锈的旧铁桶后用驴车搬运，再卖给人们。在家里，人们通常把水储存在水缸里，并用杯子舀着喝。在这个过程中水逐渐受到污染，从而导致居民经常腹泻，饱受水污染之苦。一旦出现传染病，就会瞬间蔓延到周围。

基于这种状况，联合国儿童基金会为了使努瓦克肖特近郊的居民能以公平的价格喝上安全的水，便实施了确保饮用水项目。协作单位是努瓦克肖特市的自来水公司和当地的NGO。首先将地下的水罐改成小型供水塔，并利用管道将水直接汲到塔上来，然后不用水桶，而是在重力的作用下，通过胶皮管将水输送到驴车。铁桶也改成易清洁型结构。管理该小型供水塔的是当地的女性团体和街道的水利委员会。他们试图利用水的销售额来实现活动自立。家里的水缸也盖上了盖子，人们发明了从下面出水的带有水龙头的水缸，同时地区的卫生委员等人员对主妇群体反复进行保持水质清洁的教育。

对于联合国儿童基金会来说，ODA实施的大规模高预算的计划是望尘莫及的。虽然这是低预算且供水塔的数量也有限的项目，但是由努瓦克肖特市和当地的NGO共同推进，并且由市领导和当地人负责项目的效果和技术，即使联合国儿童基金会的项目结束之后，其他的捐赠国也会继续援助新的供水塔计划。

当地的NGO是以女性为中心的团体，除了供水之外还从事女性支援活动（菜园、养鸡场、小卖店、扫盲教育等）。

象征性地表示非洲的女性劳动时，人们会常说：“女孩子每天花上几个小时去打水和拾柴。”当“打水”作为家务时无可厚非，但在城市周边“销售饮用水”是“赚钱的工作”，是男性专属工作，女性则被完全排除在外。这里反映出深刻的“性别”问题。联合国儿童基金会在努瓦克肖特实施的供水项目也同样如此。“由于是女性支援项目，所以女性理应能销售饮用水”的主张，并没有被女性NGO方和项目相关的全体男性职员（包含联合国儿童基金会职员在内）采纳（图4-8）。

图4　把水灌入铁桶时，水质受到了污染

图5 改善卫生(从供水栓到胶皮管,从旧铁桶到新容器)

图6 后面的蓝色塔就是由联合国儿童基金会援助建成的供水塔;
眼前的是从地下蓄水槽汲水的旧式供水所

图7　附近居民到供水塔打水

图8　家里的水缸(取下盖子,用上面的杯子喝水)

3.3　厕所

在沙漠生活时,“大自然”便是游牧民的厕所,而且没有任何不方便的地方。但在人们集中居住的聚居地则需要不同的行为规范。修建厕所(有厕所)和使用厕所对于生来就在这种环境下生活的人来说是没有任何问题的,在没有这种习惯的地方却是个大问题(图9)。在学校建设项目中经常听说,虽然建了厕所,但人们并没有使用它,在政府机关等场所也同样如此。相当多的普通家庭也存在这种问题。不仅是使用厕所的习惯,如何使用方便和进行维护也是问题。

图9　在城市的马路上,经常能看到正在方便的人

图10是居住在南部村落的居民发明的蜗牛型厕所。由于没有屋顶,所以不会充满臭味。该厕所不仅环境明亮、通风,而且还使人心情舒畅。因为几乎不下雨,所以没有屋顶也不受影响。在强烈的阳光下反而可以杀菌,还容易干掉,所以非常卫生。由于是蜗牛形状,所以从外面看不到里面。而且,本来就没有门,也不用担心弄坏,便于随时使用。为了迎合当地实际情况,修建厕所需要经过认真思考。通过援助修建的学校里的厕所则与此相反。要么是门坏了,从外面看得一清二楚,从而无法使用;要么是太臭;要么是太暗;要么是潮湿……总之非常不卫生。政府机关等场所通常使用西方国家的冲洗马桶,但水的供给量并不如意。究竟要如何维持管理呢?在首都的中央官厅,发挥令人满意的功能的厕所也是罕见的。勉强发挥功能的只有上了锁的上级官员专用的厕所。

图10　蜗牛型厕所

就蹲坑式厕所来说，非洲也没有像日本古时候那样用粪便施肥的习惯。人们废弃被填满的蹲坑，然后在其他地方挖出新的坑。在该地区，利用人类的排泄物施肥是无法想象的奇特行为。蹲坑式厕所存在的问题是，如果不牢固就会发生惨痛的事故，而且还会污染附近的井水。因此，最好是请相关专家对此进行指导。

此外，还有人们的意识改革，仍有很多人不明白为什么要去厕所方便。即便认识到了也不会直接联想到使用厕所的行为。这种意识和行为的隔阂并不仅在于厕所，开发援助中各种事情都存在此问题。而且，从单纯行为到习惯的变化也同样如此。"意识变化—行为变化—形成习惯"这一过程需要超出想象的时间和精力。但目前援助的前提是只要提供"厕所"这一硬件，就自然会做到维持管理、意识变化、行为变化及形成习惯。或者可以说根本就没有考虑过这种问题。这就是目前在援助过程中存在的问题。今后应对援助进行改革，将视野扩大至超出硬件的领域。

联合国儿童基金会培养了一批工匠，使他们能够使用当地现有的材料修建安全的厕所，并制订了通过这份工作获取收入的项目。同时对卫生所的职员、官员及学校教师进行培训，通过他们积极向当地居民进行宣传，呼吁保持卫生和修建厕所的必要性。该项目除了在毛里塔尼亚实施之外，也以大致相同的形式在处于相同环境的周边国家实施。

3.4 创收活动(Income Generating Activity)

以女性团体为对象创造收入的援助活动通常被称为“创收活动”。但是,真正高收入的活动,并不是女性团体依靠援助进行的活动,而是男性的常规经济活动,其已成为产业的一部分。发展中国家的女性所从事的则是无法进入高收入领域、经济效率低、拼命投入时间和劳力才有可能产生效益的,可以说是被商人遗弃的周边领域(边缘)产业。因此,在全球范围内广泛施行的以女性为对象的主流项目,在各种收入“创新”活动中取得成功的例子较少也是理所当然的。笔者之所以将Income Generating Activity翻译成“创收活动”,是想把女性团体在这种不利条件下为了生计仍旧拼命努力的样子展现给读者(图11—14)。

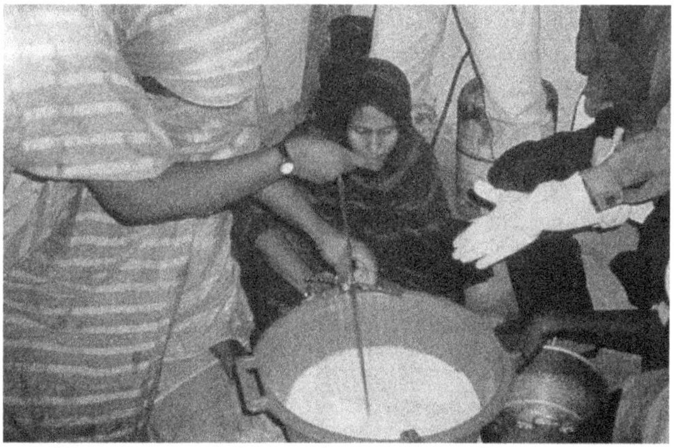

图11 自制奶酪

图12 养鸡场

图13　养鱼场

图14　利用生长在沙漠里的阿尔甘树上的果实压榨出的油制作肥皂

联合国儿童基金会也对各种创收活动进行了援助。例如，毛里塔尼亚的养鸡场、养鱼场、育种场、菜园、母与子的小卖店、自制肥皂、自制奶酪、鱼加工、裁缝店等。

下面通过菜园的例子考察创收活动是如何涉及性别问题的。

毛里塔尼亚和塞内加尔的国境处流淌着塞内加尔河。许多大型ODA灌溉援助项目都利用了这条河。把水灌溉到水田后再种植水稻，女性团体则在灌溉用地周边开辟菜园。这些并不是联合国儿童基金会实施的援助项目，而是女性团体自主发起的倡议。但有时她们也会向在其他项目中有过交流的联合国儿童基金会职员哭诉："水停了，蔬菜都枯萎了。"这是因为对水田进行灌溉是定期的。ODA灌溉项目成员都是男性，没有一位女性。由于是常规农业，所以女性从一开始就被排除在外。

这里的问题在于真正的农业活动是属于男性的领域，只有男性才能从事。而菜园劳动作为边缘产业被默认为是女性的工作领域，但那终究只不过是副业，而男性完全没有考虑到对方的需求。“如果不碍事的话也可以做的”，水利委员会委员之外的女性连这种权利和发言权都没有。对灌溉设施的援助反而进一步扩大了男女在经济和社会地位上的差距。如果制订援助计划的机构一开始就预测到这种结果，或许就会寻求相应对策。但实际上他们没有对性别进行考察，也没有考虑到性别问题。

3.5 小额贷款

“小额贷款”作为弥补“创收活动”缺陷的项目，受到全世界关注。这是由1976年在孟加拉国建立的格莱珉银行（农民银行）和1973年在印度建立的自主就业妇女协会（Self Employed Women’s Association，SEWA）银行共同开创的项目。随着这两家大众银行在质和量上取得巨大成功，效仿它们的银行到处都是。

毛里塔尼亚也效仿格莱珉银行，于1997年由妇女事务部、地方的女性担当科及联合国儿童基金会共同成立了妇女银行（女性银行）。主要对象群体是镇和村里的女性团体（NGO）。目的是向那些没有担保、无法从普通银行贷款的最贫困阶层提供小额贷款。妇女银行基本上沿袭了格莱珉银行的贷款通则，主要包括组建小组，以小组为单位申请贷款；由朋友提供担保，如果被担保人无法还清贷款的话，担保人就无法申请贷款；定期进行小额分期还款；贷款用于生产活动，不可用于生活开支；探究儿童教育理念等内容。但也有不同之处，例如结合非洲国情，对象只限定于女性；不是个人担保个人，而是某个女性团体担保其他的女性团体；等等。

为什么不是以个人，而是以团体形式呢？一是因为文盲多，二是和亚洲相比，无论是自然、社会，还是经济，非洲各方面状况都很严峻。此外，女性户主居多，她们没有固定的职业，从而导致个人无法提供担保。那么，为什么仅以女性为对象呢？即便格莱珉银行的贷款对象不分男女，但大部分仍是女性合作组织成员来贷款。妇女银行之所以以女性为对象是因为女性遭受了荒漠化/贫困化导致的离婚率增加、女性户主阶层的增加等强烈影响。不仅如此，跟男性相比，女性有了收益就会用于家庭。例如，提高饮食、医疗、福利的质量等。此外，女性按时还款、认真实施计划等的倾向格外强烈。因此，银行认为把项目资金贷款给女性更能够为家庭做出贡献。

妇女银行的组织如下所示：

· 想在妇女银行注册的女性集中在一起组成一个小组，再由多个小组集中在一起成立某个地区的妇女银行。

· 妇女银行的资金由各成员提供的资金及联合国儿童基金会等组织援助的基金构成。当地资金主要由各成员提供，占比高达25%—73%。

· 从融资金额中先行扣除12%的流动资金(相当于利息)。

· 缓期2个月后每月偿还贷款，并在1年内还清。

· 由董事会审查并决定会员提交的计划(妇女事务部、联合国儿童基金会等机构负责提建议)。

·各妇女银行实行自主管理、独立核算的制度。

图15 Ould Yenge的妇女银行成立大会

通过此项目拟实现以下目标：

· 向女性传授有助于生活的知识、信息、技术，从而真正改变行为和改善生活。例如，儿童教育(尤其是女童教育)、营养、卫生、健康等的知识，女性和儿童的权利及其行使等。

· 在经济和社会方面取得成就，尤其是改善生活和提高女性地位。

· 妇女银行是地方的女性团结行动的核心。

· 即使没有外部援助也能持续发展。

表3对妇女银行1997年刚成立时的数据和2004年的数据进行了对比。可

见，妇女银行在不断壮大，也取得了不少成就。在一些地区，UNDP、Oxfam（乐施会）等也在进行协作。可以说这是一个成功的案例。此外，许多援助团体也在支援大同小异的小额贷款项目。它们共同向全国的小额贷款提供法律依据、制订统一规则等的趋势也日渐显著。

表3　妇女银行的成就[11]

	1997年	2004年
妇女银行的数量	3	14
项目数	39	1925
成员数	5000	72734
融资总额（美元）	5000	1000000
人均（美元）	1	14
项目平均（美元）	128	519
还款率（百分比）		90%—94%

笔者向日本的ODA相关人员数次提到过小额贷款的重要性和妇女银行的例子。但因“产生利益的活动不符合日本的援助理念”，最终没有被采纳。对于笔者来说，这和“任何时候都需要依赖经济的项目”听起来是同一个意思。

3.6　消灭几内亚龙线虫

1986年掀起了消灭几内亚龙线虫的运动，20个非洲国家中患有几内亚线虫病的患者高达350万人。15年后消灭几内亚龙线虫的运动有了起色，2003年患者减至7个国家，患者人数也降至35000人[12]。大部分患者集中在因内战无法开展灭虫运动的苏丹南部及与其毗连的埃塞俄比亚、乌干达地区。此外就是几个西非国家中还有极少数的患者。顺便说一下，2004年在毛里塔尼亚发现3例（参考图16）几内亚线虫病例。几内亚线虫病或将成为人类历史上第一个不依靠预防接种和药物而被成功消灭的寄生虫病[13]。

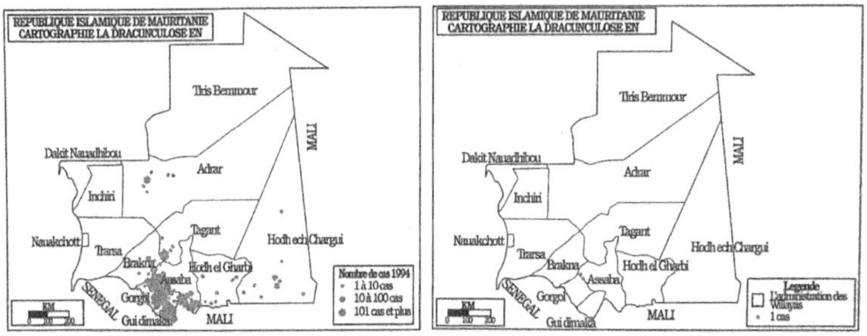

图16　消灭几内亚龙线虫计划的成果(1994年,毛里塔尼亚的患者人数为8301人,到了2004年减至3人)[14]

几内亚龙线虫是长达一米以上的白色的、细细的虫子,如果喝下带虫卵的中间宿主的水,虫卵就会在人体内发育成成虫,并通过血管移动,最后从脚部等的皮肤钻出来。得了这种疾病的人会有剧烈疼痛感,走路也吃力,从而无法工作。无论是从不得不喝下被污染了的水这一环境因素,还是从无法工作这一结果来看,该疾病都与贫困密切相关。图17中的两张地图反映了它们之间的关系。通过图片可知,毛里塔尼亚的几内亚线虫病发病率高的地区和贫困程度深的地区紧紧地重叠在一起。

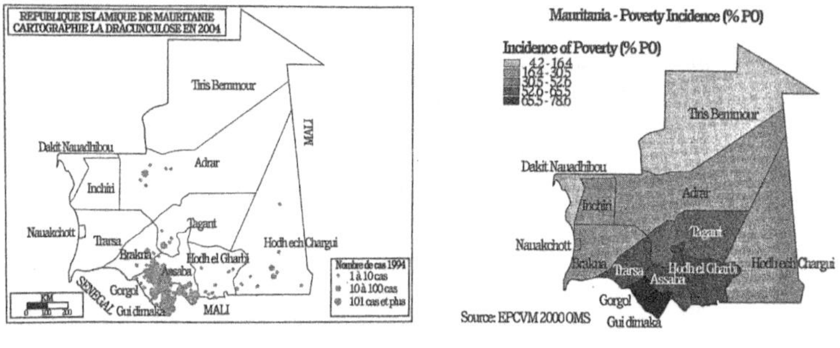

图17　几内亚龙线虫与贫困的关系[15]

消灭几内亚龙线虫并非易事。由于预防涉及人类的行为方式,患者症状完全消失几年后才能宣布已消灭几内亚龙线虫。如果缺乏警惕性的话,即使是在发病数为零的地区也会再次出现感染的情况。不仅如此,游牧民和家畜的移动会导致跨国境的传播,所以应密切保持国际的联系。

以下是毛里塔尼亚消灭几内亚龙线虫项目的主要内容。

对患有几内亚线虫病的患者开展调查,目前没有任何与此相关的数据(图

18—20)。1994年特别指定了8301名患者。基于此绘制了几内亚龙线虫分布图,并根据汇报定期对此进行更新。

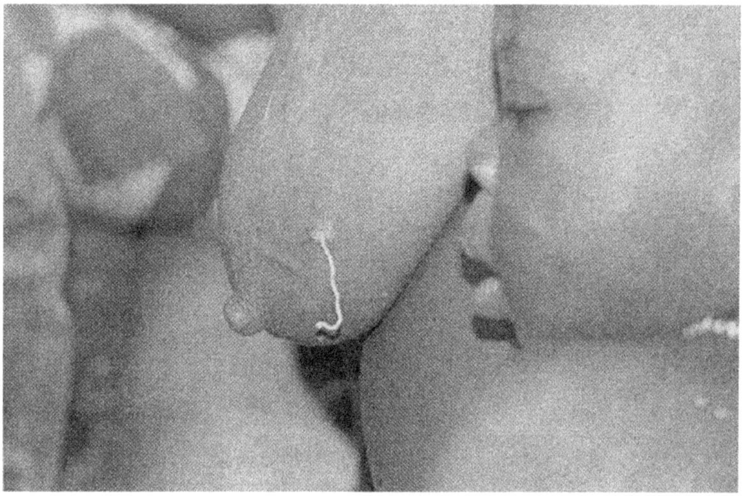

图18　几内亚龙线虫

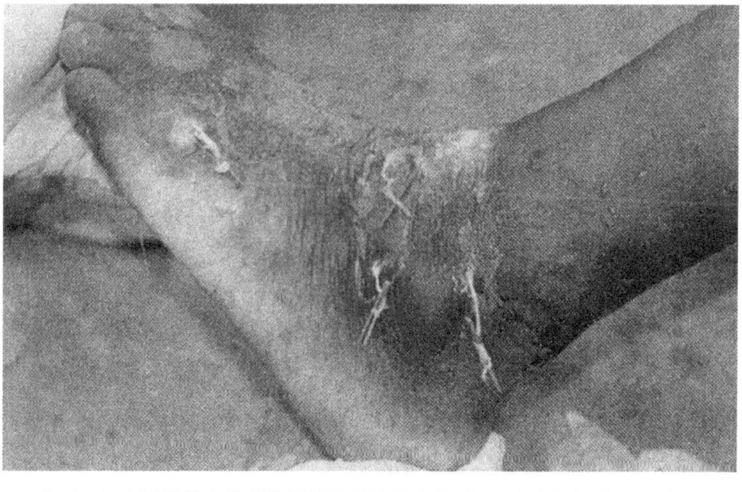

图19　几内亚龙线虫常从脚部等的皮肤钻出来,由于剧烈疼痛,人无法走路,也无法干农活

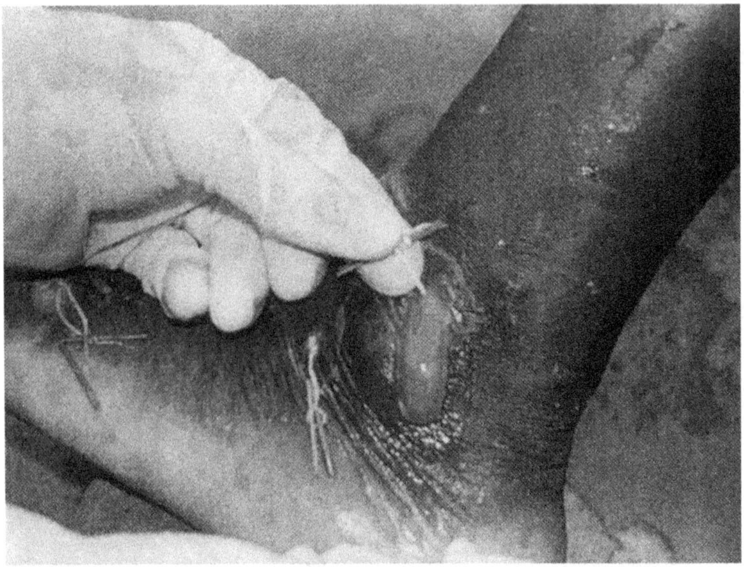

图20　用小木棍缠住几内亚龙线虫,然后将其去除是唯一的治疗方法

消灭几内亚线虫病的关键是不喝被污染过的水,为此(各方)开展了各种活动。

首先是对居民的启蒙活动。居民不了解因为什么得了这种疾病,为了减轻疼痛,他们把脚伸进水里,从而造成污染源的扩大。所以,应创造机会并利用所有的组织,积极开展宣传活动,使全体居民了解几内亚线虫病。

安全的饮用水是最终对策。在没有水井的地方,面向污染地区发放的过滤器发挥了重要作用。对于资金有限的联合国儿童基金会来说,这项活动就是饮用水对策的主流。虽说是过滤器,却是个极其简单的装备。在棉布上缝上尼龙制过滤器,把它盖在水缸上面,然后利用该过滤器填满水缸(图21)。为了把过滤器一直盖在水缸上面,基金会发明了从下面出水的改良版水缸。因农活等外出时,人们还需携带叫作“长笛”的便携式过滤器(图22)。为了向污染地区的所有居民普及这两种过滤器,每年雨季开始前基金会都会免费发放。不仅如此,基金会还尽量向当地的女性团体订购布制过滤器,从而实现创收共赢,并且向池塘等被污染的水源投放药剂。

图21　家庭里使用的布制过滤器，在水缸下面安装了水龙头

图22　干农活时使用的“长笛”过滤器

日本的ODA在修建水井这一领域表现得非常活跃，当地人对此一直心怀感激。用机器打数量众多的深水井，有些上面带有贮水罐等电动结构的装备。组织当地居民成立村落的水管理委员会，就水井的修理方法进行培训。但是，据2003年的资料显示，水井的故障率达到了45%[16]。而且，极小的故障就导致水井无法使用的情况频发。在一个交通网、通信网及流通网都不发达的国家，没受到过像样的教育且生活在最贫困地区的居民，仅通过一些培训就能够修理水井，这

种期望会不会太过于乐观了呢？即使知道哪个零件坏了，知道要买哪个零件，但该如何购买呢？除了水井的管理体制之外，如果没有零件供应系统和长期培训，它也很难维持下去。从短期来看，这项工程耗费巨额资金，也收到当地人的诚挚谢意，可以说是个非常成功的项目。但从长期来看，由于缺乏软件方面的相应措施，小故障导致大问题实在令人惋惜。

作为启蒙活动的一环，项目机构向居民普及治疗方法，并由后述的几内亚龙线虫专员进行治疗。虽说是治疗，其实是花几天时间把钻出皮肤的虫子耐心地缠在像一次性筷子一样的工具上而已。如果因心急不小心弄断虫子，死虫体就会留在体内。

消灭几内亚龙线虫项目取得成功的原因在于，为该项目制订了完善的国家保健行政体系，并与政府密切合作开展了活动。具体来说，就是在受污染的村子里选拔几内亚龙线虫专员，并对他们进行培训和发放最基本的保健配套装备。几内亚龙线虫专员跟“赤脚医生”很相似，都是没受过正规教育，也不具备专业知识的普通村民。他们主要负责记录患者发病情况，发放过滤器，防止患者污染水源等工作。为了对此进行指导和管理，建构了巡视报告体系，同时在中央、地方、卫生所等各层面对工作人员进行培训。最重要的是每三个月实施的巡视。走遍各村、各卫生所，对他们进行培训并整理报告，还在各个层面进行对话，制订或修正下一次的活动方针。在贫穷的非洲国家，几乎没有地方能够充分发挥保健行政的作用。无论是消灭几内亚龙线虫项目，还是其他保健项目，如果不建立在保健行政基础之上的话就无法彻底成功。消灭几内亚龙线虫项目试图自行解决这种进退两难的问题。但由于建构体系的是该国和地方的保健行政组织、行政长官和医师，因此两个体系基本相同，两者之间形成互补关系。不仅如此，实际开展的活动超越了消灭几内亚龙线虫项目的范围，涉及各个领域。例如，三个月一次的巡视中全面开展了各类保健活动。这就是成功的关键所在。但是，完善国家行政体系和全面开展活动需要巨额的费用。消灭几内亚龙线虫项目将要取得成功之际，应如何继续，或应如何传承，不仅是一个项目需要解决的问题，还是涉及整个国家保健行政体系的问题。

4 结语

以上，笔者通过几个例子考察了近几年对非国际开发援助的动向和实际开展情况。利用最尖端技术进行设施建设和单纯的技术转让并不重要，重要的是在人们的生活、风俗习惯、观念等基础上实施的以当地为主体的援助活动。这是人们对未来美好生活的共同憧憬。本文对今后国立民族学博物馆开展涉及开发援助的研究时可供其参考的内容做了重点阐述。如果有助于相关研究的话,笔者将备感荣幸。

【注】

[1]计划和项目的定义有多种,但普遍认为《欧洲月刊新闻》2006年7月号脚注1的定义简略且具有普遍性。据此,“项目”是指有明确的开始时间和结束时间的一系列独特的、具体的活动,“计划”是指基于战略性视角的业务变革和将多个项目有机结合的活动。数字政府http://e-public.nttdata.co.jp。

[2]联合国儿童基金会《世界儿童白皮书2006 不存在的孩子们》第53页。
关于千年发展目标请参考http://www.undp.or.jp/publications/pdf/06MDGs.pdf。
关于各个数值目标请参考http://www.undp.or.jp/aboutundp/mdg/mdgs.shtml。

[3]联合国儿童基金会《世界儿童白皮书2006 不存在的孩子们》第87页。

[4]由多个机构提供有关Education For All的资料,尤其以联合国教科文组织、JICA、联合国儿童基金会等居多。

[5]依据FASID, PCM-Project Cycle Management: Management Tool For Development Assistance, March 2004, p.39和《FACID PCM指南》2004年6月。

[6]根据UNICEF的资料(UNICEF Mauritanie, 2004:8),从国情调查结果中推算出2004年的数据。前一年的版本中记载着在2000年实施,并于2003年公布的国情调查结果。据此来看,2000年的总人口是2508159人,人口增长率是2.4%,城市人口少于之前的预测,占据38%。城市人口中,居住在努瓦克肖特的有59%,占总人口的22.3%。但根据更新的资料(UNICEF Mauritanie, 2006:6)预测,毛里塔尼亚目前的总人口是2800000人,城市人口占据54%。

[7]UNICEF Mauritanie, 2003:6.

[8]UNICEF Mauritanie, 2003:7.

[9]UNICEF Mauritanie, 2004:10.

[10]UNICEF Mauritanie, 2004:10.

[11]笔者将Yacouba Tandia, UNICEF, et Aida Niang, SECF: “Expérieces des Nissa Banques-comme forme d´organisation féminine pour lutter contre la pauvreté”, présenté à l´Atelier de Capitalisation et de Relexition sur le

Mouvement Coopératif Mauritanien, 13-14 Décembre, 2004 à Noukchott 及 UNICEF-State Secretariat of Women's Affairs: "Micro-credit for impoverished women in Mauritania": The Nissa Bank, June 1999 的统计结果汇总成一个表格。

[12]UNICEF Press Center, News Note, 26 Jan.2004.

[13]UNICEF Press Center, News Note, 26 Jan.2004.

[14]UNICEF Mauritanie, 2004.

[15]UNICEF Mauritanie, 2004.

[16]UNICEF Mauritanie, 2004: 10.

【参考文献】

英文文献

FASID, 2004. PCM, management tool for development assistance-participatory planning [M]. Tokyo: FASID.

UNICEF Mauritanie, 2003. Rapport au comité français-education pour tous-appui au developpement local[R]. [S.l]: UNICEF.

UNICEF Mauritanie, 2004. Rapport au comité français[R]. [S.l]: UNICEF.

UNICEF Mauritanie, 2006. Mise en oeuvre de la stratégie accélérée pour la survie et le dévelopement de l'enfant en mauritanie-proposition[R]. [S.l]: UNICEF.

日文文献

ユニセフ, 2006. 世界子供白書二〇〇六一存在しないこどもたち[R]. 東京: ユニセフ.

大迫正弘, 2004. PCMハンドブック[M]. 東京: PCM Tokyoグループ.

其他引用

(1)网络数据引用http://e-public.nttdata.co.jp

(2)欧洲每月新闻(2006年7月)

(3)其他报告等

通过水田生态技术实现西非的绿色革命

——基于尼日利亚努佩和加纳阿散蒂的经验

若月利之

1 引言

1935年(昭和十年),岩手县立农业试验场的技师稻塚权次郎培育的小麦农林10号被麦克阿瑟占领军的科学家S.C.萨尔蒙(S. C. Salmon)收集并带到了美国。基于该基因资源(具有矮秆基因的农林10号),国际小麦玉米改良中心(Centro Internacional de Mejoramiento de Maizy Trigo,CIMMYT)的研究者N.博洛格(N. Borlaug)培育出高产量品种,并在热带亚洲和拉丁美洲取得了绿色革命的成功,以此获得了20世纪70年代的诺贝尔和平奖(千田,1996)。顺便提一下,在明治初期,即1900年之前,日本在引进欧美的化学肥料技术的同时,在全国普及了绿色革命技术(见图1)。这是因为,绿色革命的三要素是品种、肥料及灌溉水田,日本已拥有高产量的品种,并且也有灌溉水田。战国时代的经济增长时期,以及从明治到20世纪60年代经济高速增长时期之前,日本的水田面积急剧扩大。在1960—2000年的40年间却不断缩小,约150万公顷的水田变成住宅用地和公路。如图1所示,今后将急剧减少的日本人口和每隔50—100年做出的良好的应对措施是颇有意思的现象。今后日本水田面积的走向引人关注。从图1反映出的日本长期积累的历史经验中可知,建设国家的基础是农民的田地。而在非洲,这种基本的国家建设因400年的奴隶贸易及其之后150年的殖民地支配受到了阻碍。撒哈拉以南非洲存在的问题根深蒂固。

回到正题,20世纪70年代之前热带亚洲完成了绿色革命,但40年之后它却没能在撒哈拉以南非洲取得成功。尽管国际热带农业研究所(International Institute of Tropical Agriculture, IITA)、西非水稻中心(West Africa Rice Development Association, WARDA)、国际水稻研究所(International Rice Research Institute,IRRI)等国际机构,以及以博洛格为代表的SG2000、比尔·盖茨(Bill Gates)(基金会)等国际NGO付出了极大的努力和心血,但非洲通往绿色革命之路仍“混沌不清”。

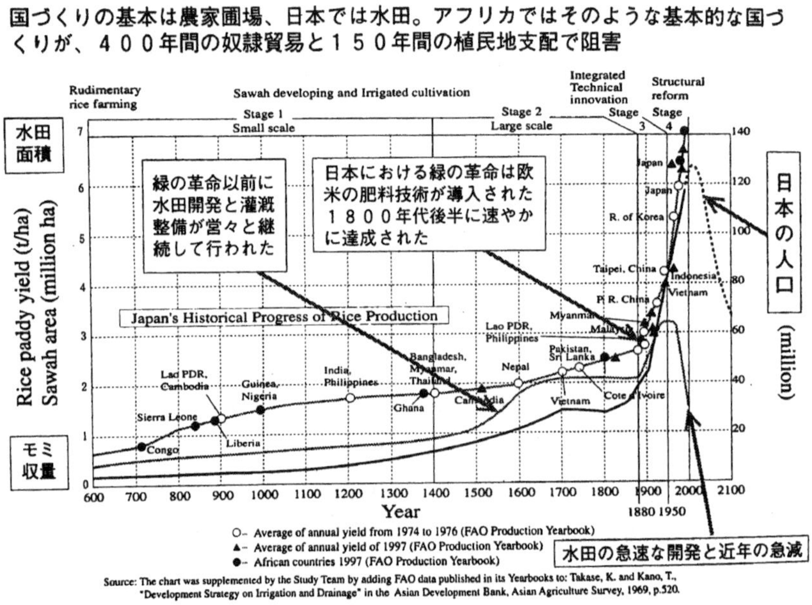

图1 日本的人口、水田开发、面积、稻谷产量的历史变迁(和亚非各国的产量做比较,Takase & Kano,1969,modified)①

据 FAO统计,过去40年在撒哈拉以南非洲,特别是西非,种类丰富的谷物中人均产量增长率最高的是大米。到了20世纪90年代,WARDA的M.琼斯(M. Jones)和S.穆萨(S. Mousa)等成功培育出亚洲水稻和非洲水稻的杂交品种——非洲新稻(New Rice for Africa,NERICA),从而使在非洲实现绿色革命的期望高涨,日本政府也给予了大力支持(WARDA,2006a)。NERICA的成果沿袭了亚洲40年前的成功战略,即在非洲实现绿色革命的核心技术是“品种改良=

① “国づくりの基本は農家圃場、日本では水田。アフリカではそのような基本的な国づくりが、400年間の奴隷貿易と150年間の植民地支配で阻害”的中译文是“建设国家的基础是农民的田地,在日本是水田。在非洲,这种基本的国家建设因400年的奴隶贸易及其之后150年的殖民地支配受到了阻碍”。“緑の革命以前に水田開発と灌漑整備が営々と継続して行われた”的中译文是“绿色革命之前,一直进行水田开发和灌溉维修”。“日本における緑の革命は欧米の肥料技術が導入された1800年代後半に速やかに達成された”的中译文是“日本在19世纪后半期引入了欧美的化肥技术,从而迅速实现了绿色革命”。“水田面積、モミ収量、日本の人口、水田の急速な開発と近年の急減”的中译文是“水田面积、稻谷产量、日本人口、水田的快速开发和近几年的急剧减少”。(译者注)

培育=生物技术”的假设是成立的。实现绿色革命需要将高产量品种、土壤肥料和灌溉技术三者融合为一体。只要有好的品种，就会在“自行普及”的前提下克服不良生态环境问题中的土壤肥料和灌溉等的传统技术（低技术）问题。另一个前提是，这三点技术也将适用于非洲农民的田地。但在过去40年，通过该地区的国际农业研究机构（CG中心）开展的活动并没有实现绿色革命，这一点已充分说明该前提并非完全满足。

从1986年4月到1988年3月，笔者作为JICA的水田土壤专家被派遣到本部坐落在尼日利亚伊巴丹市的IITA（图2）。这成为西非开展可持续水田开发研究的开端。IITA成立于1969年，其目标是在非洲实现由亚洲和拉丁美洲的IRRI和CIMMYT实施的绿色革命。从上任到现在，笔者的观点没有发生任何变化，即希望在西非也能实现绿色革命。明治时期的日本借鉴的是欧美的化肥技术，而亚洲和拉丁美洲的绿色革命借鉴的是品种改良的培育，即生物技术。“在撒哈拉以南非洲，通过修建水田等改良生长环境的生态工程学技术（生态技术）实现绿色革命”是笔者提出的假设（若月，1988，1989）。

顺便提一下，为亚洲带来绿色革命的高产量品种拥有即使多肥也不会倒伏的矮秆基因（SD1）（松冈，2004）。稻塚权次郎的功劳非常大，是他最早在小麦农林10号中发现了矮秆基因。通过之后的研究了解到小麦、稻子、玉米中都含有能实现高产量的矮秆基因（Sasaki et al.，2002；松冈，2004）。

过去40年，随着亚洲和非洲人口的急剧增长，粮食生产的绝对量也得到同步增长。但对比人均谷物生产量和生产率的变迁，就会发现亚洲和非洲的差距非常明显（表1中的A—E，图3、图4）（FAOSTAT，2006；平野，2002）。2006年7月31日至8月4日，在坦桑尼亚的达累斯萨拉姆召开了第一届非洲水稻大会，大会的主要课题仍旧是如何在该地区实现绿色革命（WARDA，2006b）。虽然也存在失去品种多样性、农药化肥使用过量等环境问题和扩大贫富差距等批判绿色革命的声音（范达娜·席娃，1997），但毫无疑问绿色革命的成功奠定了如今印度、中国、东盟等国家和地区快速发展的亚洲经济基础。如果没有绿色革命等向近代集约农业的推进，也就不会有社会和经济的快速发展（平野，2002，2003，2005；高桥，2005，2006；樱井，2006）。如今来看绿色革命尚处于停滞状态的撒哈拉以南非洲和正飞跃发展的亚洲之间的反差非常大。

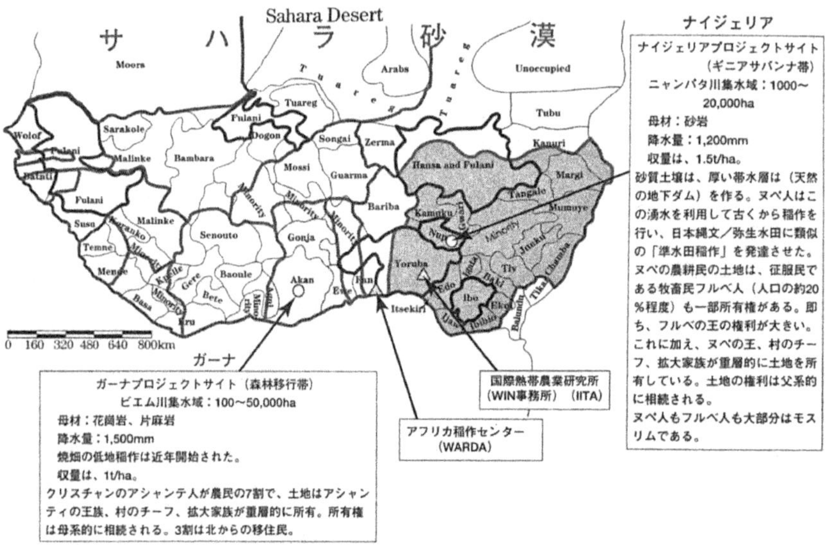

图2 开展可持续水田开发动态研究的加纳和尼日利亚的两个样本地区，以及西非各国的国境线和主要民族的分布情况①

表1 过去40年撒哈拉以南非洲、西非、亚洲各国3—5年(A—B)或3—10年(D)的人均主食作物的平均生产量和进口量的变迁(FAOSTAT,2006)②

A:撒哈拉以南非洲的整体变迁(kg/人)

品种 \ 年	1961—1965	1966—1970	1971—1975	1976—1980	1981—1985	1986—1990	1991—1995	1996—2000	2001—2003
稻谷	16.3	17.5	18.2	17.6	17.3	19.2	19.2	19.9	18.1

① “サハラ砂漠”“国際熱帯農業研究所(WIN事務所)(IITA)”“アフリカ稲作センター(WARDA)”的中译文分别是“撒哈拉沙漠”“国际热带农业研究所(WIN事务所)”“西非水稻中心(WARDA)”。图中的左、右两个大文本框内容的中译文分别是“加纳:加纳项目实施地区(森林移行带)。集水域:100—50000ha。母材:花岗岩、片麻岩。降水量:1500mm。近几年开始了火田低洼地稻作。产量是1t/ha。信仰基督教的阿散蒂人占据7成农民人口,土地主要由阿散蒂的王族、村里的首领、各大家族层层所有。实行母系继承制。3成是来自北部的移民”和“尼日利亚:尼日利亚项目实施地区(几内亚热带草原地区)。集水域:1000—20000ha。母材:砂岩。降水量:1200mm。产量是1.5t/ha。沙质土壤形成厚厚的含水层(天然地下水库);古时候努佩人就利用地下水种植水稻,发明了和日本绳文、弥生水田相似的‘准水田稲作’。游牧民富尔贝人(占总人口的约20%)占领努佩后对农民的土地拥有部分所有权。富尔贝国王的权力相当大。此外,土地主要由努佩的国王、村里的首领、各大家族层层所有。实行父系继承制。努佩人和富尔贝人大部分都是穆斯林”。(译者注)。

② 属于块根茎类农作物的山药和木薯的水分含量是60%—70%,是谷类(约15%)的4—5倍。此外,由于蛋白质和矿物质的含量低(Sanchez,1976;Kiple and Ornelas,2000),山药的谷物换算生产量调整为FAO原数据的1/5,木薯则调整为1/8。

续表

年 / 品种	1961—1965	1966—1970	1971—1975	1976—1980	1981—1985	1986—1990	1991—1995	1996—2000	2001—2003
小麦	8.1	8.4	7.7	6.8	6.7	6.8	6.2	6.3	6.2
玉米	42.5	44.3	45.0	43.4	40.3	50.6	46.6	46.2	42.2
木薯(1/8)	18.8	18.6	18.4	18.1	17.6	18.0	20.2	19.5	19.7
山药(1/5)	7.8	10.8	8.8	6.6	5.6	6.6	11.5	11.9	11.6
高粱	44.7	38.3	34.0	31.5	31.1	30.8	31.2	31.3	31.6
小米	31.7	29.3	27.8	23.3	21.2	23.0	22.1	22.3	21.8
进口稻谷	3.8	3.8	4.3	7.7	10.3	8.8	9.0	8.3	9.9
进口小麦	4.5	6.0	7.4	9.7	11.8	10.2	11.2	13.1	15.7
总计	169.8	167.2	159.9	147.4	139.5	154.9	157.1	157.1	151.6

*进口的稻谷和小麦除外。

B:西非的变迁(kg/人)

年 / 品种	1961—1965	1966—1970	1971—1975	1976—1980	1981—1985	1986—1990	1991—1995	1996—2000	2001—2003
稻谷	18.4	21.1	21.9	22.1	23.8	27.4	29.3	31.4	28.2
小麦	0.3	0.3	0.2	0.2	0.4	0.6	0.3	0.4	0.3
玉米	27.1	27.2	23.5	18.6	21.9	42.6	48.7	41.4	38.6
木薯(1/8)	16.6	17.3	16.4	16.7	14.8	16.8	25.3	25.3	24.7
山药(1/5)	17.8	25.0	20.5	15.2	12.8	15.4	27.4	28.3	27.6
高粱	70.6	56.7	47.0	40.3	42.1	46.5	48.6	47.9	47.2
小米	59.8	54.0	52.7	42.4	41.6	48.0	45.7	45.4	44.6
进口稻谷	5.3	5.8	6.2	13.2	17.4	15.3	16.7	15.7	19.1
进口小麦	4.0	5.8	8.0	13.3	14.3	9.6	11.4	13.8	16.7
总计	210.7	201.6	182.2	155.5	157.3	197.3	225.3	220.1	211.3

*进口的稻谷和小麦除外。

C：亚洲的变迁(kg/人)

品种＼年	1961—1965	1966—1970	1971—1975	1976—1980	1981—1985	1986—1990	1991—1995	1996—2000	2001—2003
稻谷	124.5	131.8	134.2	137.4	148.8	149.8	147.1	149.8	141.1
小麦	41.6	44.2	49.6	57.6	67.0	70.6	79.0	78.4	72.2
玉米	19.6	23.9	26.1	313.3	34.0	38.0	41.8	45.0	43.3
木薯(1/8)	1.4	1.4	1.5	2.1	2.2	2.1	1.9	1.7	1.8
山药(1/5)	0.0	0.0	0.0	0.0	0.0	0.0	0.0	0.0	0.0
高粱	9.6	9.7	8.3	8.2	7.1	5.9	5.0	3.8	3.0
小米	8.6	9.5	7.8	6.6	6.3	4.9	4.2	3.8	3.6
进口稻谷	3.7	3.4	3.1	3.0	2.4	2.2	2.3	3.9	3.7
进口小麦	10.7	11.4	11.7	12.0	13.7	14.6	15.0	13.5	11.7
总计	205.3	220.4	227.6	243.1	265.4	271.4	279.0	282.5	265.3

*进口的稻谷和小麦除外。

D：亚洲和撒哈拉以南非洲的主要国家人均稻谷产量和进口量的变迁(kg/人)

地区＼年	1961—1970	1971—1980	1981—1990	1991—2000	2001—2003
加纳	5.5+6.9	7.9+4.8 (143+70)	5.4+6.5 (97+94)	10.6+10.2 (191+148)	14.2+15.2 (256+220)
尼日利亚	6.1+0.02	9.5+2.8 (154+100**)	23.3+5.0 (378+182)	30.7+5.9(500+ 215)	30.0+15.2 (489+553)
西非	19.9+5.8	22.0+10.3 (111+178)	25.8+16.7 (130+289)	30.4+16.6 (153+289)	29.5+17.6 (148+306)
撒哈拉以南	17.0+3.9	17.9+6.1 (105+157)	18.3+9.8 (108+250)	19.6+8.9 (115+228)	18.7+9.4 (110+240)
泰国	379.9+0.0	357.1+0.0 (94+ -)	374.4+0.0 (99+ -)	380.9+0.0 (100+ -)	426.5+0.0 (112+ -)
印度尼西亚	132.3+10.4	172.0+15.6 (130+150)	232.5+2.8 (176+27)	246.8+8.4 (186+81)	236.5+5.0 (179+48)
孟加拉国	266.0+8.8	236.8+6.6 (89+75)	235.8+4.5 (89+51)	233.1+5.8 (88+66)	260.0+8.3 (98+94)

续表

年 地区	1961—1970	1971—1980	1981—1990	1991—2000	2001—2003
亚洲发展中国家	126.2+3.5	136.1+3.0 (108+86)	151.4+2.3 (120+64)	153.4+3.1 (121+86)	145.9+3.4 (116+96)
日本	172.0+0.0	137.5+0.0 (80+ -)	111.1+0.0 (65+ -)	98.3+0.0 (57+ -)	84.1+0.0 (49+ -)
世界	78.4+2.9	85.9+2.9 (110+103)	95.5+3.1 (122+107)	98.0+3.9(125+134)	94.1+4.3 (120+149)

*括号内的数值是将1961—1970年的平均值转换成100来计算的相对值。

**只有尼日利亚将1971—1980年的数值转换成100来计算。

E:过去40年的人口变迁

年 地区	1961—1970	1971—1980	1981—1990	1991—2000	2001—2003
加纳	7849	9970(127)	13380(170)	17689(225)	20474(261)
尼日利亚	42957	56198(131)	75560(176)	101388(236)	120914(281)
西非	95749	124204(130)	165990(173)	220738(231)	261861(273)
撒哈拉以南	234782	307466(131)	411559(175)	544361(232)	640376(273)
泰国	31771	41818(132)	50941(160)	58088(183)	62194(196)
印度尼西亚	108324	136182(126)	167800(155)	198562(183)	217123(200)
孟加拉国	59400	76251(128)	98036(165)	124921(210)	143808(242)
亚洲发展中国家	1786958	2251298(126)	2732350(153)	3252342(182)	3568256(200)
日本	99469	111749(112)	120936(122)	125593(126)	127468(128)
世界	3376145	4102728(122)	4879539(145)	5712586(169)	6224835(184)

*括号内的数值是将1961—1970年的平均值转换成100来计算的相对值。

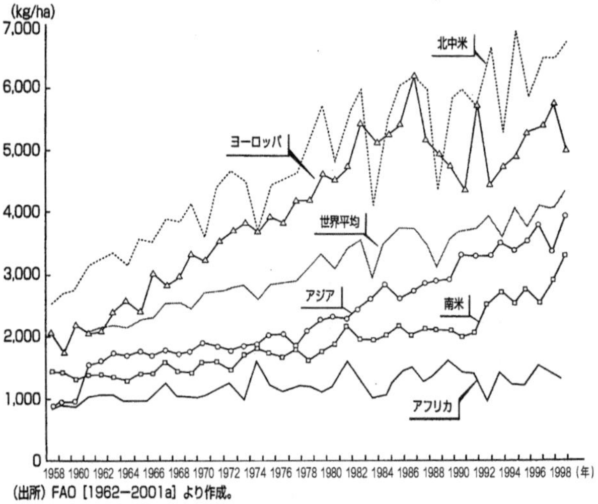

图3 过去40年世界主要地区玉米产量的变迁(平野,2002)①

出处:由FAO(1962—2001a)制订。

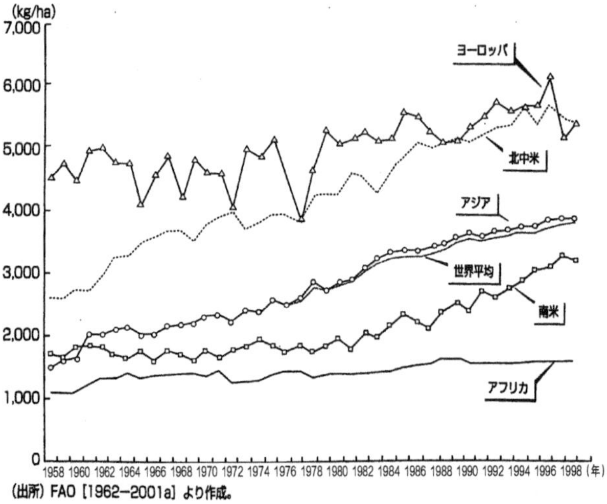

图4 过去40年世界主要地区糙米产量的变迁(平野,2002)②

出处:由FAO(1962—2001a)制订。

---

① “北中米”“ヨーロッパ”“世界平均”“アジア”“南米”“アフリカ”的中译文分别是“中北美洲”“欧洲”“世界平均”“亚洲”“南美洲”“非洲”。(译者注)

② “ヨーロッパ”“北中米”“アジア”“世界平均”“南米”“アフリカ”的中译文分别是“欧洲”“北中美”“亚洲”“世界平均”“南美洲”“非洲”。(译者注)

2 加纳和尼日利亚样本集水域地区的可持续水田开发动态研究历程

1986—1989年，笔者以伊巴丹的IITA为根据地，对从塞内加尔到刚果（当时的扎伊尔）的整个西非及中非低洼地稻作区域的生态和农业体系进行了大规模调查。10年之后的1998年，在FASID等的支援下，再次进行了大规模调查（若月，1999）。1992—1997年，主要通过文部省的海外科研资助，以尼日利亚中部比达市附近的小洼地为样本地区（图2），和生态人类学、农村社会经济学、热带农学、林学、农业工学、土壤学领域的研究者共同开展了研究，并对西非特有的小洼地集水域的农林业生态系统和农村社会进行了基础调研。此外，与尼日利亚农作物研究所（National Cereals Research Institute，NCRI）和尼日尔州农业开发公社（Niger State Agricultural Development Project，NSADP）合作，共同对适合非洲的水田体系开展了田野实证调查（广濑，若月，1997；Hirose and Wakatsuki，2002）。努佩人是种植水稻的农耕民，他们从古代就开始了准水田低洼地稻作生产（石田，1997；Ishida et al.，2001）。准水田稻作生产时用类似栅栏的木桩修建堤坝（还有用杂木和土袋组合而成的堤坝），利用小水渠进行灌溉。准水田的一边是2—3米高的小区域，平整度差且田埂质量不高，也没有进行泡田作业（图5—7）（若月，1988，1989，1995，1997）。形状跟日本的绳文时期到弥生初期的水田、苏门答腊的火田民修建的小区域水田相似（田崎，1989；高谷，1995）。同时，不修建堤坝，而是从主流引进毛渠按一定比例取水，从而避免了水荒引起的争水纠纷。虽不及巴厘岛的Seuwak体系精练，但这种小水渠所建构的灌溉分水体系有着和Seuwak的流水分配（真势，1994）相同的理念（图7）。虽然努佩人在比达市附近和游牧民富尔贝人“共存”（鹿野，1997），但没能形成牛耕文化，他们从事的是用非洲锄头耕地的传统的低洼地稻作生产活动，因此无法发展真正的亚洲型水田。游牧民富尔贝人是该地区的占领者（增田，1997），这或许也是努佩的稻作生产中无法引进牛耕的原因之一。

图5　努佩人的准水田稻作①

图6　努佩人的灌溉水渠和准水田。努佩的稻作生产不使用畜力，而只用非洲锄头，所以很难进行田地平整和泡田作业②

① “湛水による雑草制御より、発芽と畑作的栽培を優先する湿地稲栽培:ヌペの氾濫原稲作”的中译文是“利用湛水控制杂草，以发芽和旱田栽培为主的湿地稻栽培；努佩的泛滥平原稻作”；“ヌペの村(準水田の取水口の泉でエグシメロンの種を洗浄)”的中译文是“努佩的村庄(用准水田取水口的泉水洗净种子)”；“ナイジェリアのヌペの準水田は水田の発生時の形態を想像させる”的中译文是“尼日利亚努佩的准水田使人们联想到水田刚形成时的样子”；“直播または移植による植付け時は非水田状態最初の除草時に小区画の畦をつくり準水田とする”的中译文是“直播或移植等插秧时还不是水田形状，第一次除草时修建小区域田埂，从而形成准水田”。(译者注)

② “木杭や小枝と土製の堰”的中译文是“木桩、小树枝和土质的堤坝”；“灌漑水路はきちんと作られているが準水田の畦は閉じていない”的中译文是“虽然灌溉水渠井然有序，但准水田的田埂还没有关闭”；“ヌペの準水田稲作とフルベの牧畜は融合していない”的中译文是“努佩的准水田稻作和富尔贝的畜牧业并没有融合在一起”；“畦が閉じていないので湛水は困難なヌペの準水田”的中译文是“因田埂没有关闭而湛水困难的努佩的准水田”。(译者注)

图7 四张图分别是"努佩的栅栏堤坝""努佩通过不修建堤坝来取水的方法""共同开展灌溉水渠修补作业""努佩的小区域准水田"(以上摄于2005年8—9月)①

笔者于1986—1988年任职于IITA。在此期间,在努佩农民的准水田稻作区域正中间修建了1公顷左右的水田,展示了1—2季(年)水田的可持续高产量。这是笔者等第一次开展的水田开发动态研究。笔者认为周边的百姓应该会效仿,但事情没那么简单。第一次动态研究中用IITA从菲律宾引进的小乌龟型耕耘机进行了泡田作业,由研究者雇用的研究支援者完成了本次田野研究。因此,跟农民的直接交流少。接下来,通过科研资助实施的第二次动态研究(1992—1997年)中,所有工作都由农民完成。虽说是参与,却是日薪仅为1美元左右的"参与型开发"。在当时尼日利亚的社会经济状况下,不太可能继续使用耕耘机等机械设备。因此,水田开发等所有的劳动都是利用非洲锄头完成的。在这两次适合非洲的水田开发实证试验中,日本团队在当地停留的时间每年平均只有1—2个月,从修建水田到管理水田稻作生产都非常不完善。因此,无法在农民面前展示水田稻作的高产量,结果可持续的水田稻作生产以失败而告终(广濑,若月,1997)。这是因为,由科研资助的短期访问型调查研究是无法完成水田的修建,灌溉水渠的整修,苗床制作,移植,此后对水田和水稻的管理、收割,以及收割之前的所有技术指导等需要长期驻扎在当地的工作的。于是,(笔者)尝试了

① "ヌペの柵、2005年9月"的中译文是"努佩的栅栏,2005年9月"。"ヌペの分水法。右方向が本流、真ん中上方が灌漑水路"的中译文是"努佩的分水法。右边为主流,上方正中间为灌溉水渠"。"灌漑水路の共同整備"的中译文是"共同整修灌溉水渠"。"ヌペの小区画準水田"的中译文是"努佩的小区域准水田"。(译者注)

JICA的合作研究方式，使在当地开展3年以上实证调查成为可能。

1994—2001年，(IITA)与加纳库马西市的农作物研究所和土壤研究所联合实施了JICA合作研究项目“由农民参与的谷地田综合开发”，形成由农民自行开发的水田开发方式“谷地田耕作法”(Wakatsuki et al.，1998，2001；若月，2002，2003a，2003b)。1993年进行的尼日利亚总统选举程序相当民主，开票率达到了60%，已确定阿比奥拉(约鲁巴人)当选为总统，但军人阿巴查(豪萨人)强行夺取政权，使政局陷入动荡。同时，世界性的政治经济制裁导致JICA无法在尼日利亚实施ODA。因此，最后选定在加纳实施。

基于上述合作研究项目的成果，非洲开发银行计划在2004年度至2009年度向加纳投入2000万美元的资金，开展约4500公顷的谷地田小洼地水田开发。目前虽处于实施阶段，但进展相当缓慢。由5个农民小组约50人参与的10公顷的合作研究和由450个农民小组约5000人参与的4500公顷的合作研究，在研究和“实际开发、普及之间”存在很大分歧，面临各种困难(中岛等，2006；若月等，2007)。

通过此次合作研究，加纳农作物研究所、土壤研究所、林业研究所的7名年轻工作人员赴日本的大学攻读博士课程，接受水田稻作生产等的专业培训，使他们回国后能在当地继续从事开发研究。对他们来说这是最大的收获。而在尼日利亚，2001年从日本留学回国的约鲁巴研究者获得IITA的博士后研究人员资格后形成了NGO和尼日利亚流域倡议(Watershed Initiative Nigeria，WIN)，并以NCRI、NSADP、比达市附近的样本地区为背景，发明了把水田开发当作综合性农村开发来实施的方法(Fashola et al.，2004，2006，2007)。WIN的工作人员在加纳项目中进行研修后把利用耕耘机进行水田开发的方式应用到尼日利亚，并在2003年和2004年接受日本驻尼日利亚大使馆的民间无偿资金，用于NGO维修耕耘机等小型开发器材，修建村里的学校、诊所和维修供水设备等(外务省，2006)。水田开发和农村开发起到了相辅相成的效果，在中心村落Sawah(水田)开发面积为10公顷以上，达到全村可进行低洼地稻作生产面积的约60%，Sawah成了村民进行农村开发的“标语、口号”，外来的访问者经常能听到“水田！”的说法。驻尼日利亚大使田中映男和4名日本国会议员也访问了当地(The Guardian，25 December 2005 and 16 July 2006)。比达的首领(Emir)借鉴我们的水田开发方式，2007年用自费购买的三台耕耘机新建水田10公顷，并计划2008年再增加一倍。

比达的动态研究中存在的问题是，对象村落是努佩人和富尔贝人的马赛克式混居区，而和我们一起引领当地动态研究的尼日利亚人中大部分是约鲁巴人。

约鲁巴科学家无法直接跟努佩农民进行对话，项目实施过程中经常需要努佩成员进行翻译。如图2所示，由于是多民族聚集的地区，尼日利亚从建国初期开始各民族之间就冲突不断，国民国家基础也相当薄弱。而且，这不仅是尼日利亚存在的问题，也是整个撒哈拉以南非洲面临的共同问题，是古代奴隶贸易时期、欧美国家殖民地支配时期遗留的问题。我们所选择的样本地区是，祖先们为了"不当奴隶，所以逃脱出来"，并在这片土地上建立的村子(增田，1997)。

我们从2003年开始实施了科研基础S"为了西非的粮食增产和恶劣环境修复的集水域生态工程学"5年计划，从2007年开始实施特别推进研究"通过水田生态技术实现西非的绿色革命和建设非洲式里山集水域"(若月，2007)。笔者在图2中标出了在过去的15—20年间坚持进行可持续水田开发动态研究的加纳和尼日利亚的2个样本地区。和早期的短期调查研究不同，长达5年的当地实证调查计划之所以成为可能，是因为在日本完成博士学业的加纳人和尼日利亚人回国后在当地形成了由他们负责实施的体制。因此，虽然获得科研资助的日本人驻扎在当地的时间只有短短几个月，但在当地可以进行一整年的实证调查。但是，形成这种体制花了整整20年时间。在始于2007年度的科研特别推进研究中，将这些主要由原赴日留学生取得的活动成果提升到两地政府的稻作振兴政策层面，并以全面普及水田稻作为其目标。

3 西非的传统稻作

大约在10000年前，印度和中国就开始种植亚洲水稻(Oryza Sativa)。和亚洲水稻不同，非洲水稻(Oryza Glaberrima)的种植始于几千年前的马里内陆三角洲周边(Buddenhagen and Persley，1978；竹泽，1984)。随后水田体系在亚洲建成，并通过不断改良水稻的品种和水稻的生长环境来完善。但在西非并没有建立起真正的水田体系。笔者通过大规模调查发现，尼日利亚努佩人的灌溉小区域准水田体系(图5—7)和塞内加尔卡萨曼斯的类似水田的体系跟亚洲完全不同，其具有在传统思想和技术下建成的水田萌芽形态的特征。1965—1975年期间，除了中国台湾在整个非洲地区建立的水田体系和以此作为典型的水田体系(若月，谢，2003)之外，在其他西非地区大部分是非水田稻作生产。如图8所示，除了破坏森林的火田地，就连小洼地也是非水田稻作生产。这种非水田稻作生产不仅会导致土壤劣化，甚至还会降低原本就不高的土壤肥沃度。如表2所示，内陆小洼地和泛滥平原等西非低洼地土壤的肥沃度中，磷酸和钙等碱类含量只有热带亚洲的1/5至1/2，保肥力（eCEC）也极低。氮的肥沃度和热带亚洲一样，但只有日本水田土壤的1/3左右。这表示，其因遭受长期的风化侵蚀而失去养分，黏土矿物的活性也很低，这种老化的沙质土壤分布在非洲各地（广濑，若月，1997；Hirose and Wakatsuki，2002；Wakatsuki and Masunaga，2005）。

图8 四张图分别是“火田的旱稻栽培使森林遭受严重破坏”“小洼地的非水田稻作也会造成土壤劣化”“小洼地是由类似日本里山的小山地和小洼地组成的”“所以应对森林和低洼地进行综合管理，并建造适合非洲的里山”①

表2 西非内陆小洼地及泛滥平原土壤表土的平均肥沃度②

位置	总计 C(%)	总计 N(%)	可用的	可交换阳离子 Ca	K	Mg	eCEC	沙地 (%)	黏土 (%)	保肥力 /黏土
西非内陆小洼地	1.3	0.11	9	1.9	0.3	0.9	4.2	60	17	25

① “ギニアの里山地形（水田のない稲作地）”的中译文是“几内亚的里山地形（没有水田的稻田）”；“シエラレオーネの里山地形”的中译文是“塞拉利昂的里山地形”；“ギニア高原の焼畑地と陸稲栽培”的中译文是“几内亚高原的火田地和旱稻栽培”；“シエラレオーネの里山低地の非水田稲栽培は土壌の砂漠化をもたらす”的中译文是“塞拉利昂里山低洼地的非水田稻子栽培造成土壤的荒漠化”。（译者注）

② 跟热带亚洲、日本的水田土壤做了比较。进行比较的调查地点的数量分别是内陆小洼地185处、泛滥平原62处、热带亚洲410处、日本155处。（译者注）

续表

位置	总计C(%)	总计N(%)	可用的	可交换阳离子				沙地(%)	黏土(%)	保肥力/黏土
				Ca	K	Mg	eCEC			
西非泛滥平原	1.1	0.10	7	5.6	0.5	2.7	10.3	48	29	36
热带亚洲水田*	1.4	0.13	18	10.4	0.4	5.5	17.8	34	38	47
日本的水田*	3.3	0.29	57	9.3	0.4	2.8	12.9	49	21	61

从图6中可知，牛已被驯化成家畜。但是，大部分还是被富尔贝等民族的牧民当作获取肉和牛奶的途径，并没有用于农业生产。尼日利亚的努佩地区也不例外，虽然富尔贝人和努佩人作为近邻相互“共存”（鹿野，1997），但他们并没有融合在一起。努佩人的农田休耕后富尔贝的牛就会吃掉那里的草，努佩人则利用牛粪为农田施肥，但不具备牛耕技术。由于富尔贝人战胜了努佩人，其土地使用权力非常大，即使富尔贝的几百头牛破坏了努佩的灌溉水渠，努佩人也没法对其进行制止。原则上努佩人和富尔贝人不可以通婚。目前还处于这种状态的根源在于，500年前的奴隶贸易导致的民族之间的买卖和英国统治时期的“分断统治”。笔者曾经在国际学会的讨论中提出了此观点，却遭到欧美人的强烈反驳。他们说：“不是我们殖民者造成的，而是非洲人原来就处于那种状态。”然而，日本就韩国的殖民地支配问题进行了正式道歉，欧美各国却认为殖民地支配是理所当然的事情，也没有就奴隶贸易进行过任何的正式道歉。但是，曾经遭受过英国等欧洲各国统治的卢旺达、乌干达、尼日利亚、斯里兰卡、印度、巴基斯坦等国家各民族之间的对立结构形成于奴隶贸易和殖民地时期，是不争的事实。

近几年在荷兰等国家的支援下，布基纳法索和马里的灌溉水田地区开始使用牛耕。在尼日利亚的卡诺地区等和富尔贝人融合在一起的豪萨·富尔贝地区，或者在塞内加尔和几内亚等地区，栽培花生时普遍使用牛耕。但在低洼地稻作生产中使用牛耕非常少见，因为存在采采蝇等的问题。20年前的1986年几乎没有努佩农民饲养牛的例子。但到了2007年，在努佩的农村饲养牛的农民逐渐多了起来。位于南部森林带的加纳，近几年也有人开始饲养牛了。这是因为农药等的普及大大降低了采采蝇的危害。虽然通过养牛可以获得肉、牛奶、牛粪，但从交配到繁殖，尤其是训练牛进行耕作并非易事。为了用于牛耕，需要一所对人类和牛进行训练的培训学校，在西非有好几所这种畜力牵引中心。

4 有关绿色革命的水田假设

2004年12月26日，苏门答腊岛附近的海洋深处发生了强烈地震。当时“tsunami”(这个单词和概念)在苏门答腊、斯里兰卡、印度、泰国并不常见。这次地震导致的海啸造成的损失进一步加大。西非的当地语言、英语和法语中没有相当于为了水稻种植而改良的生长基础——“日语的水田所表示的概念和词汇”。从过去有关水田开发动态研究的经验中可以深刻认识到，这已成为妨碍该地区水稻发展的因素。适合水田开发的生态环境范围非常广阔，但是没有水田这一概念和表示它的恰当词汇。这是没有水田稻作文化的西非各国语言和英语、法语圈特有的现象。或许像“tsunami”等那样，也可以用日语表示。如表3所示，英语和法语中已有源自印度尼西亚语的“paddy”(印度尼西亚语中原本指的是作为植物的水稻)，因此，笔者也建议用印度尼西亚语的“sawah”来表示水田。英语中的“paddy”表示稻谷和水稻，“paddy field”表示水田。可用“paddy”来概括稻谷、水稻，以及作为生长环境的水田。这也是英语中没有稻作文化的证据。亚洲的各民族有其独特的表示水田的固有词汇(和概念)，所以不存在实际问题。但在西非，“paddy field”还表示火田的旱稻田，所以使用“paddy”这个单词，就很难表示水田的重要性。围绕水田开发进行的国际合作中，除了技术合作外，还有着词汇(概念)和文化的隔阂。

和亚洲的稻作农民不同，西非稻作农民的大部分田地和稻作体系中没有对农田进行划分(图9)，但这是实现绿色革命的三个技术要素——灌溉、肥料、(高产量)品种的前提条件。因此，田地里的水和土壤条件呈多样化趋势，从而无法进行标准化的施肥、灌溉水管理，以及无法进行普及。以水稻为例可列举出，在同一块田地多个品种混在一起栽培(遗传多样性)；多种农作物混合种植(种类多样性)；在同一块田地的高地到低洼地的部分修建土堤，形成高地式和低洼地式的栽培环境，按时节栽培不同的农作物等多样化的农业体系(生态系统多样性)。同时，从每个农作物的生产性来看，具有多样性特征的非洲式农业虽然效率较低，但可持续性非常好，可应用在通过绿色革命实施集约型近代农业的亚洲和发达国家的未来农业体系上。不管怎么说，对于因人口剧增导致人均粮食生产处于停滞状态的非洲来说，如何实现“集约型栽培方式(绿色革命)”才是首要课题。

表3 英语和法语中没有表示水田(Suiden)的恰当词汇

本文的建议水田(Suiden)= Sawah(Malay-Indonesian)

	English	Indonesian	汉语
作物	Rice	Nasi	米、饭、稻
	Paddy	Padi	稻、稻谷
环境	?(Paddy)	Sawah	水田

Paddy Soil Science = 水稻土壤学 ≠ 水田土壤学

Paddy Yield：稻谷产量

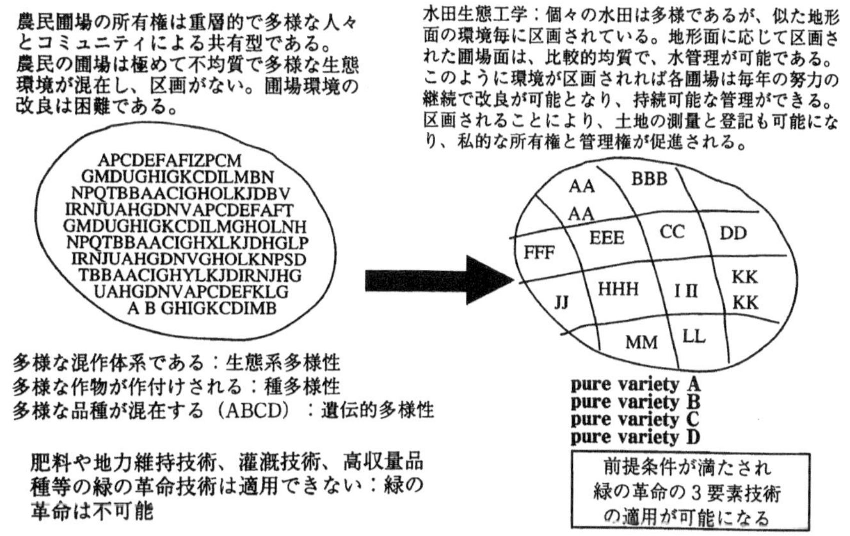

图9 水田假设(一)(缺乏应用科学技术的前提条件:应用绿色革命三个技术要素的前提条件是,应具备对生态环境进行划分和分类,并像品种改良那样,也能对生态环境进行改良的水田式田地。在对公路、水坝、灌溉水渠等基础设施进行修建之前,首先应修建农民的田地。建设国家的基础是修建农民的田地。这些总结源自撒哈拉以南非洲特有的生态环境、社会经济条件及历史经验)①

① 该图从左到右、从上到下的中译文分别是:"农民田地被各类人和共同体层层所有。田地的质量极不均匀,而且各种生态环境混杂在一起,也没有进行划分。改良田地环境的难度较大。""水田生态工程学:每个水田都具有多样性特征,并按相似的地形环境进行了划分。按地形划分的田地质量较均匀,因此水管理成为可能。可见,只要对环境进行划分,通过持续努力可实现田地改良,也能进行可持续管理。通过划分,还可以对土地进行测量和登记,并促进私人所有权和管理权。""多样化的混合种植体系:生态系统多样性。多样化的农作物稳定下来:种类多样性。多样化的品种混在一起(ABCD):遗传多样性。""不适用肥料和地力维持技术、灌溉技术、高产量品种等的绿色革命技术:不可能实现绿色革命。""满足前提条件,绿色革命三个技术要素的应用成为可能。"(译者注)

西非没有对农民田地这一绿色革命的前提进行基本修建。建设国家的基础是农民的田地。但由于没有划分田地,因而无法根据土壤和水质条件对其进行修建和改良。土地由王族、村里的首领、各大家族,以及土地的实际耕作者层层所有,因此出现了不同的人对同一块田地拥有所有权的情况。这使土地登记变得困难,也难确定土地的所有权,从而使农民失去了改良土地的动力。这已成为阻碍水田体系开发的主要社会因素。这种没有进行土地划分的多样化的农业体系和土地体系除受到该地区不稳定的气候、缺乏营养的土壤、没有明显的地形高差而缓慢隆起的准平原等地形及其他自然生态环境因素的影响之外,还受到持续500年的欧美奴隶贸易和殖民地支配的影响。英国等欧美国家通过"分断统治"等对文化的破坏、步枪的物理攻击力量、法律(土地登记)的制度力量实施了殖民地支配。正是这种"多层的"土地所有体系,才能和通过土地登记实施的土地掠夺进行对抗。

将有关绿色革命的水田假设概括如下(图9)。接受绿色革命三个技术要素的前提是对农民的田地进行一定程度的整修和划分。在西非没有向稻作农民普及低洼地水田建设及其维持管理技术等有关环境形成和改良的技术(生态技术:生态工程学),这些是通过土地划分对水和土壤进行管理的措施。因此,灌溉难以得到普及,肥料也无法得到有效利用,高产量品种也无法有效发挥作用。同时还无法保持土壤肥沃度,从而无法有效利用绿色革命技术。西非绿色革命的核心技术并不是品种改良技术,而是水田等的生态环境改良技术,这就是笔者提出的假设。

5 有关集约型持续生产性的水田假设

5.1 欧美和日本森林面积的历史变迁

早在20世纪初,欧美的大部分森林就已消失了(安田,1996)。1955年欧洲中心地区的森林面积所占比例只有25%,而在美利坚合众国也只有23%。1995年各国的森林覆盖率分别是荷兰9.8%、英国9.9%、西班牙16.8%、法国27.5%、德国30.7%等(World Resources Institute,1998)。这并不是令人震惊的事实。这是因为,欧美的旱田文明中森林和农业是天敌关系,修建农田必将开垦森林。因此,欧美文明的全球化和人口增长造成了全球森林的持续被破坏(安田,1996)。

与此相比,经历近几年的人口剧增等数次人口增长和产业革命后,到了1995年日本的森林覆盖率仍然维持在67%大关。这种保护森林的日本文明能为目前的地球环境问题做出很大贡献(梅原,1996)。为什么日本能保护好森林?以下两点极为重要。(1)低洼地水田稻作体系和旱田不同,和森林并不是敌对关系。

对于水田来说，森林像清理水源林、田源林及里山的落叶那样非常重要。具有后述的地质学式施肥作用（图10）。（2）目前日本的森林一半是人工林（占国土面积的30%），日本的造林活动始于17世纪，并延续到现在。这种致力于植树造林的现象在其他地区并不多见。在日本，人均造林面积约0.1公顷，而亚洲各国只有日本的1/10，即约0.01公顷，非洲则更少。

（1）図の上部：集水域生態工学、あるいは集水域アグロフォレストリーの概念図
集水域における適切な土地利用パターンと管理法は水分条件を適切にアップランドの森林や畑地からの地質学的施肥を最適にする。この地質学的施肥プロセスにより低地は降雨量以上の水分を受ける。この水野流れは岩を風化して土壌を生成し無機養分を溶かし出して森をはぐくむ。森で生成した肥沃な表土は低地に流れ落ちて肥沃な低地水田土の材料となる。

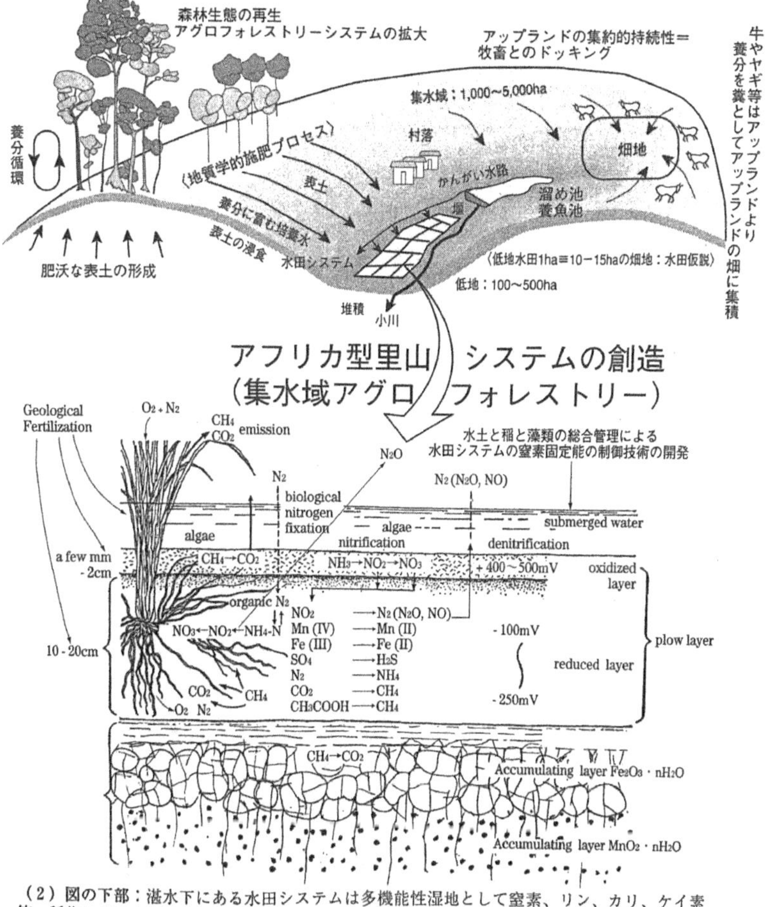

（2）図の下部：湛水下にある水田システムは多機能性湿地として窒素、リン、カリ、ケイ素等、稲作に必要な無機養分の供給性を高めるミクロの生物物理化学的機構を有している。

图10 反映低洼地水田体系的集约型持续生产性的宏观（图的上半部分）和微观（图的下半部分）生态工程学式结构

（这是在土壤肥沃度低、水循环量少的撒哈拉以南非洲集水域谋求可持续集约化的战略。这是将森林和低洼地融为一体进行管理的非洲式里山建设，也是集水域生态工程学或集水域农林学）①

5.2 对低洼地水田体系集约持续性的评价

表4反映人们所熟知的低洼地水田体系的集约持续性。众所周知，不用化学肥料低洼地水田体系每公顷就有约2吨的产量（表4、图1）。此外，低洼地水田稻作能够连作而不需要休耕，因此即使种植数百年或数千年水稻，也不会导致土壤劣化，也不会降低产量。由1970—2000年的数据可知，英国旱田土壤的有机碳素含量显著下降，但在同一时期经历绿色革命的印度尼西亚、孟加拉国以及日本，水田土壤的有机碳素等没有表现出明显的劣化迹象，有些地区有机碳素的含量反而有所增加。此外，还有防止地球温室效应的作用。这些充分反映出亚洲水田稻作的优势（Ali et al.，1997a，1997b；Bellamy et al.，2005；Darmawan et al.，2006a，2006b；Davidson and Janssens，2006；Lal，2004）。与此相比，旱田，尤其是在火田移动耕种时，如果没有施肥，平均每公顷的可持续产量不会超过1吨。除了低产量，为了恢复地力，休耕是不可避免的。在非洲这种土壤缺乏营养的地区，种植2年后土地需要有8年以上的休耕期。这意味着种植1公顷的旱稻需要有5公顷的土地。如果考虑到休耕期的话，每公顷的可持续旱稻产量不足1吨，而只有1/5，即每公顷0.2吨。低洼地水田的可持续产量是旱稻的10倍以上。这

---

① 该图中(1)和(2)的中译文分别是“(1)图的上半部分：集水域生态工程学，或集水域农林学的概念图——恰当的集水域土地利用模式和管理方法使水分条件变得合理，使高地的森林和旱田的地质学式施肥作用发挥到极致。通过该地质学式施肥过程，低洼地可获取超过降水量的水分。母岩遭受水循环的风化后形成土壤，并溶解出无机养分用于森林灌溉。森林中形成的肥沃的表土流落在低洼地，成为肥沃的低洼地水田土壤的母材”。“(2)图的下半部分：作为多功能湿地，湛水下的水田体系拥有提高氮、磷、钾、硅等稻作所需的无机养分供给的微型生物物理化学性结构。”“森林生態の再生 アグロフォレストリーシステムの拡大”的中译文是“森林生态的再生 农林体系的扩大”；“アップランドの集約的持続性=牧畜とのドッキング”的中译文是“高地的集约持续性=与畜牧的对接”；“牛やヤギなどはアップランドより養分を糞としてアップランドの畑に集積”的中译文是“牛和山羊等从高地获取食物，并把粪便作为养分集积在高地的田地里”；“養分循環”“肥沃な表土の形成”“地質学的施肥プロセス”“表土の浸食”“養分に富む培養水”“表土”的中译文分别是“养分循环”“形成肥沃的表土”“地质学式施肥过程”“表土侵蚀”“富有养分的培养水、表土”；“集水域”“村落”“かんがい水路”“畑地”“溜め池·養魚池”“堰”“水田システム、小川、堆積”的中译文分别是“集水域”“村落”“灌溉水渠”“旱田”“水塘·养鱼池”“堤坝”“水田体系”“小川”“堆积”。“低地水田1ha=10～15haの畑地：水田仮説”“低地：100～500ha”的中译文分别是“低洼地水田1ha=10—15ha的旱田：水田假设”“低洼地：100—500ha”；“アフリカ型里山システムの創造（集水域アグロフォレストリー）”的中译文是“非洲式里山体系的建构（集水域农林学）”；“水土と稲と藻類の総合管理による水田システムの窒素固定能の制御技術の開発”的中译文是“基于水土、水稻、藻类综合管理的水田体系氮固定能控制技术开发”。（译者注）

就是有关集约持续生产性的水田假设。图8解释了人口持续增长时，扩大火田的旱稻栽培为什么会破坏森林。

表4　有关低洼地水田的集约型持续生产性的水田假设：具有旱田10倍以上的持续生产性对内陆小洼地水田的持续性生产力的评价

1 ha 水田(Sawah)= 10—15ha of upland

	火田的旱稻	水稻
面积比(%)	95%	5%
产量(t/ha)	1—3，(1以下)	3—6，(2左右)
生产的持续性*	1	5

(圆圈部分的数值是不用肥料时的数值)

*假设在火田种植旱稻2年后，土地需要有8年以上的休耕期。生产的持续性是在此基础上计算出来的。

表5　有关可独自开展基础贷款的非洲式谷地田耕作法的建议

①招募农民加入水田开发小组(农民5—10人)。

②设立6000美元的贷款：4000美元购买耕耘机；1000美元购买农具、用于修建灌溉设施的材料、灌溉水泵；1000美元用于周转(肥料、杀虫/杀菌剂、零部件燃料等)。

③免费的技术支援(开田和耕种都由参与的农民完成)第1—5年：1ha/年，合计5ha。这期间不用还款。10年需开垦10ha。第6年至现在：利息5%，开始还款。还款1175美元/年，6年全部偿还。

④第1—5年：水田等的收入增加到1300—6500美元(3—5t/ha的产量)。

⑤第6年后：7300美元-1175美元(还款额)=6125美元(纯利润)。

⑥第6年后继续开垦：假设1户开垦1ha，一年就有1000美元/户的收入。

非洲开银项目：5000ha/2000万美元 ⇨ 4000美元/ha 从2004年度开始(现在的ODA方式需要2万—3万美元/ha的开垦费用)上述方式进入正轨的话，非洲农业开发和环境保护产业也成为可能： 开垦费用的回收+森林扩大和清洁发展机制京都协定书[Clean Development Mechanism (CDM)-Kyoto Protocol]实施的防止地球温室效应的活动。

反之，如果能实现1公顷的低洼地水田稻作的话，如果人口相同，就意味着能够实现10公顷的森林保护或修复。西非和撒哈拉以南非洲的低洼地水田开发不仅可以实现粮食增产，还可以扩大森林面积。扩大集水域的森林面积不仅能实现水循环、养分供给，使低洼地土壤变成肥沃土壤，还能进一步强化低洼地水田

稻作的集约持续性。此外，集水域的有机碳素固定量也在增加，这有助于防止温室效应。根据京都议定书中的CDM，非洲的低洼地水田开发也能为解决地球环境问题做出贡献（表5；Wakatsuki and Masunaga，2005）。

5.3 集水域的地质学式施肥——集水域生态工程学或集水域农林学

图10的上半部分表示集水域的地质学式施肥。从定性分析来看，该过程并不难理解，但较难获取有关定量分析的数据。恰当的集水域土地利用模式和管理方法使水文条件变得合理，使高地的森林和旱田的地质学式施肥作用发挥到极致。这就是集水域生态工程学的目的。母岩遭受水循环的风化后形成土壤，并溶解出无机养分用于森林灌溉。无机养分里的水和森林中形成的肥沃的表土汇集在低洼地，成为肥沃的低洼地水田土壤的母材。集水域的土壤形成，土壤侵蚀、崩积和堆积，以及表面径流的水和地下水等的流淌形成了低洼地的地质学式施肥过程。合理的灌溉体系、土地利用模式和管理方法有助于提高硅、钙、镁或钾等无机养分的供给。这些地质学式的施肥过程成为支撑集水域低洼地水田体系的长期持续性的生态工程学基础。

假设地球的土壤形成平均速度是每公顷约1吨。在雨水多、气温高、火山活动活跃且富有火山灰等新鲜土壤母材的印度尼西亚爪哇岛等地区，土壤形成速度可达到每公顷10吨以上。普遍认为，亚洲土壤的侵蚀速度快，低洼地土壤形成作用也大。这就是亚洲的水田农业发达的原因。如果集水域的土壤形成速度和土壤侵蚀速度保持平衡的话，集水域的生态系统也会趋于稳定。和土壤形成速度相比，如果土壤侵蚀速度过快就会出现荒漠化等的土壤劣化。反之，和侵蚀速度相比，如果形成速度过快就会导致养分进一步流失，形成像热带雨林那样缺乏营养的老朽化土壤。

据推测，西非的土壤生成速度、侵蚀速度以及堆积速度都只有亚洲的1/10—1/5。但如前所述，水汇集在集水域的低洼地里。图10的例子中假设5000公顷的集水域的平均降水量为1000毫米，雨水的流出率为20%，土壤形成速度为每公顷0.2吨，低洼地面积为2%（100公顷），一年的土壤侵蚀速度为每公顷0.2吨。虽然降水量和流出率都较少，但由于部分水汇集在小面积的低洼地里，所以流入低洼地的水相当于1000×0.2/0.02=10000毫米。此外，因侵蚀从高地流落下来的肥沃的表土也集中在2%的低洼地，所以即使集水域的堆积率为30%左右（剩余部分进一步堆积在下流地区和几内亚湾），低洼地土壤的形成速度也有0.2×0.3/0.02=3吨/公顷。如果低洼地有进行田地平整，并用田埂包围起来的水田体系的话，就能够防治土壤侵蚀，从而能够维持土壤形成速度高达世界平均速度3倍的生物生产性。可见，对于因缺乏营养导致水循环较少的西非来说，低洼地的可持续利用是多么的重要。

5.4 作为人造多功能性湿地的水田体系

图10的下半部分表示的是持续低洼地水田体系的集约型生产性的微型结构。也可以将水田体系理解为依据多功能性湿地建构集水域管理体系的过程。在湛水下面三价铁还原成二价铁，从而使因酸化铁导致植物无法吸收的磷酸含量显著增加。磷酸肥沃度低是造成西非土壤肥沃度低的首要原因，所以将成为很大优势。铁的还原还能使酸性土壤变成中性土壤，而湛水中碳酸气的溶解中和了土壤中的碱性。这样一来，在西非通过水田体系还能大大缓解土壤缺乏微量元素的问题。

水田体系的这种强化养分供给的结构不仅可以促进稻子的生长，在稻子的生长初期到中期还能促进湛水中的各种藻类的生长。这些藻类中既有满江红等共同固定氮的藻类，也有蓝藻等单独固定氮的藻类。这些藻类在光合作用下合成易分解的有机物，并供给湛水下水田土壤中的嫌气性微生物。这些嫌气性微生物中也有固定氮的成分。因此，水田体系同时还是固定氮的生态系统。早在30年前，即开始缩减农耕面积之前，就开展了许多有关水田氮固定作用的结构与控制的研究，但现在基本不再做此方面的研究了。这是今后应重新激活的研究领域。虽然关于水田体系的氮固定作用目前只有粗略的数据，不过可推测日本的年均氮固定作用是每公顷20—100公斤，而热带圈是20—200公斤。水田体系的氮固定量除了受气温的影响之外，还受水田的水和土壤的影响，其中受施肥管理的影响最大(De Datta and Buresh，1986；Kyuma，2004；Greenland，1997)。西非的土壤肥沃度普遍很低，这种微型的肥沃度强化及维持结构是水田体系很大的优势。

绿色革命的目标是将每公顷的稻谷产量提高到4吨，想要达到这个目标每公顷需要施50—60公斤的氮化学肥料。但是，即使施150公斤以上的肥料，非洲新旱稻的最高产量也只有3吨。可见，水田体系的生态工程学式氮固定能力之大。不断激发西非的这种潜力是水田生态技术开发的核心课题。

6　有关西非内陆小洼地水田开发的田野实验——尼日利亚努佩农村的案例

西非的大平原是起伏和缓的准平原，海拔高度数十米到最高100米，宽度数公里到十几公里；降水量800—2000毫米，旱季和雨季分明；土壤是缺乏营养的沙质土壤；气候、土壤、地形、农作物的种类和泰国东北部地区相似（若月，1997）。但西非没有水田体系，因此农业体系上存在很大差异。

1986年和1987年的7—8月，（IITA）在尼日利亚尼日尔州比达市附近的努佩村庄进行了首届田野实验。该村庄位于年降水量约1000毫米的几内亚热带草原地区。所有农民都是伊斯兰教徒。作为研究的一环，IITA从农民处借用约1公顷的田地建造水田。准平原低洼地部分的倾斜度为1%左右，每30米修建50厘米高的田埂就可以建成一个简单的水田。通常10个人30天左右就可以建造1公顷的水田。进行田地平整并不是很难的工作。事实上是把努佩的准水田划分成亚洲式水田形状。努佩的低洼地具有传统的堰灌溉体系和水渠（图5—7），所以比较容易对利用该水渠修建的水田进行灌溉。就这样在农民的准水田正中间建造了一个水田，并进行了10种以上高产量水稻品种的栽培试验。从开发到稻作管理全都由IITA研究者雇用的工作人员来完成，并使用IITA引进的菲律宾制小乌龟型耕耘机进行泡田。结果是在水田进行水管理的同时，维持平常的施肥量（NP205-K2O：90-60-60kg/ha）的话，高产量品种每公顷的产量大部分提高到5—8吨。顺便说一下，周边农民的准水田实施长期连作，每公顷的稻谷产量为1—2吨。但是，1988年负责指导IITA研究战略的欧美指挥部质疑水田体系在西非的可持续性，并于1988年笔者驻扎在当地时就停止了有关适合非洲的水田体系开发研究，之后也没有再继续进行相关研究。

笔者于1989年把1公顷的实验水田归还给原土地使用者后便回到了日本。1990年9月笔者再次访问田野区域时发现水田的田埂全部被拆除，又恢复到准水田原来的形状。1986—1988年IITA时期的田野研究中，没有和农民的直接共同作业，而只进行了示范。笔者以为在农民田地的正中央进行示范性实验，他们就会自动地去模仿，但事实并非如此。这就是我们遭受的第一次较大的挫折。听取农民的意见后，笔者认为把水田体系恢复到准水田体系的原因是：（1）无法使用耕耘机；（2）在水田里灌满水是在浪费水，农民认为在准水田的小区域内进行流水灌溉更为理想；（3）没有深刻认识到产量的差异；等等。总之，让人们深刻感受到研究和普及之间存在的差距(鸿沟)。

从这个失败的教训中笔者深刻认识到,在了解几内亚热带草原地区的生态环境和努佩农村社会的基础信息的基础上,和农民共同作业的水田开发动态研究是不可缺少的。因此,1992—1997年笔者在科研海外调查经费资助下开展了跨学科研究。该调查研究在土壤和水文水质、气候性特点、农业体系方面,尤其是在努佩的传统低洼地农业体系、民族土壤学、几内亚热带草原的人和森林、有关努佩和富尔贝共存的生态人类学研究等基础性调查研究方面取得了丰硕成果。但如前所述(引言),有关生态环境修复和农村再生的田野动态研究则再次以失败告终(广濑,若月,1997)。笔者深刻认识到,外界人作为外部观察者所实施的基础性调查研究在科研中具有可行性,但需要几年以上长期驻扎在当地开展的动态研究型研究在一般科研研究中是不具可行性的。

另一个问题是,由于多数日本研究者都以同一个农村为研究对象,因此出现了"日本人污染"(Japanese Pollution)问题。日本研究者是外部观察者,进行基础调查时雇用农民充当翻译和辅助研究人员。开展田野动态研究也需要征借农田,因而在田地平整、除草及其他劳动中雇用了相当多的村民,甚至雇用过总人口250人中的约50名劳动力。日薪为1美元,这在研究经费中所占比例并不高,但为了研究者的基础研究进行的雇用和为了建造水田这一原本属于农民的财产而进行的雇用并不相同。其实农民也很难区分为了研究的雇用和为了建造水田的雇用。因此,在研究者集中进行调查研究的村庄,2001年之后不是由日本人,而是由尼日利亚人组织的NGO-WIN提倡的为了农民且由农民实施的水田建造理念,并没有被当地农民所接受,而是变成只要有外界人参与的任何活动,村里的农民都要求给予资金资助。结果WIN为了防止"日本人污染"的进一步扩大,决定暂时"停止"G村的活动,并以日本人的研究活动还未造成污染的周边村落为对象,采取尽可能使日本人不引人注目,且不产生影响的方式,躲在幕后开展活动。10年处于"停止"状态的G村向WIN进行反省,并于2007年恢复了由G村村民和WIN实施的水田开发。这是因为,G村不再向WIN要求资金资助了。"消除""日本人污染"需要10年时间。

到了2003年,启动科研基础S5年计划之后,正式开始实施由NGO-WIN主导的活动。根据和IITA的协议,科研基础S把Hirose Project事务所设在位于伊巴丹的IITA本部,并全方面支援WIN的活动,在比达和谷物研究所合作的同时,以WIN/Hirose Project的身份开展各项活动。WIN以NGO的身份在尼日利亚政府正式注册后在比达市内租用了一处可住宿的事务所,并于2003年和2005年获得日本大使馆的民间无偿资金资助，购买了用于水田建造和稻作支援的4台耕耘机、1台小卡车及1台精米机。还和地方行政组织携手在村里开展了建造手压式抽水泵水井（80米左右的切削和管道等的安装需要约1万美元，由当地同行实施）；修建小学和诊所；支援水田开发；提供肥料和农药等活动。从2006年开始，作为水田一揽子计划（Sawah Package），由农民进行用于水田开发的田埂建造和初步的田地平整作业。利用水和耕耘机进行的最后一次平整作业，或在已建成的水田中进行泡田作业时使用耕耘机的话，每公顷可供给85千克装稻谷3袋和50千克装肥料（15-15-15）1袋。而供给85千克装稻谷1袋和优良的高产量品种时，结合各自收割后在现场将等量的稻谷偿还给项目方的小额贷款，开始普及水田开发和水田稻作。结果，在2004年之前整个项目实施地区的水田面积不足10公顷，到了2005年5个村庄的水田面积达到了20公顷，到了2006年则达到了35公顷。这表明该项目尽管目前尚处于动态研究阶段，但实际上已经进入了开发和普及阶段（Fashola et al.，2006，2007）。

2005年在JICA的支援下，在尼日利亚农业省、尼日尔州农业开发公社、谷物研究所、WIN/Hirose Project的共同合作下，IITA以比达的谷物研究所和WIN的样本地区为中心开展了有关农民自主开发的水田开发和水田稻作的研究会，计划在其他的州也依次开展同样的研修（长谷川，2005）。2007年4月举行的尼日利亚总统选举圆满结束后，为了从过去的动态研究向真正的开发和普及推进，笔者认为应和JICA、非洲开发银行或国际NGO等的计划进行对接。2007年11月，与联合国千年村的合作项目正式开启。

7 JICA研究合作——加纳阿散蒂内陆小洼地集水域的谷地田水田开发

如表1所示，据FAO统计，过去40年西非的大米产量增长率增加到440%（整个撒哈拉以南非洲是320%），玉米产量增长率超过400%（整个撒哈拉以南非洲是280%），高粱产量增长率超过180%（整个撒哈拉以南非洲是190%），小米产量增长率超过200%（整个撒哈拉以南非洲是190%）。这期间人口增长率达到273%，除了大米外，玉米、木薯及山药的产量增长率均超过人口增长率，分别是280%—400%、285%—410%、410%—430%（根据表1计算）。稻子产量急剧增加的同时，进口量也大大超过了产量，因此消费量增长率急增至540%（整个撒哈拉以南非洲是380%）（根据表1计算）。尽管小麦的消费量也有所增加，但从生态环境来看，具有生产性且为了满足消费而进口的谷物只有大米。利用原本就短缺的外汇进口大米，越发成为地区经济发展的累赘。

由于该地区大米依靠的是传统的旱稻生产，WARDA将研究的重点放在对旱稻品种和旱稻栽培体系的改良上。其最大的成果是培育出了NERICA。但讽刺的是，过去30年大部分的大米增产都不是通过旱稻来实现的，而是通过扩大西非特有的小洼地湿地稻栽培面积和需要控水的尼日利亚努佩具代表性的湿地稻作生产来实现的（表6；JICA，2003）。

表6　1984—2003年西非的稻作生态中生产性和生产量的变迁

	稻作面积（百万 ha）			生产量（百万 ton/y）			收获量（t/ha）		
	1984	1999/03	2015	1984	1999/03	2015	1984	1999/03	2015
旱稻	1.5	1.8	2.0	1.5	1.8	2.0	1	1	1
相对贡献（%）	57%	40%	30%	42%	23%	13%	收获量无增加		
天水湿地稻	0.53	1.8	3.0	0.75	3.4	7.0	1.4	2.0	2.4
灌溉水稻	0.23	0.56	0.80	0.64	1.9	3.0	2.8	3.4	3.8
合计	2.6	4.7	6.0	3.4	7.7	14.0	1.3	1.6	2.4

注：（WARDA，1989，2002，2004；Sakurai，2003；FAOSTAT，2005）。笔者根据过去15年的趋势对2015年的变化进行了预测。

如图2所示，1994—1996年，以样本地区为例，WARDA对分布在年降水量约为1500毫米的加纳森林移行带的各种内陆小洼地集水域进行了基础调查。1997—2001年，在JICA的支援下，为了寻求低洼地水田体系的可持续开发方式和管理方式，WARDA与IICA开展了合作研究。问题是如何在生态环境、文化、历史和社会经济条件均不同的西非土地上开展始于亚洲季风区的水田农业生产。过去开展了由中国台湾（若月，谢，2003）和日本的ODA等实施的各种水田稻作技术合作，但有关灌溉水田开发的技术合作仍处于停滞状态。这是因为，过去ODA实施的大规模灌溉水田开发自不必说，就连目前主流的小规模灌溉方式的每公顷开发费用也已达到2万—3万美元。假设每公顷的稻谷产量为4—5吨，每公顷的大米销售价格也只有1000—1500美元。因此，（当地）无法偿还2万—3万美元的开发费用，这并不是可持续的开发方式，需要一个能使水田开发成本降至

1/10—1/5且每公顷产量达到4吨的新开发方式和耕作方法。

在此次合作研究中，通过不断摸索形成表5所示的谷地田耕作方法（以农民的自助努力为中心的生态技术型水田开发方式）（Wakatsuki et al.,2001）。给5—10人的农民小组贷款约6000美元是一个全新的方式，需要今后不断摸索和反复试验。根据目前的动态研究，在样本地区选取最有条件且技术水平和积极性最高的3个农民小组，并对他们发放6000美元的贷款用于水田开发和稻作生产，帮助其达到每公顷能够持续实现4吨以上产量的水平。但是，在非洲开发银行的支援下，基于该基础研究实施的内陆谷水稻开发项目（Inland Valley Rice Development Project，IVRDP）所设定的目标，在2005—2009年的项目实施期间，450个农民小组的4500人中达到该水平的比例只有10%左右。这说明贷款的偿还率在10%左右。即使偿还率只有10%，由于水田开发的每公顷单价降至过去的1/10，因此和过去相比，每公顷的开发成本没有发生变化。最重要的是通过不断采取这种方式，不仅可以提高农民的在职培训水平，同时还能逐步降低成本（未偿还率）。从而，使可持续性的水田开发成为可能，迄今为止有关开发研究的成果终于应用到了实施阶段。

8 亚非合作和日本的作用

西非是撒哈拉以南非洲的核心地区，在该地区，不及人口增速的食品生产、荒漠化等食品环境危机进一步深化。这是造成社会和政治不稳定的“慢性病”，已逐渐成为21世纪全球社会非常大的不稳定因素。2006年7月31日至8月4日，第一届非洲水稻大会在达累斯萨拉姆召开。该会由WARDA和IRRI联合主办，在撒哈拉以南非洲种植水稻的大部分国家都参加了此次大会。大会就5项基本战略达成了共识：(1)强调在撒哈拉以南非洲实现绿色革命仍然是人们的夙愿；(2)实现绿色革命所需的明确的农业政策非常重要，例如，政治上对肥料供给、大米价格、运输保障以及必要的灌溉、整修公路、机械的适当普及进行支援等；(3)对研究开发者、普及员以及农民等的培训是关键；(4)关于技术开发和普及，第一次明确指出进行品种改良的生物技术虽然很重要，但进行环境改良的水田等生态工程也同样重要；(5)提高在市场中能和进口大米抗衡的采后技术也非常重要。

万隆会议50年后，2005年，成功举办了第二次亚非会议。通过此次会议，日本等亚洲各国的对非援助得到进一步强化，如果各国合力开展援助的话，有望在西非等撒哈拉以南非洲的土地上实现绿色革命这一落后热带亚洲50年的夙愿。

“9·11”恐怖行动发生之后，人们越来越清楚地认识到，解决全球环境问题和南北问题有着密不可分的关系，这已成为21世纪最大的课题。图11是过去500年由欧美推行的全球化构图。欧美国家通过500年对世界的称霸和对新世界的殖民掠夺完成了财富积累，并在此基础上实现了科学技术的发展及社会的富裕。日本接受了欧美科学技术带来的最大恩惠，并实现了社会的富裕，但因当今全球社会中没有日本的存在哲学（主体性）所导致的“精神文化的危机”也很显著。

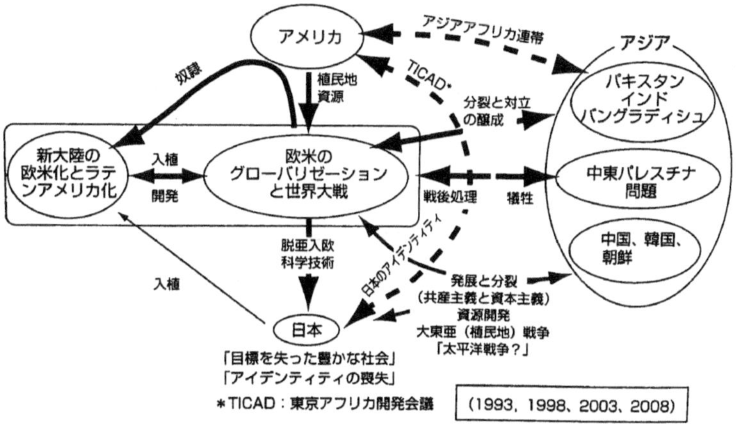

图11　目前处于全球社会危机背景之下的过去500年由欧美推行的全球化构图[1]

为了实现欧美各国的开发与发展，1500—1900年非洲人作为奴隶被移送至新大陆。其中在争夺奴隶的战争中牺牲的人数约为2000万人。数百年来每年死亡的年轻人约占全部人口的1%。第二次世界大战中每年死亡的日本人约占全部人口的1%“而已”，也能想象得到其冲击的强度。此后的150年间，欧美各国的殖民地支配依然在持续。撒哈拉以南非洲的环境和南北问题具有这种深刻的经

① “アメリカ”“新大陸の欧米化とラテンアメリカ化”“欧米のグローバリゼーションと世界大戦”“日本”的中译文分别是“美国、新大陆的欧美化与拉丁美洲化”“欧美的全球化与世界大战”“日本”；“アジア、パキスタン”“インド、バングラディシュ”“中東パレスチナ問題”“中国”“韓国”“朝鮮”的中译文分别是“亚洲”“巴基斯坦”“印度”“孟加拉国”“中东巴勒斯坦问题”“中国”“韩国”“朝鲜”；“奴隷”“植民地資源”“入植”“開発”“脱亜入欧科学技術”的中译文分别是“奴隶”“殖民地资源”“迁入”“开发”“脱亚入欧科学技术”；“アジアアフリカ連帯”“分裂と対立の醸成”“戦後処理”“犠牲”“日本のアイデンティティ”的中译文是“亚非合作”“分裂与对立的形成”“战后处理”“牺牲”“日本的主体性”；“発展と分裂”“（共産主義と資本主義）”“資源開発”“大東亜（植民地）戦争”“「太平洋戦争?」”的中译文分别是是“发展与分裂”“（共产主义与资本主义）”“资源开发”“大东亚（殖民地）战争”“‘太平洋战争?’”；“「目標を失った豊かな社会」”“「アイデンティティの喪失」”“東京アフリカ開発会議”的中译文分别是“‘失去目标的富裕的社会’”“丧失主体性”“东京非洲开发会议”。（译者注）

济和社会背景。明治维新时期实施脱亚入欧以来，日本成了欧美中心主义的俘虏，并处于和非洲不同的危机中。因此，为了解决非洲危机，日本应在国际社会中做出贡献。

如表7所示，撒哈拉以南非洲，尤其是西非的低洼地面积极其辽阔，达2亿公顷以上。但由于降水少且属于稳定地块，非洲集水域的土壤形成速度和养分供给速度是日本和亚洲各国的1/10—1/5。因此，多达数亿公顷的非洲低洼地中只有不足10%，即约2000万公顷适合水田生产。应鉴定并划分适合水田生产的土地，并从优先顺序靠前的田地开始稳步推进水田开发(图12)。此外，土地的所有权和使用权形成多层且多样的共有形态，由于农民缺乏对田地环境基础进行改良的动力，所以广泛展示水田的高产量，实施新的土地管理和所有体系，以及调动水田开发的积极性显得格外重要(图9)。这就是始于2007年的特别推进研究“通过水田生态技术实现西非的绿色革命和非洲式里山集水域的创建”的主要课题，笔者认为应在谋求与WARDA、联合国的千年村项目、新JICA等的合作的同时致力于实践(若月，2007)。

表7 热带非洲的低湿地分布和水田开发潜力

(Hekstra & Andriesse，1983[①]；Hirose & Wakatuki，2002)

分类	面积(万 ha)	水田化可能面积(万 ha)	比例(%)(括号内是水田潜力)
沿海湿地	1650	(300—500)	7(17)
内陆大洼地	10750	(100—400)	45(10)
泛滥原	3000	(500—1000)	12(31)
内陆小洼地	8500	(500—1500)	36(42)

世界水循环量的75%分布在亚洲太平洋季风区，用于支撑1亿ha的水田。此外，非洲季风区的水循环量约为15%。因此，预测会有最大2000万ha的水田潜力。

① 此处引用后文参考文献未提及，但为衷实原文，仍做保留。(译者注)

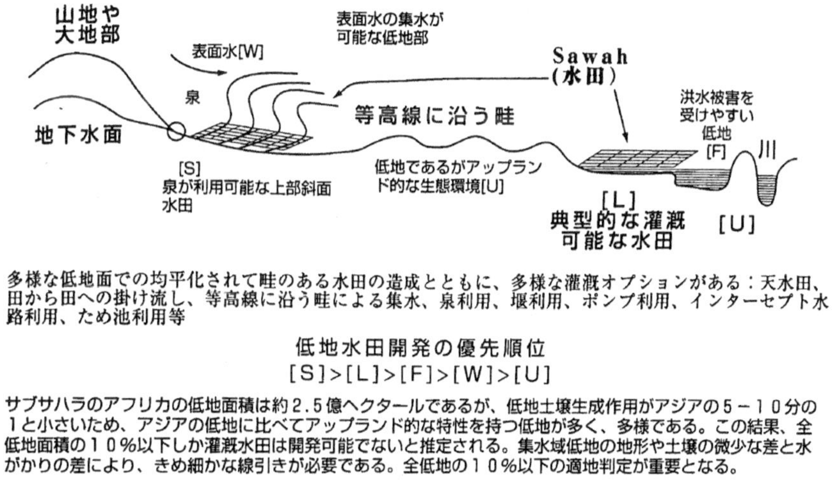

图12　西非的内陆小洼地和亚洲的低洼地不同，其土壤形成速度和侵蚀力都非常弱，而且有各式各样的低洼地。问题的焦点是，集水域各式各样的低洼地到哪为止属于可持续的水田体系范围，在哪个高地里对什么样的森林应进行什么程度的修复工作等，“获取为了进行明确划分所需的信息”①

【参考文献】

英文文献

ALI M M, SAHEED S M, KUBOTA D, et al., 1997a. Soil degradation during the period of 1967-1995 in Bangladesh(Ⅰ.carbon and nitrogen)[J]. Soil science and plant nutrition, 43 (4): 863-878.

① “山地や大地部”“地下水面”“等高線に沿う畦”“水田”“典型的な灌漑可能な水田”“川”的中译文分别是“山地和大地区域”“地下水面”“平行于等高线的田埂”“水田”“典型的可灌溉水田”“河”；“表面水”“泉”“泉が利用可能な上部斜面水田”“表面水の集水が可能な低地部”“低地であるがアップランド的な生態環境”“洪水被害を受けやすい低地”的中译文分别是“表面水”“泉”“可利用泉水的上面倾斜的水田”“可聚集表面水的低洼地区域”“低洼地的高地式生态环境”“容易受洪水灾害的低洼地”。图下面文字的中译文分别是“在各种低洼地上建造已完成平整作业且有田埂的水田，同时还有各种灌溉选项：天水田、从一个田地流入另一个田地、利用平行于等高线的田埂进行的集水作业、利用泉水、利用堤坝、利用水泵、利用截断水渠、利用水塘等”“低洼地水田开发的优先顺序：[S]>[L]>[F]>[W]>[U]”“撒哈拉以南非洲的低洼地面积约为2.5亿公顷，但低洼地土壤形成作用非常小，只有亚洲的1/10—1/5。因此，和亚洲的低洼地相比，多为具有高地特征的低洼地，而且形态各异。据此推测可开发灌溉水田的面积不足全部低洼地的10%。应根据集水域低洼地的地形和土壤的细微差异、用水量的差异等进行细致划分。关键是全部低洼地10%以下判定为适宜的土地”。（译者注）

ALI M M, SAHEED S M, KUBOTA D, et al., 1997b. Soil degradation during the period of 1967-1995 in Bangladesh (Ⅱ. selected chemical characters) [J]. Soil science and plant nutrition, 43 (4): 879-890.

BELLAMY P H, LOVELAND P J, BRADLEY R I, et al., 2005. Carbon losses from all soils across England and Wales 1978-2003[J]. Nature, 437: 245-247.

BUDDENHAGEN I W, PERSLEY G J, 1978. Rice in Africa[M]. Cambridge: Academic Press: 355.

DARMAWAN, KYUMA K, SALEH A, et al., 2006a. Effect of green revolution technology from 1970 to 2003 on sawah soil properties in Java, Indonesia: Ⅰ. carbon and nitrogen distribution under different land management and soil types [J]. Soil science and plant nutrition, 52: 634-644.

DARMAWAN, KYUMA K, SALEH A, et al., 2006b. Effect of green revolution technology from 1970 to 2003 on sawah soil properties in Java, Indonesia: Ⅱ. changes in the chemical properties of soils[J]. Soil science and plant nutrition, 52: 645-653.

DAVIDSON E A, JANSSENS I A, 2006. Temperature sensitivity of soil carbon decomposition and feedbacks to climate change [J]. Nature, 440: 165-172.

DE DATTA S K, BURESH R J, 1986. Integrated nitrogen management in irrigated rice[J]. Advances in soil science, 10: 143-169.

FAOSTAT, 2006. The state of food insecurity in the world[M/OL]. Rome: FAO[2008-03-31]. http://asps.fao. org/.

FASHOLA O O, OLANIYAN G O, ALIYU J, et al., 2004. Sawah system water management for sustainable rice production in Nigeria[M]// ABO M E, ABDULLAHI A S. Nigeria rice memorabilia. Abuja: Project Synergy Abuja: 325-339.

FASHOLA O, OLADELE O, ALIYU J, et al., 2006 . Dissemination of sawah rice technology to farmers cultivating inland valleys in Nigeria[EB/OL]. [2008-03-31]. http://www.regional.org.au/au/apen/2006/refereed/5/.

FASHOLA O, OLADELE O, WAKATSUKI T, 2007. Socio-economic factors influencing the adoption of sawah rice production technology in Nigeria [J]. Journal of food, agriculture and environment, 5 (1): 239-247.

GREENLAND D J, 1997. The sustainability of rice farming[M]. Los Banos: International Rice Research Institute: 273.

HIROSE S, WAKATSUKI T, 2002. Restoration of inland valley ecosystems in West Africa[M]. Tokyo: Nourin Tokei Kyoukai: 572.

ISHIDA F, TIAN G, WAKATSUKI T, 2001. Indigenous knowledge and soil management [M]// TIAN G, ISHIDA F, KEATINGE D. Sustaining soil fertility in West Africa. Madison: Soil Science Society of America and American Society of Agronomy: 91-109.

JICA, 2003. Study on international cooperation in rice farming in West Africa[R]. Tokyo: JIAC: 1-92.

KIPLE F K, ORNELAS K C, 2000. The Cambridge world history of food[M]. Cambridge: Cambridge University Press.

KYUMA K, 2004. Paddy soil science[M]. Kyoto: Kyoto University Press.

LAL R, 2004. Soil carbon sequestration impacts on global climate change and food security[J]. Science, 304: 1623-1626.

SANCHEZ P A, 1976. Properties and management of soils in the tropics[M]. New York: Wiley: 40-51.

SASAKI A, ASHIKARI M, UEGUCHI-TANAKA M, et al., 2002 . Green revolution: a mutant gibberellin-synthesis gene in rice: new insight into the rice variant that helped to avert famine over thirty years ago[J]. Nature, 416 (6882): 701-702.

WAKATSUKI T, SHINMURA Y, OTOO E, 1998. Sawah system for integrated watershed management of small inland valleys in West Africa[C]// FAO. Water report NO.17. Rome: FAO: 45-60.

WAKATSUKI T, OTOO E, ANDAH W E I, et al., 2001. Integrated watershed management of inland valley in Ghana and West Africa: ecotechnology approach [R]// CRI, KUMASI, GHANA, JICA . Final report on JICA/CRI joint study project. Tokyo: CRI, JICA: 337.

Wakatsuki T, Masunaga T, 2005. Ecological engineering for sustainable food production and the restoration of degraded watsersheds in tropics of low pH soils: focus on West Africa[J]. Journal of plant nutrition and soil science, 51 (5): 629-636.

WARDA, 2006a. Annual report[R/OL]. Ivory Coast: WARDA[2008-03-31]. http:www.wards.org.

WARDA, 2006b. 第1回アフリカ稲作会議プレスリリース原稿[R/OL]. Ivory Coast: WARDA[2008-03-31]. http:www.wards.org/warda/newsrel-congress1-aug06.asp.

World Resources Institute, 1998. World resources 1998-2000 [M]. Oxford: Oxford University Press.

日文文献

外務省, 2006. 平成一七年度外務省第三者評価「草の根·人間の安全保障無償資金協力、スキーム評価調査[R]. 東京: 外務省: 100-104.
長谷川靖徳, 2005. JICA新水田稲作短期派遣専門家報告書[R]. 東京: JICA.
平野克己, 2002. 図説アフリカ経済[M]. 東京: 日本評論社.
平野克己, 2003. アフリカ経済学宣言[M]. 東京: アジア経済研究所.
平野克己, 2005. アフリカ経済実証分析[M]. 東京: アジア経済研究所.
廣瀬昌平, 若月利之, 1997. 西アフリカ·サバンナの生態環境の修復と農村の再生[M]. 東京: 農林統計協会.
石田英子, 1997. ヌペの低地稲作、ヌペの民族土壌学的研究[M]// 廣瀬昌平, 若月利之. 西アフリカ·サバンナの生態環境の修復と農村の再生. 東京: 農林統計協会.
KIPLE F K, ORNELAS K C, 2004. ケンブリッジ世界の食物史大百科事典2 [M]. 三輪叡太郎, 監訳. 東京: 朝倉書店.
真勢徹, 1994. 水が作ったアジア 風土と農業水利[M]. 東京: 家の光協会.
増田美砂, 1997. ヌペランドにおける土地制度と森林[M]// 廣瀬昌平, 若月利之. 西アフリカ·サバンナの生態環境の修復と農村の再生. 東京: 農林統計協会: 298-372.
松岡信, 2004. 理想の稲を求めて[J]. 日経サイエンス, 11.
中島邦公, 若月利之, モロ M ブリ, 2006. ガーナの持続的自立的な水田開発にむけて—サワ(水田)実証研究プロジェクトに対する農民の反応[J]. アフリカ研究, 69: 59-73.
櫻井武司, 2006. アフリカにおける緑の革命の可能性—西アフリカの稲作の場合[M]// 平野克己. アフリカ経済実証分析. 東京: アジア経済研究所: 22-67.
千田篤, 1996. 世界の食糧危機を救った男 稲塚権次郎の生涯[M]. 東京: 家の光協会.
鹿野一厚, 1997. 中部ナイジェリアにおける牧畜フルベの牧畜活動に関する生態人類学的研究[M]// 廣瀬昌平, 若月利之. 西アフリカ·サバンナの生態環境の修復と農村の再生. 東京: 農林統計協会: 298–37.
高橋基樹，2005. アフリカの農業停滞と政府の役割: 革新技術と財政支出の計量分析を中心に[M]// 平野克己. アフリカ経済実証分析. 東京: アジア経済研究所: 69–130.
高橋基樹，2006. アフリカにおける食料問題と政府の役割—マルサス的危機克服のために[J]. 国際開発研究，15: 65–80.
高谷好一，1995. 掛け流し傾斜水田の事例[M]// 渡部忠世. アフリカと熱帯圏の農耕文化. 東京: 大明堂: 124–146.
竹沢尚一郎，1984. アフリカの米[J]. 季刊人類学，15: 66–116.
田崎博之，1989. 水田の登場[M]// 下條信行. 弥生農村の誕生. 東京: 講談社: 53–76.
梅原猛，1996. 新たな文明の創造[M]// 梅原猛，伊東俊太郎，安田喜憲. 講座文明と環境 第一五巻. 東京: 朝倉書店.
ヴァンダナ·シバ，1997. 緑の革命とその暴力[M]. 浜谷喜美子，訳. 東京: 日本経済評論社.
若月利之，1988. 水田農業は西アフリカにおける土壌侵食、農業環境破壊を防止する[J]. 公害研究，18: 20–27.
若月利之，1989. 水田は西アフリカを救えるか[J]. JICA expert，80: 8–16.
若月利之，1995. 内陸小低地における西アフリカ型稲作[M]// 渡部忠世. アフリカと熱帯圏の農耕文化. 東京: 大明堂: 95–123.
若月利之，1997. 地域間比較研究から地域間交流をめざして—西アフリカのサバンナ帯への東北タイ農耕の応用[J]. 地域研究論集，1 (1): 92–109.
若月利之，1999. アジア開発経験及びそのアフリカにおける適用可能性—西アフリカにおけるアジア諸国の水田開発プロジェクトの比較と評価[R]. 東京: FASID開発援助研究セミナー: 16.
若月利之，2002. 西アフリカの農民と共に行う水田作りと里山作りへの招待[EB/OL]. ARDEC，25: 9–18[2008–03–31]. http://www.jiid.or.jp/ardec/ARindex.htm.
若月利之，2003a. 西アフリカにおける自立的展開が可能な小規模谷地田開発[J]. 農業土木学会誌，70 (11): 999–938.
若月利之，2003b. サブサハラ·アフリカの農業·農村開発と日本の役割[J]. 沙漠研究，13 (2): 83–100.

若月利之，2007. 水田エコテクノロジーによる西アフリカ緑の革命実現とアフリカ型里山集水域の創造[R/OL]. 東京：日本学術振興会[2008-03-31]. http://www.Kindi-ecotech.jp/.

若月利之，謝順景，2003. アフリカ稲作開発史[J]. 国際農林業協力，26(3)：17-29.

若月利之，M M BURI，O O FASHOLA，2007. 西アフリカにおける内陸小低地の水田開発研究と普及·開発の間の『死の谷』を如何に克服するか?[J]. 熱帯農業，51 (Extra issue 1)：35-36.

安田喜憲，1996. 森と文明[M]// 梅原猛，伊東俊太郎，安田喜憲. 講座文明と環境 第九巻. 東京：朝倉書店：1-18.

国际开发NGO在肯尼亚中央高地Nyambene地区

——仁人家园的房屋建设支援和还贷现状

石田慎一郎

1 引言

仁人家园(Habitat for Humanity,以下简称为“家园”)是一家非营利的国际性组织,致力于消除全球范围内贫困住房和无家可归的现象。肯尼亚的援助事业始于1982年西部奔戈马地区。

目前(2006年9月),家园以位于内罗毕市西部地区的总部事务所为中心,在国内设立6个管区(Region)开展援助事业(参考图1)。每个管区有多个分部(Affiliate)注册(参考表1)。2006年9月,肯尼亚全国共计有41个分部在推进援助事业,建设实绩迄今已超过2000间。

家园的房屋建设支援事业以尽可能利用当地社会资源为其基本理念,极力排除来自外部的无偿提供。例如,在房屋建设过程中,分部内部成员之间应进行互助。再如,分部中的某一个成员在建造住宅时,其他成员有义务按规定的工作时间(40小时以上)为其提供劳务(称为“人力资产”)。

表1 肯尼亚家园的6个管区及40个分部一览(2006年9月)

管区	Bungoma	Maua	Runyenjes	Kisii	Machakos	Bomet
分部	Ndabarnach	Athiru Gaiti	Kigumo	Kiru	Kaani	Kiptulwa
	Lubokha	Kirindine	Mukuuri	Bigege		Kabusare
	Kimilili	Athimba	Kimuri	Matieko		Chepngaine
	Bungoma	Kanthiari	Thuita	Nyamemiso		Mosop
	Mulembe	Antubochiu	Mufu	Bomwagi		Kaplong
	Katira	Nkinyanga	Kathari	Boronyi		

续表

管区	Bungoma	Maua	Runyenjes	Kisii	Machakos	Bomet
分部	Myanga	Akirangondu Antubetwe	Gichiche Mbiruri Gikuuri	Bonyagatanyi Bonyanchaire Nyanchwa Kegati		

出处:http://www.hfhkenya.or.ke/html/hfhk_affiliates.html(2006年9月6日检索)。

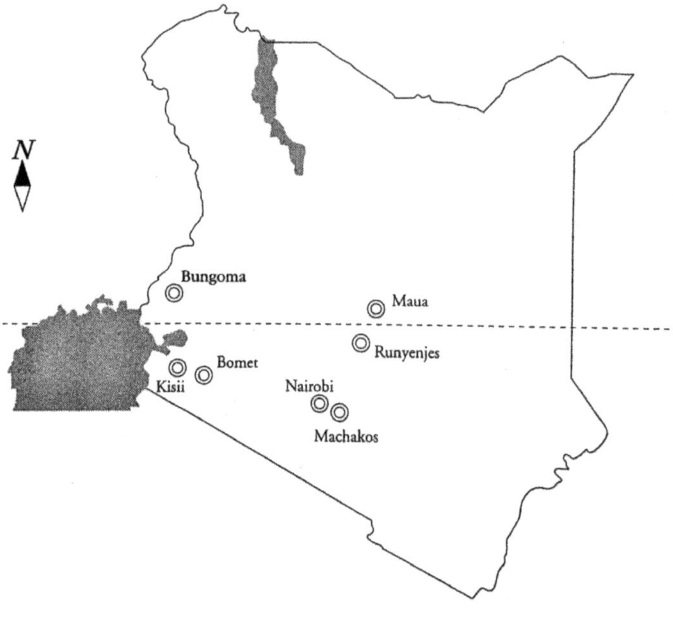

图1 肯尼亚家园的活动区域

此外,房屋建成后,“业主”须按月偿还工程建设总费用。只有保持贷款与还款之间的平衡,才能持续开展建房活动。相反,如果业主拖延还款的例子多起来的话,资金回流(周转基金)的绝对量就会不足,从而导致无法在分部内开展新的建房活动。

各分部接受来自总部的有关建设房屋所需的贷款和事业运作所需的技术指导,制订事业计划书、维持事务所工作秩序、运营还贷窗口,以及财务管理等所有常规业务都由当地志愿者负责实施。同时还可酌情选择受助家庭。可见,这是一个独立性极高的自助组织。

笔者从2001年开始在肯尼亚中央高地Nyambene地区开展社会人类学调查。本文是该地区某一农村的家园援助活动调查报告。正如副标题所示，本文将着重考察家园房屋建设支援事业的贷款支援和还贷现状。因为，这将是研究贷款型小额开发援助等有偿开发援助的现状时颇有意思的一个案例。并且，本文将基于笔者在Nyambene地区农村进行的调查中所取得的成果，揭示家园援助事业的可行性和现阶段的课题。

2 肯尼亚中央高地Nyambene地区

根据2006年9月的行政区划，本文中的“Nyambene地区”相当于梅鲁北县(Meru North District)。梅鲁北县是1993年分割旧梅鲁县后新建的行政县，创建初期的官方名称为Nyambene县(Nyambene District)，之后更名为梅鲁北县。旧称“Nyambene县”源自顶峰海拔高达2500米的Nyambene山脊。

居住在县内的604050人(1999年国情调查)中大部分是母语为梅鲁语的人，即“梅鲁族”(Ameru，Amĩĩrũ)。居住在县西部的人和居住在县东部的人分别被称为Tigania和Igembe(Ĩgembe)，但二者都是梅鲁族的子群。2007年梅鲁北县被分割为“Tigania县”和“Igembe县”(2007年1月19日报纸记载)。

笔者在位于中心城市马乌阿镇东南方向的Igembe东南行政郡(Igembe Southeast Division)开展了有关肯尼亚家园房屋建设支援事业的调查。Igembe东南行政郡从西北方向往东南方向缓慢倾斜，倾斜面延伸至梅鲁国家公园的平原地区。在海拔为1000米以上的高原地区，设有行政机关、教会、小学、露天店铺、常规店铺等，因此很多人都集中在这里。平原地区的人口密度比高原地区低[1]。但是，几乎所有居住在高原地区的家庭，在高原地区和平原地区都拥有耕地，栽培适合各自社会条件和自然环境的农作物。例如，在高原地区优先进行米拉(后述)、咖啡、茶等经济作物的栽培和牛、山羊、绵羊、家禽等家畜的饲养，而在平原地区则优先进行玉米、扁豆、豇豆、小米等自给作物的栽培。为了同时管理扩散在各地的多个耕地，大部分人每天往返于单程5—10千米的平原地区各个田地(Ishida，2007)。

进行肯尼亚Nyambene地区的家园房屋建设支援和还贷现状报告之前，本节将阐述Nyambene地区的房屋状况，Nyambene地区居民的主要现金收入来源——本地产业，尤其是当地特有的经济作物(米拉)产业的特征，以及其他国际开发NGO在Nyambene地区开展的活动等的概要，并介绍其背景知识。

2.1 Nyambene地区的房屋状况

Nyambene地区有着多样的生态环境，从而形成适合各种环境的多样化的住房文化。第一，在以Igembe东南行政郡为首的位于Nyambene山脊东南倾斜面的湿润地区，围绕房屋的篱笆大部分是用肿柄菊（菊科）或马缨丹（马鞭草科）制成的，但在位于西北倾斜面的降水量少的地区，篱笆通常是用大戟（泽漆科）制成的。

第二，由于农业部分的现金收入少，因此，在降水量不足且地质条件也不适合栽培经济作物（后述）的地区，有很多用当地建筑材料建造的传统房屋（图2）。在Igembe东南行政郡的高原地区，笔者虽然只看到了一间，但了解到在北方的恩贾行政郡（Nyambene山脊西北倾斜面）还有很多此类房屋。

图2 传统房屋（恩贾行政郡）

第三，位于Igembe东南行政郡南部的湿润平原地区有种叫Kiringo的建在树上的传统房屋。这是其特有的建筑风格。该地区的小米栽培繁盛且离野生动物栖息圈较近，人们为了看守收割前的小米（利用益鸟防治害虫）和躲避大象、犀牛、大型食肉动物等危险的野生动物，在树上修建了房屋。

第四，房屋建筑材料发生了变化。目前在Igembe东南行政郡常用作建筑材料的树种是银桦(山龙眼科)。但在过去当地居民喜欢用当地特有的树种,例如用于壁板和柱材的Newtonia Buchananii、用于门的Cordia Africana、用于抗白蚁蛀蚀的Bridelia Micrantha等。现在为了维持生物多样性和保护环境,政府严令禁止对特有树种进行采伐。当地居民种植银桦等外物种用于建筑材料。此外,虽然现在不多见,但当时人们还利用在梅鲁中心县生产的石材和在当地采集的自然石等修建了石制房屋。

第五,房屋样式也发生了变化。目前在Igembe东南行政郡,一个家庭的典型房屋结构是除了可供夫妇及年幼的孩子使用的房间,还有厨房、待嫁女儿居住的闺房、完成割礼的儿子居住的房间。这种居住样式反映了多年来的社会变化。一些房屋还保留着比较古老的结构,例如妻子就寝的房间内设有厨房,丈夫单独拥有自己的小房间,等等。

2.2 Nyambene地区的本地产业

20世纪60年代,咖啡作为Nyambene地区的经济作物被广泛种植(Bernard,1972:118-121)。直到80年代,大部分家庭都仍然在种植咖啡。但到了80年代末,由于市场价格低迷,许多人失去了继续种植咖啡的积极性。取而代之的是咀嚼嗜好品“米拉”[2](Miraa)。到了90年代,米拉开始慢慢取代在同一植被带栽培的咖啡。

如今,米拉产业中除了生产部门,加工、流通等部门也都相当发达,尤其是在加工部门催生出很多临时工。清晨6点到7点之间,米拉生产者收割米拉,并在7点到8点之间,在各地的公共广场出售给当地的中间商。之后中间商在广场周边的作坊(图3)组织开展摘叶(从瑞枝摘除叶子)、捆包等的流水式加工作业,在上午11点,最晚在中午之前搬运到马乌阿郊外的停车场,交给索马里批发商。

在米拉的产地,人们几乎每天都在经营作坊。当地居民,尤其是未婚男性、未婚女性(包括单身母亲在内)是加工作业的主要劳动力。一般来说,旱季米拉产量低,雨季则产量高。因此,雨季更容易出现员工荒问题。作坊的工作报酬也非常可观,即便在属于淡季的10月份,从早8点工作到上午11点也能赚到150先令(1先令≈1.6日元)左右。对于小学生、未婚女性、已婚男女来说,他们并不希望在喟叹四起又带有土腥味的作坊里从事不稳定且不熟练的工作,但人们完全没有重视米拉栽培工作的生产者问题。重视高等教育和正规雇佣的具有社会价值的人不喜欢加工部门的不稳定性及流通部门的投机性[3],经常会讽刺整个米拉产业是“伪商业”。

图3 米拉捆包作坊

目前,米拉产业只有在肯尼亚的Nyambene地区得到大规模发展。不仅如此,Nyambene地区的米拉产业已成为生产、加工、流通等所有部门的重要收入来源。进行小规模栽培的当地农民、作坊的临时工、在生产和流通中赚得巨额财富的实业家等,都在各自经营"米拉商业"。

此外,米拉产业形成的大量现金流具有刺激地区经济其他部门的正面作用。这是因为米拉产业中赚取的现金不仅可以激活地区社会的消费,各种捆包材料(香蕉、葛郁金等)及空房和空地等只用于米拉产业的设施还可以成为买卖对象。

2.3 Nyambene地区的开发援助

家园开展了贷款型小额援助事业,主要对个人的房屋建设进行援助。与此相比,其他国际开发NGO的肯尼亚计划(Plan Kenya,以下简称"计划")则基于涉及多个领域的综合研究,开展了不以特定的个人为对象的大规模无偿援助事业。而且,该计划规定的活动年限也和家园不同。

从20世纪80年代初开始,各机构根据该计划在Nyambene地区实施了援助事业。到目前为止,开展的活动涉及供水事业、道路整修、学校建设(图4)、农业技术支援、收养事业等许多方面。如今供水事业占据较大比重,但最初的中心是收养事业,目标是在援助方和受援方之间建构面对面的关系。Igembe东南行政郡过去也是接受援助的对象，很多人在小学时期收到过海外“养父母”的信件和文具等礼物。开展活动之初，由于来自海外的开发援助比较罕见，以及“foster parent”（养父母）这个词具有的独特语感，据说在当地居民中引起了各种误会。

图4 在肯尼亚计划的援助下建成的校舍（马乌阿镇近郊）

在肯尼亚计划的援助下，Igembe东南行政郡的配水管网得到了整修。来自水源地的干净的水供给到各个地区，使各地环境卫生方面有了质的提升和飞跃，并减轻了汲水和搬运的负担，灌溉耕地也变得更加容易了。因此，配水管网的设置得到了当地居民的高度评价。

在Nyambene地区，目前除了家园和计划等总部设在欧美国家的国际NGO之外，还有很多民间团体。例如，从1993年开始在马乌阿镇开展活动的残疾人支援中心（Maua Disabled Centre Self Help Group），通过自主筹款、欧洲委员会援助的肯尼亚政府官方基金（Community Development Trust Fund），以及来自英国和德国卫理公会的资金援助，积极推进了促进残疾人经济独立的事业。该支援中心以2006年竣工的多用途会馆（图5）为基地，目前已进入修鞋、定制家具、服饰业等工作的最后准备阶段。

图5　残疾人支援中心的多用途会馆(马乌阿镇)

3　Nyambene地区的肯尼亚家园

在Nyambene地区的马乌阿管区事务所所管辖的8个分部(参考表1),目前正在开展家园的房屋建设支援事业。2006年1月,管区事务所借用了位于马乌阿镇中心地区的一间混居公寓(法律事务所等入驻的办公大楼),从家园总部派来的3名"外派干事"在此办公。马乌阿管区事务所所管辖的8个分部作为独立性极高的自助组织开展活动,从维持事务所工作秩序到运营还贷窗口,再到财务管理,所有常规业务都由当地志愿者承担。管区事务所的外派干事对管区内的8个分部是否有效推进支援事业、资金是否良好运转等进行指导和监督,同时辅助开展房屋建设所需的技术研修和顺利还贷所需的研修(第6节)等工作。

3.1　分部认定流程

对房屋建设支援事业感兴趣的团体(民间自助组织)被正式认定为家园的分部所需的流程大致如下(Habitat for Humanity Kenya,2002)。

①家园对候选地开展事业的可行性进行评估。

②外派干事对将成为支援事业窗口的团体(以下称"对象团体")开展事前调查,最终由总部指定对象团体。

③对象团体在外派干事的指导下(举办研究会,以下同),制订事业计划书(参考3.3)[4],并向总部提交。

④对象团体为了建造第一个房屋,开始自筹资金(募捐)。

⑤对象团体挑选第一个接受房屋建设支援的3组对象家庭[5]。

⑥对象家庭做好修建厕所[6]的准备,并准备应由自己供应的建筑材料(后述)。然后,支付首付款,并在贷款合同上签字。

⑦对象团体选择木匠及建材供应商,并向总部汇报预算。然后,购买建筑材料,并与对象家庭和木匠一起施工(厕所和房屋)。

⑧对象团体在合同书和誓约书上签字,并分别提交给肯尼亚总部和国际总部。然后,将竣工的房屋及纪念品——圣经(梅鲁语版)赠送给对象家庭。

⑨业主开始还贷,对象团体向总部提交财务报告。家园总部将对象团体正式认定为分部。

3.2 Athiru Gaiti分部概要

Athiru Gaiti分部是经过上述流程第一个在马乌阿管区内开展活动的团体。笔者对该分部进行了集中调查。1996年(支援事业的第一年度)至2006年1月(为撰写本文进行调查时),在Athiru Gaiti分部内建设的家园房屋的数量如表2所示(表2包含的还贷实绩数据,将在第6节进行详述)。

如表2所示,开展事业的第一年度(1996年),在整个分部共有28间房屋竣工。Athiru Gaiti分部第一个家园房屋是在1996年2月24日完工的。简单比较的话,1997年和1998年的业绩是第一年度的一半,但这两年都是以平均每个月1间的速度进行房屋建设,从这一点来看可以说进展较顺利。

表2 Athiru Gaiti分部年度实绩(1996—2005年)

年度	建设实绩(间数)	还清贷款人数	未还清贷款人数	延迟还贷人数
1996	28	13	15	13
1997	15	4	11	6
1998	12	3	9	7
1999	9	0	9	2
2000	2	0	2	1

家园房屋有大、中、小3种楼面标准规格，业主可根据家庭结构和收入多寡来选择。根据1999年6月23日发布的公告(Athiru Gaiti分部)，每种房屋建设所需的标准经费如表3所示。其中，24英尺×14英尺的规格后来变更为24英尺×15英尺的规格。

该经费中未包含木材(银桦)和用作混凝土地板的碎石(石碴)的费用。这是因为在受助对象的田地里有时就能找到这些材料。即使受助对象想购买这些应在当地准备的材料，也一概不给予贷款。关于经费的明细，正如Athiru Gaiti分部发布的标准经费一览(表4)所示。在柱材、桁架、横材、壁板、小割板等项目中填写的经费是使用动力锯进行切断加工时所需的费用。表4的经费一览中未包含修建厕所的费用。

依靠家园的支援开展的房屋建设，以尽量充分利用在当地就可以获取到的资源为原则。例如，已备好钉子和沙子等必要的材料时，经费总额就会少于标准经费。反之，没能在附近找到建房所需的木材，而需从外地采购时，运输费将成为贷款支援的对象，因此在预算额中会添加运输费。此外，在2001年发布该一览表时，水泥的零售价格和现在不同。因此，每次开始着手建房阶段，都要制订个别预算表。表5是具体案例，该表是由业主按手印，并由分部批准的预算表。

比较表4(标准经费一览)和表5(预算表)就会发现，预算表没包含带铁、防湿层、门及窗框等材料费用。这一点表明，业主无须得到家园的贷款援助也能够自行准备这些材料。此外，预算表中标有2种类型的水泥价格。这一点表明，不是一次性运送所需的全部材料，而是在一定时间内一点点供应，在此期内水泥价格有所上涨。

表3　木制房屋的标准规格及建设经费(1999年6月)

标准规格(地板尺寸)	建设经费
24英尺×14英尺	47338先令
18英尺×14英尺	37666先令
18英尺×12英尺	32845先令

表4 木制房屋(24英尺×15英尺)的标准经费一览(2001年9月)

材料	单位	数量	单价	小计
水泥	袋	25	550	13750
沙子	吨	4.5	900	4050
柱材(3英寸×2英寸)	英尺	600	3.5	2310
桁架、横材(尺寸同上)	英尺	505	3.5	1768
壁板(8英寸×1英寸)	英尺	1755	3.5	6143
小割板(2英寸×1英寸)	英尺	1470	1.5	2205
防湿层(DPC)	卷	1	900	900
杀虫剂(白蚁防治)	升	0.25	2600	650
带铁(Hoop Iron)	千克	2	70	140
镀锌铁皮(3米)	张	22	390	8580
柱帽(大梁部分)		5	95	475
钉子(木材用)	千克	18	50	900
钉子(镀锌铁皮用)	千克	2	120	240
门(玄关)		1	400	400
门(室内)		2	250	500
窗框材料		4	150	600
材料费总计				43610
劳务费				7600
材料运输费(根据需要进行合计)				—
合同制订费用(法律事务所)				300
总计				51510

另外,上述合计中已附加10%的事务手续费。

婚、已婚的区别),米拉产业的各个部门出现了劳动分化的现象。就叶鞘的销售部门来说,中老年女性独占鳌头。如本文2.2中所述,叶鞘的捆儿是在米拉产业中首次被商品化,成为交易对象的资源。米拉的需求在不断增加,和产业发展形成正比。但至少在Igembe东南行政郡是没有听说过上了年纪的男性和年轻女性也在销售米拉的例子。

珍妮特·吉彻彻把每天早晨的叶鞘销售作为其主要收入来源。与此相比,下面将要讲述的业主则通过其他方式来获取收入,并还清了贷款。

5.2 玛格丽特·卡莉(Margaret Kalki)——案例二

玛格丽特·卡莉(女性,出生于1945年)的家园房屋是Athiru Gaiti分部的第34个房屋,于1997年3月31日完工,面积为18英尺×14英尺,即3个规格中的中号木制房屋。她和上述的珍妮特·吉彻彻一样也还清了贷款。玛格丽特·卡莉是夫妻双方都健在,而玛格丽特·卡莉在家园房屋动工时就已是寡妇。她丈夫在过去12年间经常出入医院,并于1995年9月去世。2006年1月采访她时,她的7个孩子(4个女儿和3个儿子)中的2个小儿子(分别出生于1979年和1992年)还是未婚。

玛格丽特·卡莉建造18英尺×14英尺规格的木制房屋时,从家园获得的建筑材料如表6所示。

表6 木制房屋(18英尺×14英尺)的建筑材料一览(1997年4月1日)

材料	单位	数量	单价	小计
水泥	袋	10	430	4300
水泥	袋	3	450	1350
沙子	吨	6.75	960	6480
柱材、桁架、横材	英尺	296	3.5	1036
壁板	英尺	1204	3.5	4214
小割板	英尺	1120	1.7	1904
杀虫剂(白蚁防治)	升	0.2		180
镀锌铁皮	张	16		
柱帽(大梁部分)		4		
钉子(镀锌铁皮用)	千克	2		

*和表4、表5一样,木材费用中只包含使用动力锯进行切断时产生的加工费用。

她保管的文件中对由家园支援的材料种类和数量做了明确记录。但是,对所需的经费则未进行完整记录,因此,不如表5(理查德·喀布尔的预算表)中记载的明细那样清晰明了。1997年3月12日支付首付款1800先令后的贷款额相当于75袋水泥,当时每袋水泥的价格是450先令。可见房屋建设中得到家园支援的金额(450先令×75袋+首付款1800先令)约35550先令(包含所有费用及10%的事务手续费)。此外,这笔金额中并没有包含带铁、防湿层、门和窗框等她自己另外采购的建筑材料的费用。

玛格丽特·卡莉于1997年4月10日还清了第一期贷款(当时是水泥1袋=450先令),并于81个月后的2004年1月被授予证明还清贷款的"房屋所有权证"。但是,正如在珍妮特·吉彻彻的案例中提到的那样,"产权证书"的填发日期和实际还清贷款的日期不同,从还清贷款到颁发产权证书,还需要几个月时间,所以她还贷(水泥指标是75袋)所需的时间少于81个月。

表7是对玛格丽特·卡莉所保管的65张发票(还贷后开具的发票)(图9)进行整理分析的结果。通过此表能够了解她是如何将还贷坚持到底的。

图9 还贷后开具的发票

表7中缺少2006年4月份至6月份的还贷(3袋水泥)记录是因为找不到这期间的发票。由于她自己记不清了,所以很遗憾玛格丽特·卡莉还清所有贷款的日

期不详。但是，正如前所述，2004年1月颁发了“房屋所有权证”，所以她最迟应该在2003年12月时就已还清了所有贷款。

通过表7弄清了以下两个颇有意思的问题。

①1997—1998年，每个月的贷款分成两笔，每个月偿还2次贷款；从1999年开始是1个月1次。

②1998年以后，每年11月份一次性集中偿还3个月以上的贷款。（用字符底纹强调表中相应部分的还款额。）

表7　玛格丽特·卡莉的还贷实绩

年	月	日	经费项目	支付前余额（水泥指标）	支付额（水泥指标）	实际支付额（现金）	支付后余额（水泥指标）
1997	4	10	4月份	75.0	1.0	450	74.0
1997	4	17	5月份	74.0	0.1	50	73.9
1997	5	15	5月份	73.9	0.4	200	73.5
1997	6	9	5月份+6月份	73.5	0.9	400	72.6
1997	6	10	6月份	72.6	0.1	50	72.5
1997	7	14	6月份+7月份+8月份+9月份	72.5	3.3	1500	69.2
1997	10	2	9月份+10月份	69.2	1.0	450	68.2
1997	11	7	10月份+11月份	68.2	0.6	300	67.6
1997	12	1	11月份+12月份	67.6	1.3	650	66.3
1997	12	22	12月份+1月份	66.3	0.4	200	65.9
1998	1	2	1月份	65.9	0.5	250	65.4
1998	1	23	1月份	65.4	0.4	200	65.0
1998	2	4	2月份	65.0	0.4	200	64.6
1998	2	13	2月份	64.6	0.6	300	64.0
1998	2	23	3月份	64.0	1.0	500	63.0
1998	3	11	4月份	63.0	0.2	100	62.8
1998	3	18	4月份	62.8	0.4	200	62.4

续表

年	月	日	经费项目	支付前余额（水泥指标）	支付额（水泥指标）	实际支付额（现金）	支付后余额（水泥指标）
1998	4	9	4月份	62.4	0.4	200	62.0
1998	5	2	5月份	62.0	0.4	200	61.6
1998	5	8	5月份	61.6	0.6	300	61.0
1998	6	3	6月份	61.0	0.4	200	60.6
1998	6	10	6月份	60.6	0.6	300	60.0
1998	7	8	7月份	60.0	1.0	500	59.0
1998	7	30	8月份	59.0	0.4	200	58.6
1998	8	4	8月份	58.6	0.6	300	58.0
1998	8	14	9月份	58.0	0.4	200	57.6
1998	8	26	9月份	57.6	0.6	300	57.0
1998	9	21	10月份	57.0	0.4	200	56.6
1998	10	21	10月份	56.6	0.6	300	56.0
1998	11	10	11月份+12月份+1月份+2月份+3月份+4月份+5月份+6月份	56.0	8.0	4000	48.0
1999	6	1	7月份	48.0	1.0	500	47.0
1999	6	11	8月份	47.0	1.0	500	46.0
1999	7	9	9月份	46.0	1.0	500	45.0
1999	8	19	10月份+11月份	45.0	2.0	1000	43.0
1999	11	24	12月份+1月份+2月份+3月份+4月份+5月份	43.0	6.0	3000	37.0
2000	3	3	6月份	37.0	1.0	500	36.0
2000	4	12	7月份	36.0	1.0	500	35.0
2000	5	12	8月份	35.0	1.0	500	34.0
2000	7	14	9月份	34.0	1.0	500	33.0

续表

年	月	日	经费项目	支付前余额（水泥指标）	支付额（水泥指标）	实际支付额（现金）	支付后余额（水泥指标）
2000	8	23	10 月份	33.0	0.4	200	32.6
2000	9	27	10 月份	32.6	0.6	300	32.0
2000	11	13	11 月份+12 月份+1 月份	32.0	3.0	1650	29.0
2001	1	22	2 月份	29.0	1.0	550	28.0
2001	2	13	3 月份	28.0	1.0	550	27.0
2001	3	9	4 月份	27.0	1.0	550	26.0
2001	4	30	5 月份	26.0	1.0	550	25.0
2001	6	8	6 月份	25.0	1.0	550	24.0
2001	7	16	7 月份	24.0	1.0	550	23.0
2001	7	31	8 月份	23.0	1.0	550	22.0
2001	8	24	9 月份	22.0	1.0	550	21.0
2001	11	7	10 月份+11 月份+12 月份+1 月份	21.0	4.0	2200	17.0
2002	2	8	2 月份	17.0	1.0	550	16.0
2002	3	4	3 月份	16.0	1.0	550	15.0
2002	5	13	4 月份	15.0	1.0	550	14.0
2002	6	10	5 月份+6 月份	14.0	2.0	1100	12.0
2002	8	15	7 月份	12.0	1.0	550	11.0
2002	9	13	8 月份	11.0	1.0	550	10.0
2002	11	14	9 月份+10 月份+11 月份	10.0	3.0	1650	7.0
2003	1	16	12 月份	7.0	1.0	550	6.0
2003	2	17	1 月份	6.0	1.0	550	5.0
2003	3	14	2 月份	5.0	1.0	550	4.0
2003	5	12	3 月份	4.0	1.0	550	3.0

第一点反映了分部现状的方针转化，即比起按月还贷（1袋水泥），一次性偿还贷款更有利于简化事务处理过程。第二点取决于玛格丽特·卡莉自身的经济状况，而并不是分部要求其11月份一次性集中偿还。

协同组合在所有地陡峭的倾斜地区栽培茶叶，并于每年的11月支付该费用。但是，单凭女性一人既要养育小孩，还要继续还贷，茶叶栽培不足以成为其主要收入来源。20世纪90年代前半期，她利用出售3头成年牛获得的资金在平原地区购买了1英亩的耕地。该土地专门用于自给作物的栽培。于是，她通过承包其他家庭的农活，或通过出售在陡峭的倾斜地区种植的银桦和自家饲养的家畜来偿还每个月的贷款。

玛格丽特·卡莉并未参与米拉栽培和加工作坊的雇佣劳动，或米拉产业所需的材料采购等。其10多年前就在所购买的平原地区1英亩田地里开始了自给作物的间作，米拉的栽培并不是一笔可观的现金收入。

6 延迟还贷

如前所述，家园的支援事业是为世界各地有需要的家庭兴建和复修房屋。在本文2.3中已指出，这一点有别于肯尼亚计划的综合研究。Athiru Gaiti分部以业主为对象开展了农业技术研修，特色是通过增加现金收入来源，提高业主的还贷能力。家园的基本方针是对具有积极性和能力的“生产贫困层”（The Productive Poor）实施支援，并极力排除来自外部的无偿提供。对于家园来说，还贷实绩和房屋建设实绩一样，都是评价整个事业的重要项目。

据笔者所浏览的Athiru Gaiti分部的公告（1999年具体日期不详），1999—2000年，按表8中所示的计划实施了技术研修。

表8　农业技术研修的日程和内容

特别工作组	第1期 1999年6—9月	第2期 1999年10—12月	第3期 2000年1—3月	第4期 2000年4—6月
第1组：园耕技术的近代化	羽衣甘蓝栽培法；马铃薯移栽法	胡萝卜移栽法；马铃薯移栽法	羽衣甘蓝移栽法；马铃薯移栽法	番茄栽培法；马铃薯栽培法
第2组：改善家畜管理方法	山羊围栏的制作方法；象草栽培法	山羊饲养法；无须放牧的牛饲养法	家禽饲养法	鸡蛋销售战略 相互访问和意见交换

续表

特别工作组	第1期 1999年6—9月	第2期 1999年10—12月	第3期 2000年1—3月	第4期 2000年4—6月
第3组: 土壤保护、改善水利法	露台的制作方法	象草移栽法; 植树方法	象草移栽法; 植树方法	象草移栽法; 植树方法; 露台的制作方法

实施这种技术研修,是因为像在第5节中提及的珍妮特·吉彻彻和玛格丽特·卡莉这样按计划进行还贷的业主非常少。如第3节的表2所示,截至2005年12月,98人中有20人(20.41%)还清了贷款,而在2001年之前完工的业主中,延迟还贷的人数达到了30人。

表9是截至2005年12月还未还清贷款的15名业主的信息。这些是在Athiru Gaiti分部于第一年度——1996年所建设的房屋(共计28间)业主中抽取的。其中有14个家庭延迟还贷3年(36个月)以上。在这15个家庭中有4个家庭(E,H,J,O)竣工8年以上且未支付的部分超过了60袋水泥(相当于36000先令)。例如,J家庭换算成水泥的话尚未偿还62.1袋的贷款,O家庭则尚未偿还75.7袋的贷款,而且,2个家庭都延迟还款7年以上。另外,6个家庭(A,D,F,G,L,M)的贷款余额按水泥指标计算的话不足10袋,但并没有马上还清贷款,都延迟还款3年半以上。

表9 延迟还贷人明细(仅限1996年竣工的房屋)

家庭	竣工年月		延迟月数	延迟额 (水泥指标)	2005年12月支付额 (先令)	贷款余额 (水泥指标)
A	1996	2	58	5.9	0	5.9
B	1996	3	65	19.4	0	19.4
C	1996	4	65	14.8	0	14.8
D	1996	5	51	3.2	0	3.2
E	1996	5	77	66.1	0	66.1
F	1996	5	57	3.0	1380	3.0
G	1996	9	53	8.8	0	8.8
H	1996	10	56	18.8	0	66.1
I	1996	10	76	38.4	0	38.4

续表

家庭	竣工年月		延迟月数	延迟额（水泥指标）	2005年12月支付额（先令）	贷款余额（水泥指标）
J	1996	10	91	62.1	0	62.1
K	1996	11	3	3.0	0	16.4
L	1996	11	44	7.6	1200	7.6
M	1996	11	47	6.2	0	6.2
N	1996	12	64	29.1	0	29.1
O	1996	12	85	75.7	1200	75.7

据分部工作人员反映，由于贷款不会产生利息，一些业主尽管有收入也会选择延迟还款。目前，分部开始针对那些没有特殊理由却大规模延迟还款的业主采取法律措施。2005年12月，马乌阿地方法院向2名业主提起了民事诉讼。

7 评价和建议

以上，笔者以肯尼亚中央高地Nyambene地区的一个农村为例，就家园所进行的房屋建设支援事业的现状做了汇报。正如笔者反复指出的那样，家园的支援事业以贷款型的小额开发援助为其特色。通过使受助家庭（业主）承担偿还房屋贷款的义务，极力排除来自外部的无偿提供。根据Nyambene地区的社会经济脉络，笔者将从以下4点对Nyambene地区家园的支援事业给予积极评价。

①将贷款总额换算成水泥指标，把1袋水泥的市场价格作为每月还款额的方法，其构思非常独特，并具有通过浮动制来应对建筑材料市场价格的变动，防止周转基金缩减，持续开展事业的作用。

②实施创收计划和研修不仅可以帮助业主顺利还贷，还可以为提高地区的农业生产力做出贡献。

③女性积极参与到整个事业中。关于分部内的决策机构——运营委员会，在其制订的事业计划书（参考3.3）中加进了性别平等原则，委员会的干事构成也反映了这一点。

④虽然很难根据经验进行对比验证，但家园的房屋建设支援事业等以个人为对象的贷款型小额支援使得贪污的可能性极低。由于每个对象家庭的经费明

细非常清晰,并明确了责任所在,不可能出现用途不明的款项。

最后,作为建议,笔者指出了今后的课题。

在现阶段,家园在农业生产性比较高的地区(Bungoma, Maua, Runyenjes, Kisii, Bomet, Machakos的各管区)开展了支援事业(参考图10)。假如今后在农业生产性较低的干燥地区扩大房屋建设支援事业的话,可能会导致还贷率变得更低。

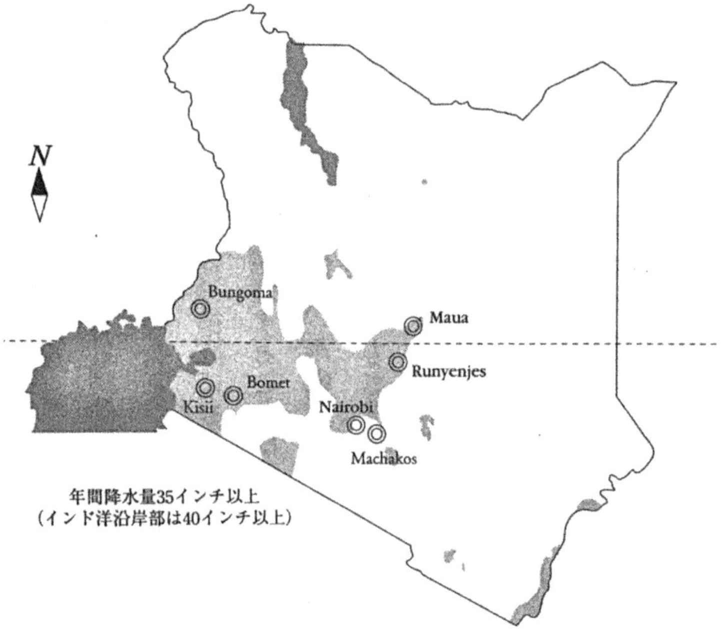

图10 肯尼亚国内农业生产性较高的地区①

(出处:The Survey of Kenya, Kenya: Land Productivity Potential, 1966,有修改。)

在Nyambene地区,米拉产业的生产和加工部门高度发达。由此形成的大量现金流具有刺激地区经济其他部门的正面作用。对Nyambene地区米拉产业的经济意义进行综合性评价时也应包括这一点。此外,Nyambene地区还有茶叶栽培带来的现金收入,从而直接或间接地从经济作物产业获取了用于偿还房屋贷款的现金。

如3.3所述,Athiru Gaiti分部的事业计划书中按家园总部规定,将月收入在

① "年間降水量35インチ以上(インド洋沿岸部は40インチ以上)"的中译文是"年均降水量达35英寸以上(印度洋沿岸地区达40英寸以上)"。(译者注)

2500先令以上12000先令以下的家庭作为支援对象。在Nyambene地区的米拉产地确保2500先令的月收入并不难。如2.2所述，就连没有土地使用权的未婚男女在加工作坊工作1天，也可以获取150先令左右的现金。

尽管如此，在Athiru Gaiti分部许多业主大幅延迟还贷。据此可知，在农业生产性低、没有固定现金收入来源的地区开展相同的房屋建设支援事业时，还贷率恶化的可能性会比Nyambene地区高。此外，家园的基本方针是对具有积极性和有能力的“生产贫困层”实施支援，但假如某个家庭或地区被评定为不可能还贷，从而不被列入支援对象的话，在此提及的所谓“生产贫困层”的范畴将变得非常狭小。

作为针对“劣质”延迟还贷人的应对措施，诉诸法律手段是不得已而为之的办法。但是，作为贷款和偿还的窗口，分部是建立在浓厚的社会关系之上的民间自助组织，按规章催缴欠款本来就很难。或许可以考虑对一些极端低收入家庭和地区进行一定程度上的无偿提供，而对此部分则通过增加人力资产(分部内的相互帮助)的分配额等可代替的选择项来解决。

尽管那样，还是要坚持还贷是家园支援事业的基本原则。实际上，与其强调无偿提供的性质，还不如降低每个月的还款额(仅对此延长还款期限)，同时扩大和有效利用创收计划，并将此发展为通过房屋建设进行的综合性自立支援事业，这样更有助于可持续发展。即在强化还贷能力的基础上，开展提高整体收入的活动的话，面向房屋建设的家园的支援事业实际上具有了改善整体生活的作用。不仅如此，还贷还有另一个社会意义(数据化等，无法用具体形式表示出来)，即本文中提及的还清贷款的业主因其勤劳和诚实，在地区社会中获得了高度评价，并得到邻近居民的深厚信任。

【附注】

本报告是在科学研究经费补助金资助下的部分研究成果。作为科学研究经费补助金[基础研究(B)有关世界开发援助机构和援助活动的文化人类学研究，研究代表：田村克己，国立民族学博物馆教授]的合作研究者，笔者于2005年12月17日至2006年2月6日，在家园总部(内罗毕)、马乌阿管区事务所(梅鲁北县马乌阿町)，以及Athiru Gaiti分部(梅鲁北县Igembe东南行政郡)进行了本报告的基础资料收集工作和采访调查。

【注】

[1]笔者所列举地区的人口密度分别是每平方千米约650人和每平方千米约100人(笔者根据1999年国情调查结果进行了估算)。

[2]在埃塞俄比亚被称作“埃塞俄比亚茶”,在以也门为首的阿拉伯语圈则被称作“也门茶”或“阿拉伯茶”的卫矛科常绿树(学名Catha Edulis)。瑞枝(摘除叶子)从砧木的树枝生长出来,并成长至20厘米左右,咬一下瑞枝略微有清醒大脑的作用。产自Nyambene地区的米拉除了肯尼亚国内主要城市之外,还出口至索马里和英国。据说目前每年光出口到英国的销售额就高达190亿先令(约300亿日元)(Sunday Nation,2005)。

[3]由于要趁新鲜运输到国内外的销售地,应在收割之后的所有阶段做出快速判断。因此,Igembe中间商和索马里批发商经常会面临因判断失误而导致巨额损失的风险。而且,为了快速办理手续,不用书面形式,而是依靠信用契约的方式也导致诈骗等纠纷频发。

[4]分部制订的事业计划书(Operations Manual Workbook)是全国通用的格式。共计18页的事业计划书就分部的组织、运营方法、对象家庭的遴选方法、还贷前首付款的额度、针对延迟还贷人的应对措施等多个项目做了明确规定。

[5]用通过④筹集的资金购买第1号房屋,由家园对其余2个家庭进行资金援助。

[6]家园的房屋建设支援事业规定,在建设房屋前必须修建满足卫生标准的蹲坑式厕所。

[7]1999年以肯尼亚全国6个分部(Kigumo,Athiru Gaiti,Kimuri,Katira,Ndabarnach,Lubokha)为对象进行了评价。没有找到1997年的资料,故这一年情况不详。

[8]2001年5月1日起,Athiru Gaiti的每袋水泥价格从550先令上涨至650先令,并且以分部名义发布通知,呼吁人们尽量在5月1日之前还清贷款。

【参考文献】

英文文献

BERNARD F E, 1972. East of mount Kenya: Meru agriculture in transition [M]. München: Weltforum Verlag.

ISHIDA S, 2007. Contemporary agriculture in Nyambene district[M]// GICHERE

N, S ISHIDA. The Indigenous knowledge of the Ameru of Kenya. Meru: Meru Museum.

Sunday Nation, 2005. Kenya to lose Sh19 billion annually if UK bans "miraa" trade[Z]. Nairobi: Sunday Nation.

Habitat for Humanity Kenya, 2000. Habitat for humanity Kenya's cycle of building houses[R]. Nairobi: Habitat for Humanity Kenya.

Habitat for Humanity Kenya, 2002. Affiliate development model, financial year 2002[R]. Nairobi: Habitat for Humanity Kenya.

Survey of Kenya, 1966. Land productivity potential (Map) [R]// Republic of Kenya. Report of the mission on land consolidation and registration in Kenya 1965-1966. Nairobi: The Government Printer.

日文文献

松園万亀雄, 2005. 東アフリカにおけるグローバル化過程と国民形成に関する地域民族誌的研究（科学研究費補助金成果報告書）[R]. 大阪:国立民族学博物館.

其他引用

Habitat for Humanity Kenya, www.hfhkenya.or.ke（二〇〇六年九月現在）

与希鲁克部族首领昆戈(Kwongo)的对话
——用我们的双手创造和平吧

绳田浩志

1 "人类学家的兴趣"和"当地居民的困惑"之间的"冲突"与"融合"

我在与当地居民的各种互动中发现自己置身于充满惊愕和困惑的世界里。这是因为,我遇到了和之前的想象或预想完全不同的情况,从而深刻认识到"人类学家的兴趣"和"当地居民的困惑"之间存在"冲突"。

目前人类学家感兴趣的领域过于广泛,如何才能正确定义、表达还是个问题。虽不能一概而论,但其试图通过资源利用、饮食文化、社会组织、象征体系等一定范围的框架和特定的切入点,研究人类相关的现象是毋庸置疑的。和过去一样,人类学家前往的地方多为现代社会中与外界社会联系较少的地区。因此,在当地外界人就是"给我们东西的人""为我们做事情的人"这一认识下,我们时常会遇到抱着"给我们东西""为我们做事情"的想法和我们接触的人。笼统地说(虽有些草率,但用一句话表达的话),是在向我们要求"开发""援助""合作"。

对这种情形的应对方法各不相同。既要看要求的内容,也要看对象是谁。而且,既有对于上述内容本身并不太介意的人,也有真挚地接受并为此做出最大努力的人。完全无视或几乎全盘接受的情形或许并不多见。可以说"自己的兴趣"和"对方的困惑"绝不相同,有重叠的部分反而较罕见。尽管如此,如果想在当地继续进行调查,必须在某些方面做出妥协。当然,即便是自己过去感兴趣的领域,在当地亲身经历之后,有时也会偏离原有的兴趣点。不仅如此,对方也会有相似的变化,有时也会自动修正路线。因此,且不论是否有意而为之,人类学家和当地居民之间存在程度之差,双方在某种意义上、战术上进行思想(困惑)的"融合"。

尽管如此,人类学家和当地居民之间的"冲突"与"融合"也没有成为人类学学术论文中阐述和分析的对象。这一点正是"人类学"和"开发"在各种意义上至今仍存在冲突的原因之一。

开始写本文之前，我首先坦白，我并不是在“想开发”的动机下开展当地调查的。驻扎在当地是因为“想做人类学研究”，至今没有一次是因为“想开发”而驻扎在当地。而且，目前为止我没想过“开展人类学研究是为了开发”，也没想过“围绕开发现象开展人类学研究”。但是，想和当地居民一起做事情的意愿很强烈，想与实际从事开发援助的人和以开发为目的的人（并不仅限于研究者，是指广义上的实践者）一起做事情的意愿也很强烈。此外，我试图深入涉及开发和问题解决策略的同时，推进融合调查研究和实践活动的具体项目[1]。

基于此，我（一个人类学学生）开始设法从事“开发”研究，本文将详细阐述发生这一思想变化的契机。本文将采取民族志（Ethnography）的形式，即以民族志的方式叙述我个人的经验，同时展示在与人们（当地居民）的整体关系中形成的情感。

事实上，个人的经验和情感本身很难成为研究成果（学术论文）。此外，人们的意见本身也无法成为研究资料和学术论文。这是因为，研究成果中几乎不用融进研究者个人的情感，也无须写入与研究主题关系不大的当地人的意见。从此意义上来讲，我会自我反省人类学家是不是放弃了当地人怀揣的愿望，学术价值是不是没有被完全挖掘出来。

通过这种尝试，我对自己的社会价值进行了战略性探索。并且，以实际行动实现自己的社会价值和人类学家的社会价值，进而实现人类学的社会价值。

2　与希鲁克部族首领昆戈的对话

2.1　和归乡的民众一起沿着白尼罗河逆流而上

1993年4月，为了记录希鲁克部族[2]新首领的即位仪式，我加入了由苏丹政府的文化信息部组织的派遣队，从而获得了前往苏丹南部的机会。该契机源于一份奇妙的缘分。1991年苏丹国立博物馆的副馆长阿卡莎·穆罕默德·阿里（Akasha Muhammad Ali）受国际交流基金邀请访日的时候，我做了向导。他当时在文化信息部担任管理苏丹南部文化活动的职务。当时因政治问题，欧美研究者和新闻媒体对希鲁克部族首领的即位仪式[3]进行调查或取材的申请全部被拒绝了。但是，我有认识的日本人，所以能和记录派遣队一起在当地进行调查。我当时是苏丹首都喀土穆（Khartoum）大学的研究生。

我们先在首都喀土穆乘坐大型公共汽车，沿着白尼罗河南下至库斯提（Kosti），并在此住了一宿，次日乘坐皮卡货车来到了瓦达科纳（Wadakona）。在那里和管辖希鲁克部族首府所在的法绍达(Fashoda)县的行政长官、政府相关人员,以及时隔好久才归乡的几百名希鲁克民众一起坐上了小型蒸汽船(图1),并沿着白尼罗河逆流而上。那是发生在1993年4月24日清晨的事情。

图1 与归乡的希鲁克民众一起坐上蒸汽船,沿着白尼罗河逆流而上

船沿着白尼罗河缓慢前行。但到了傍晚时分,蒸汽船被困在河中央动弹不得。这是因为船上乘客人数太多了。当我们尝试从沙洲摆脱出来的时候,两个发动机中的一个出现了故障,所有人只能在蒸汽船上过夜。第二天早晨,(工作人员)一边利用另一个发动机一点点改变船的位置和方向,一边则开始修理出现故障的发动机。不知何时才能重新出发。我爬上船顶一看,那里也挤满了人,大部分是苏丹南部的警察,其中有丁卡、努维尔、巴里、希鲁克等部族的人。他们都在认真听广播。为了停止苏丹内战,在尼日利亚首都阿布贾举行了由当事国参加的第二次和平谈判。当时正值谈判进行期间。

有人说:"我们被困在尼罗河的正中心。这一定是因为尼康不想让我们走。"尼康是希鲁克政权的鼻祖,是拥有超人类能力的神格(Juok)和人类的媒介者[4]。到了中午,救援人员终于赶到了现场。他们从最近的城市开来带发动机的小船,推起了我们所乘坐的蒸汽船的一端。上百名乘客不顾被鳄鱼袭击的危险,纷纷跳入河里,帮助蒸汽船从沙洲中挣脱出来。最后,蒸汽船终于成功挣脱(图2)。

(Santino Opun Abel)一起拜访了科多克的镇长——希鲁克的长老。他给我们看了几十年前政府相关人员送给他的用英语书写的希鲁克历代首领列表。他还有用阿拉伯语书写的希鲁克历史书,并对希鲁克历代首领名字和地名做了订正。长老告诉我们这些的时候,另一位年轻的希鲁克人也加入谈话中。作为创建于1989年的希鲁克监督委员会(Shilluk Oversight Committee)识字工程(Shilluk Literacy Project)的成员,他现在在学校做老师,名字叫作伊克维克·帕克万(Nyikwec Pakwan)(图4)。

图4 穿着各式传统服装的希鲁克男性(最右边的是伊克维克·帕克万)

在路上伊克维克给我看了由他执笔的题为《希鲁克的文化仪式》的英文原稿。这是一部详细描述希鲁克各种传统仪式的民族志作品。他还对我说:"我想写一本有关希鲁克首领即位仪式的书。比如'应如何举行即位仪式'之类的。先用我们自己的语言写,使我们的文化遗产得以传承与延续。接下来把这个作品用于教授我们语言的课堂中。因为很多孩子既不识字,也不会写字。我们想使孩子们学会的第一种语言是自己的母语。"他还给我看了其他教材。那本教材我曾经看到过,书中记载了由英国的女性语言学家珍妮丝·雷克利夫(Janice Ratcliffe)等开展的活动,是编写希鲁克语教科书、字母一览表、日历等项目的成果。我曾经拜访过几次雷克利夫。

在当地遇到的两名"受过教育"的希鲁克男性,让我受了很大的刺激。他们非常热衷于用自己的语言记录自己的文化和社会。不仅收集并检查过去由外界人用英语或阿拉伯语书写的资料，还尝试用希鲁克语字母标记法记录即位仪式。这样一来，我开始思考当初来到这里的目的——参加即位仪式，并对此进行记录和分析有何意义。接下来和他们的交流过程中，我发现他们深刻认识到对于他们来说现在是非常重要的时期。他们担心如果不主张文化、社会、语言学的主体性，自身就会毫无存在意义。我还听说了过去的内战导致许多希鲁克人背井离乡的故事。的确，改革希鲁克部族迫在眉睫。

第二天，政府相关人员接到消息称，本要即位的首领宣布此次即位仪式延期。这样一来，大约1个月之后才会有机会举行下一次即位仪式。由于即位仪式无法如期举行，于是所有政府相关人员被安排访问科多克。我决定在全员访问的前一天(5月2日)去科多克看看。科多克是希鲁克部族身处之地，也是部族的首府[6]。

2.2 在希鲁克部族首府——科多克谒见首领

我跟几名希鲁克人及政府官员一起坐上了皮卡货车。货车一驶出科多克小镇，就到了热带草原。非洲的野生动物常年聚集在此。在热带草原车子数次穿过行人走的小路。据一位同行者说，靠近内陆一带人们白天闭门不出，但到了夜里他们会到尼罗河河畔打水，这些路就是这么形成的。当时人们害怕的并不是被野生动物袭击，而是被武装团体盯上。的确，也看不出人们害怕野生动物的迹象。唯一看到的是背着大量的行李前行的几户人家。他们当时和我们同坐一艘船来到了这里。约1个小时的工夫我们驶过了近10个村庄。好不容易到了科多克，这里的房子整整齐齐地排成圆形，非常漂亮。

大家从皮卡货车的货架子上跳下来，坐在了一棵大树下面。那里就是迎接来访者的地方。科多克给我们留下的最直观的印象是，仿佛穿越时空来到了绳文时期的村庄，尤其是房屋样式、陶器形状，以及周密规划成圆形的村落，使我们产生了这种错觉。

负责科多克安全的警卫告诉我们，首领正在睡觉。我们决定等他醒来。我们坐在树荫下聊起了天。突然，旁边的一个男人用手上的像杂志一样的东西拍了下我的胳膊。看到我吃了一惊，他解释道：“刚才落在你胳膊上的大苍蝇很危险。如果被它咬了的话，你就起不来了。”那个大苍蝇就是采采蝇，被它叮咬就会得昏睡性脑炎。即使是同样的苍蝇，大小和其所引发的疾病的严重性有显著差别[7]。

和我们一起来的还有一个丁卡族男人。他也是政府派遣的记录队的一员，还参加过前任首领的葬礼。有过这种经历的他用英语向希鲁克人咨询各种事情。例如，首领的权威、首领女儿的结婚习俗、尼康的崇高威望、首领去世时的情况等。我在一旁听着这些话，可以肯定他们深信前任首领按照习俗也必须被处死，而且实际上他们也是那么做的。[8]

当然，他们也向我提出了问题。我回答说希鲁克部族的传统和日本的天皇制是有可比性的，并围绕天皇作为政治、宗教、社会领袖所具有的历史性特征进行了说明。特别指出，天皇代代传承三种神器，这与希鲁克首领传承各种事物很相似。我还指出，日本的宗教信仰包括佛教、神道、道教等多种。他们虽然很认真地听我讲，但没有我预想中那么感兴趣。与此相比，他们好像更喜欢比较希鲁克首领的女儿被赋予的传统性习俗和基督教的观念。大家从不同立场解读《圣经》，并对此进行了热烈讨论，最后以此结束了聊天。当他们在热烈讨论基督教的教义时，我一个人在反复思考应如何将希鲁克首领和天皇进行比较。

1个小时后，新首领昆戈从家里走了出来。我模仿别人也将双手伸到前面，10个手指着地，赤脚弯着膝盖侧身而坐，并深深鞠了躬。这是谒见首领时希鲁克人应遵守的礼仪，这不禁让我想起了日本女性3根手指着地的坐姿。他从家里出来后庄重而威严地向我们走来。首领身上穿着白色的长袍，系着黑色的腰带，头上戴着毛皮帽子，脚上穿着凉鞋，手上拿着长枪。

首领一坐下来，便用希鲁克语和人们交谈起来。突然，他用流利的英语对我说："欢迎你来到科多克。这里就是我们部族赫赫有名的首府。你大概已经在书本上看到过吧。"然后还允许我拍摄他本人和科多克的风景。

那时已是日落时分，在村中心的空地正好可以看到放牧归来的牛群。那里没有栅栏，到处都是桩子，人们在燃烧牛粪，用来去除苍蝇、蚊子、虫子等（图5）。其中有一个房子上挂着用英语写着"尼康的住宅(Gol Nykang)"的门牌。那个房子的旁边有一棵巨大的树，据说在那棵树下将召开法庭工作会议，首领会与民众面对面进行交流答疑。从那棵树能看到对面小丘上的3间房子。女人正好在唱着歌用泥巴修复土墙。他们告诉我这些房子是首领即位之后的住处（图7）。首领周围有一群保卫他的人，他们脚踝处戴上白色串珠，穿着传统服装，手里拿着现代枪械。这表明，英国殖民地时期后允许首领配备个人警卫。我再次向首领表示祝贺后，便离开了科多克。

次日（5月3日），我和法绍达县长、许多政府相关人员，以及苏雷曼族（Suleim）人一起再次拜访了首领。苏雷曼族是居住在希鲁克部族北侧地区的阿拉伯人群体，主要以放牧骆驼和牛为生。为了参加即位仪式，他们和我们乘坐同一艘船从瓦达科纳出发来到了这里。装饰过的骆驼也从科多克被带到了这里（图6）。

图5 希鲁克部族首府——科多克的中心地区

图6 正在修建希鲁克首领的住所的女人(后方)与希鲁克首领的重臣和孩子们(前方)

图7　为了参加希鲁克首领的即位仪式，牵着骆驼远道而来的拥有阿拉伯血统的苏雷曼族一行

首领和远道而来的各团体交谈时，还不忘记关心饱受蚊子叮咬的我。后来在苏丹通信局(Sudan News Agency)代表的催促下，首领做了个简短的演讲(图8)。他以流利的阿拉伯语开始了演讲。他的即位标志着希鲁克历代首领中，首位除了希鲁克语之外，还会说阿拉伯语和英语的首领正式就任。首领在致完欢迎辞之后，发表了明确的观点和立场(图9)。“这片属于我们的土地渴望和平。如果没有和平，我们所有苏丹人就不可能有发展。希鲁克部族正是为了和平而存在的。在科多克，政府军士兵和反政府军士兵本是同根生。他们既是希鲁克人，同样也是苏丹人。和平并不是来自阿布贾和内罗毕，而是通过我们的努力来实现的，即来自科多克。用我们的双手创造和平吧。”他的演讲深深地打动了我的心。我想当时在场的许多人也和我一样。从他的态度中深切感受到强烈的志向及其背后的真正的行动力(图10)。

从科多克返回时，我发现这回是比来时大很多的大型蒸汽船在等候着我们。这艘船来自位于白尼罗河南边的叫作马拉卡尔(Malakal)的苏丹南部的一个大城市，据说船速非常快。船上坐满了前往北部城市库斯提的希鲁克、丁卡、努维尔等部族的人。由于是大型船舶，所以行驶很顺利。但我总觉得自己的身体状况不是很好，我因全身的倦怠感和低烧而备受煎熬。为了尽早到达喀土穆，我中途在伦克(Renk)下了船，搭上前往库斯提的卡车继续北上。结束约2周的行程，最终到达喀土穆的时间是5月7日。之后,我饱受高烧折磨,还伴随着严重的腹泻。

图8 新首领昆戈和国王专属的警卫人员在科多克迎接前来参加即位仪式的人

图9 在苏丹通信局记者的催促下,进行演讲的新首领昆戈

图10 和有阿拉伯血统的苏雷曼族、苏丹政府相关人员等参加即位仪式的人一起拍摄纪念照的新首领昆戈

2.3 再访科多克

大约1个月之后，为了参加在科多克召开的会议，我加入了由上尼罗河州组织的一个团体。1993年5月20日，我乘坐公共汽车从喀土穆出发。希鲁克的许多知识分子、政府官员，以及由南苏丹人组成的叫作“法绍达爵士乐”的乐团也加入其中。在库斯提我们坐上和上次回来时一样大的船，向马拉卡尔进发(图11)。

图11 往返于白尼罗河的大型船舶和乘坐它前来的政府相关人员

我这次服用了预防疟疾的药物，所以刚开始万万没想到自己会得疟疾[9]。在船上我就感觉头重脚轻，身体很不舒服，但我以为这只是在船上这种恶劣环境下，因疲惫引起的症状。后来我发现身体慢慢开始出现疟疾特有的症状。

我所居住的三等舱住着一户家庭。那户人家有3个小孩。老大是6岁左右的男孩，老二是4岁左右的女孩，最小的是2岁左右的男孩。3个人正分着吃盘子里的面包。哥哥把面包撕成小块放进了弟弟和妹妹的嘴里，姐姐有时也会喂弟弟。看着好像很好吃的样子，他们边吃边笑着。这时最小的弟弟用小手抓起眼前的面包块反过来也想塞进姐姐和哥哥的嘴里。正因为平时都在分享食物，所以就连年幼的孩子也很自然地关心哥哥和姐姐，真令人赞叹。我不知道自己为什么会如此清晰地记着这一幕。他们的父亲劝我喝下一种当地的酒，那是浓烈的亚力酒。但由于状态不佳，醉意马上就开始蔓延了，结果我全吐在了放在旁边当作弟弟厕所的容器里。

5月25日到达科多克的时候，正巧当地刚进入雨季。大约每隔一天就下一场大雨。下完雨后天空就会出现美丽的彩虹，抚慰着我们的心灵(图12)。而天黑后一群萤火虫一闪一闪地在白尼罗河的苏德沼泽(湿地)上空飞来飞去，使我们眼前一亮。但那一刻同样也是容易被一群蚊子袭击的时刻。虽然睡在蚊帐里面，但这无法彻底避免被蚊子叮咬，因为为了上厕所，有时晚上不得不走出蚊帐。从住所出来稍微往尼罗河河岸走过去就是厕所。所谓厕所其实就是把用镀锌铁皮做的板子盖在挖好的坑上面，然后在板子中间挖出一个圆圈而已。在那里上一次厕所，即脱一次裤子的短短几分钟内，我柔软的臀部被就30只左右的蚊子叮得坑坑洼洼的。

图12　希鲁克的房屋和白尼罗河上的彩虹

到达目的地之后又过了几天，即5月28日召开了由上尼罗河州州长、法绍达县县长，以及活跃在各个领域的30多名希鲁克知识分子等参加的会议(图13)。与会者做了很多有关地区发展的报告。参加过尼日利亚阿布贾和平会议的人也做了特别报告，详细介绍了该会议的议题。附带说一下，上尼罗河州州长穆萨·阿尔-马克·库尔·帕皮特(Musa Al-Mak Kur Papite)是希鲁克的伊斯兰教徒，是第33代首领的儿子。他从埃及的大学学成回国后，曾经在苏丹各地的政府相关机构工作。法绍达县县长阿布·贝克·登(Abu Baker Deng)也是希鲁克的伊斯兰教徒，同样也从埃及的大学学成回国后，在苏丹从事过银行职员等工作，目前负责上尼罗河州的政府相关工作。

图13　在科多克召开的有关上尼罗河州开发的会议

会议结束时，希鲁克当地的歌手演唱了祈祷和平的原创歌曲(图14)。

图14　演唱祈祷和平的原创歌曲的希鲁克歌手

“继承祖父的宝座,昆戈即将就任王位/和平即将来到你身边,和平即将来到你的时代/在神灵的保佑下,我们使你清风般就任首领,吹拂大地的南风/神灵赐予我们首领,用来清洗鲜血,他的祖父把首领位置传给了他,使他成为闪烁在大地上的萤火虫,因此我们能够重建自己的村庄/杰出的领主达格·阿坝(Daag Abaa)的儿子啊,用这首歌向您致敬,杰出的领主隆·阿蒙(Long Amon)的儿子昆戈啊,用这首歌向您致敬,隆·阿蒙的儿子啊/阿布贾和内罗毕把我们团结在一起,优秀的首领是和平的象征,穆罕默德·哈利法(Muhammad Khalifa)会坐飞机走吧,在那里会遇见约翰·加朗(John Garang)和拉姆·阿科尔(Lam Akol)吧[10]/请务必统一国家吧,我国的男孩儿们啊,我们是兄弟,请不要扼杀自己,请不要破坏我们的国家/苏丹为逝去的人们哭泣,也为他的儿子们哭泣,我的儿子们在相互残杀,年轻人自己终结了自己的生命/当受到外来侵袭时,如果你们自己终结了自己,那谁还会为大地而战呢?”(根据伊克维克·帕克万用希鲁克语誊写的内容用英语进行翻译)在场的许多人被他的歌声所感动。那一夜,他没穿希鲁克的传统服装,而是穿着北部伊斯兰教徒的普通服装,但与此相比,对其所唱歌词的赞美则成为一个谈不尽的话题。

2.4　与希鲁克首领的对话

我再一次访问了希鲁克部族的首府科多克,并于5月30日终于如愿以偿地与希鲁克首领进行了对话。在这里我将要介绍首领的观点，以及和我一问一答式的对话内容（图15）。撰写这篇短文的最重要的目的在于，传递希鲁克新首领向我及所有日本人，乃至全世界人们发出的信息。

图15 谒见希鲁克首领昆戈，并与其进行对话

首领向我表达了以下观点。“感谢你来到科多克。上次因前任首领（Reth）的葬礼，所以你来的时候很遗憾没能举行即位仪式。你再次来到法绍达，这说明你想了解希鲁克的想法非常强烈。这是好事情。通过此行，希鲁克能被日本社会所了解。换言之，我认为有关文化遗产的交流，对我个人及我们大家来说都非常重要。我们需要了解日本的最新情况。同时，各位日本朋友也需要了解第三世界的情况吧。就希鲁克的传统而言，通过不同的希鲁克人可以了解到各种不同的传统。所以，关于科多克，如果你有特别想问的问题的话，就不要客气，请直说无妨。我来回答吧。希鲁克是在15世纪的1435年，由我们伟大的鼻祖尼康建立的。科多克的南边是朱巴，朱巴对面的托里托附近有个叫作维贾·帕贾（Wij Paj）的地方。所有卢奥（Luwo）人都是从那个地方分裂出来的。有些人去了肯尼亚，有些人去了乌干达，有些人则去了乍得。和许多东非人一样，卢奥族无论身在何处都是受到良好教育且受人尊敬的一群人。我们的祖先也是如此，并在此建立了王国。在那之后，由许多子孙后代和随从人员延续至今。我是第34代首领。你来到我的国家，我无须翻译就能直接回答你的问题实在是太棒了。这很重要，

因为,所谓发展只能是像登梯子一样,一步步前进才能到达想要到达的地方。希鲁克部族的范围从南边的帕布沃贾(Papwojo)扩展到北边的库斯提附近一个叫作迪拉勒·阿萨德维(Dilal Athadhwey)的地方。现在和你在一起的男性就出生在那里。我们希鲁克是由非常多的部族组成的。(我们)可以在近邻关系非常宽容且良好的环境中工作。这里不存在任何问题。我们的社会接受任何一个人,而且任何人都可以来居住。这是因为,这才是世界所需要的。假如你有一个坏兄弟,你就要告诉他什么是好的,什么是坏的。因为,人类总是在知道什么是好的之后,才知道什么是坏的。追溯到多哥(Tugo)首领时期,(你)就会发现他们在各自统治自己的村落。多哥认为我们应该在这里,而不是伊希斯(Isis)。这就是历史性课题。这里虽然是法绍达,但又是英军和法军会合的地方。这是非洲殖民地时期的事情。那时我们的首领为了解决殖民地问题尽到了自己的职责。于是,英军退出,法军建立了法国中央非洲[11]。换言之,希鲁克并不只是旁观者。希鲁克部族的政权体系是Reth即首领拥有包括精神力量在内的所有力量的君主立宪制政权(Constitutional Monarchy)。如果发生什么事情,首领就会尽到军事领导者的责任。虽然他自己不会征战,但会由他来决定部族是否加入战争。基本上不会到此地步。如果到了最后时刻,就由首领来做决定。我们认为战争并不是解决问题的最好办法。战争具有破坏性,现代武器尤其如此。因为,一个男人瞬间就可以毁灭全世界。所以,我们尤其是我个人也认为和平无比重要。只有在和平的环境里我们才能为自己做各种事情。例如,现在我们迎来了短暂的和平,所以实现了一些目标。你是从科多克来到了这里,一路上需要护卫你安全的人吧。如果是在以前,你有可能到不了法绍达。但是,感谢神灵,我们这里一片和平景象。你上次也来过,自己也看到这里的现状了吧。这正是我们所需要的和平。但目前希鲁克的村庄并不都是如此和平的。由于战争,很多地方的现状和这里完全不同。大家纷纷从无法确保安全的地方逃离出来了。人们看到目前的状况后纷纷落泪。因为,再也不会有人追杀你,也不会有人抢夺你的牛和财产。我们希望进一步推进和平事业,希望在其他尚未实现和平的地区也能够实现和平。我认为人们非常需要和平。现在我们到处寻找在当地无法买到的药物。不仅是苏丹,其他战争中的许多国家也无法购买到药物,这是预算失败所导致的。此外,还能看到其他相似的例子。只要实现和平,谁都可以买到药物,可以找到所需要的东西。可以说人本身就是问题的根源所在。1973年在公博尼[12](Comboni)学习的时候,(我)拜读过阿瑟·米勒写的书。我记得他获得过诺贝尔和平奖。那本书叫《我的儿子们》。书中,约翰·凯勒是位工厂主,还有两个名叫赖瑞和克里斯的儿子，其中一个儿子拒绝进公司工作。这是因为，这家公司是在制造杀人的武器。也就是说，因为制造杀人武器这个理由，这个儿子违背了父亲的意愿[13]。我认为世界上所有的人都能成为像他儿子那样的人。这正是希鲁克首领的格言、态度、意见。世界上的人都是他的孩子。希鲁克没有必要自相残杀。正因为这里实现了和平，所以你可以数次来到这里。今后其他所有地方都将变得和这里一样，我们不会自相残杀。我好像大大偏离了你所期待的谈话内容。你是想了解希鲁克的社会背景和历史背景吧。正如开头所说的那样，如果你有什么具体问题的话，不要客气请直说。非常感谢你的到来，我衷心祝愿大家未来的人生更美好，期待我们下次再会。再次感谢大家。”（图16）

图16 精通希鲁克语、英语、阿拉伯语的希鲁克首领昆戈

那天晚上，我和伊克维克·帕克万思考了准备向新首领提出的问题。我准备了3个问题，他准备了2个问题，然后我们用英语把问题写在纸上，并用日语写上自己的名字后交给了首领。第二天早上，首领如实地回答了那些问题。

“下面我来回答大家提出的几个问题吧。第一个问题是：‘就传统和现代化这一点来说，您打算如何发展您的部落？’所有的事情都始于家庭。孩子在幼年时期，父母教育他们注意言行举止。当孩子们长大成人步入社会后，就会去寻找同一辈的朋友。过去的部落不同于现在的部落。但是，首领和希鲁克人民的关系是一样的。就现代化来说,现在的部落和过去不一样。这是因为,现在是和其他部族、其他国家一起迎接现代化的。现如今,发展显得格外重要。在过去,所谓发展无非是指耕种和养牛。但是,现在的发展可以与农耕和畜牧分割开来——发展包含教育。我们明白了教育的重要性,在现代社会尤其如此。教育始于我的前任首领。我用当地的木材等材料重建了学校。这样一来,离这里5—6千米范围内的年轻人就能够上学了。现代化是希鲁克最为关注的事情,但绝不仅是希鲁克一个部落的事情。只要是人类,无论是谁都会对变化持有保守态度。变化不会发生在一夜之间。它将不断持续,最终达到某一级别。

"第二个问题是:'这20年,您和希鲁克人民所面临的重大的问题和严峻的状况是什么?'1983—1989年,我虽然离开了希鲁克,但并非不了解这里所面临的困难是什么。可以说内战前是没有什么困难的事情的。这是因为,前任首领虽然没上过学,但为学校的建设尽心尽力,这就是发展。而且,他同样也为医院的建设尽心尽力,这也是发展。如果人人都接受教育的话,就能够得到帮助。只要实现和平,利用水泵和拖拉机,在希鲁克这片土地上就能够实现更发达的农耕文明。

"第三个问题是:'希鲁克人民最具特色的文化特质是什么?'可以说文化存在于希鲁克。人们把焦点放在文化上,希望能够实现传统文化的现代化。我所说的文化的现代化会在这片土地上扎下根来。只要受过教育的人相互出主意,并保持学习的心态即可。我想大家都参观过瓦达科纳了吧。瓦达科纳是通过自身的努力建起来的小镇。这种自身的努力正是整个希鲁克地区所需要的。并不是说为了发展,每个村庄都要各自努力,而是需要同心协力,相互帮助。有一个名叫'国民路线(青年组)'的组织。国民路线由希鲁克的年轻人组成。只要有可执行的计划,他们就会奔赴各个地方。有几个人是为了建设即位仪式期间访客所住的房屋而来到这里的。没有任何东西阻挡得了渴望做事情的希鲁克人。做事情的是他们自己,而不是其他任何人。科多克不是由某一个村庄的人构成的,他们来自卡卡(Kaka)及汤加(Tonga)等各个地方。各村庄的人都有好几个房子,每个房子都整整齐齐地排列着。在希鲁克人生活的地方,通过他们的努力,可以实现同样的目标。

"接下来的问题是:'在远离尼罗河的希鲁克地区,如何解决饮水问题,有什么计划?'过去所有希鲁克人都居住在尼罗河河畔。但在一些地区,扩大耕地面积后就面临饮用水问题。而且,在尼罗河河畔基本上看不到伤寒和黑热病之类的地方病[14]。实现和平后,希鲁克人就可以买到水泵,然后能够自主开展劳动。

大部分人可以前往森林，也可以按照之前的做法进行耕种。问题是没有挖掘机。

“最后一个问题是：‘1983年内战爆发，战事持续至今，导致整个希鲁克地区的教育体系恶化。关于重新开展教育，尤其是语言教育，您是怎么考虑的？’教育的确陷入了停滞状态，但并不是完全停滞。大部分有孩子的人把孩子托付给住在马拉卡尔的亲戚。但持续接受教育的人应该是少数。例如，据埃及的统计，大部分的孩子都在接受教育。相反，据其他部族的统计，接受教育的孩子不如我们这里多。如果提高安全性，状况就会好转。但是，不应该过分依赖政府。这是由于，政府要在更加广阔的地区做更多的事情，所以不会总以希鲁克地区为优先的。”

2.5 泥沼中的思考

第二天，我和伊克维克他们一起参观了位于邻村的首领正在重建的教育设施。在热带草原大约走了1个小时。由于战争，临时木板房倒塌严重，但在树下学习的孩子和老师们都充满了热情。他们使用的是联合国儿童基金会捐赠的文具（图17、图18）。

回来的路上，伊克维克他们告诉我说，首领从小也受到了良好的教育。即位之前，其曾在位于南部的非希鲁克地区城市波尔（Bor）担任联合银行（Unity Bank）支行行长。这是第一家在苏丹有网点的银行。不仅如此，他还去过埃及，年轻时还投身于苏丹反政府游击队组织的反政府运动。因此，他向我们传递的观点中反映出基于自身经验的卓越见识和对未来的坚定信念。

图17　在科多克邻村开展教育活动

图18　课堂上希鲁克的孩子们使用联合国儿童基金会捐赠的文具,他们在认真听讲

我们还参拜了安葬历代希鲁克首领的圣庙(Kengo)(图19)。从热带草原返回后,我打算马上前往科多克,但因下起了大雨而未能成行。我们决定在法绍达县的城镇再住一晚。由于我是外国人,所以经常会有人向我索取药物。当我不

图19　参拜安葬历代希鲁克国王的圣庙

舒服的时候，也会有人拿各种药物给我。其中有个人给我带来某种植物的根，并告诉我对腹泻和疟疾很有效。但是，周围“受过教育”的人们则认为不会有效果，就直接扔掉。分给我的药物是欧洲人捐赠的马上能见效的抗生素，但我并不了解该药物的服用方法。而且，该药只有说明书上写有的期限内可持续服用的量。服用抗生素后，或许立刻就会见效，但错误的服用方法会对人体造成副作用。从长远来看，反而会损害自己的健康。他们似乎并不明白这一点。我根据自己所掌握的知识，提醒他们应注意这些。

在刚进入雨季的苏丹南部，我通过亲身体验，终于明白了一些事情，那就是这几十年来为什么政府军和反政府军数次相互妥协，但又总是相互背叛，从而再次回到战争状态。一下起雨来，大地的变化超出了我们的想象。马路变得泥泞，导致车子无法向前行驶，因此战争双方不得不休战。有时反政府军占优势，有时政府军夺回阵地，然后开始进行和平谈判，并签署停战协定。当双方以各种形式达成共识后，雨季也就结束了。于是，又到处爆发战争，一切依然如故。

这个时期我的身体状况非常不好。除了发烧和浑身乏力，还伴有严重的腹泻。每隔30分钟我就要去一趟厕所，要走到离家很远的灌木丛树荫下方便。下大雨时就很麻烦，运动鞋不仅很滑，还容易陷到泥里，行走非常不方便。为了防止鞋子陷进泥里，我换了双凉鞋，但这回却是鞋底陷进泥里导致无法抬起脚。我索性赤脚自暴自弃地走了起来。即便如此，仅50米左右的路程还是用了大约15分钟。好不容易回到住处，又想上厕所，这样一来体力变得越来越差了(图20)。

图20　笔者站在刚进入雨季的科多克村庄

我陷进无法摆脱的泥沼,并面临着自己体力上的极限。此时我思考了一些问题。内战之所以能拖这么长时间是各种因素所导致的,其中一个因素就是自然环境。这些是如果没有来到当地并与当地人共同生活,就无法发现的问题。另外,即使是善意的药物,到了基层也有可能使当地人的生活陷入困境。这些或许不光是药物的问题,而是食品、农业机械以及灌溉项目等同样存在的问题。这时,我再次回想起即将成为希鲁克首领的昆戈对我们说过的话。

据报道,2个月之后的1993年7月25日,将举行一系列的即位仪式。通过即位仪式,昆戈正式成为第34代希鲁克首领。有消息称,苏丹总统根据首领的要求,于1993年捐赠了农业用拖拉机、车、榨油机、肥皂制造机等,并以科多克为中心开展了复兴支援活动。作为苏丹南部的安定与发展的典型案例,政府和希鲁克部落的关系被广为知晓。此外,阿拉伯语报纸也对希鲁克部落的政权进行了专题报道[15]。

2.6 被联合国的飞机救援而得以生还

雨停后我回到了科多克。在那里又住了几天,但身体状况每况愈下,基本上卧床不起。据说船舶若要驶回北部,需要1个星期左右的时间。我的体力究竟能不能支撑到那个时候?为了应付这种情况,我从日本带来了蒸煮袋包装的粥,但就连粥我也基本无法咽下。胃只能勉强接受梅干味的食物。伊克维克他们帮我收集了很多信息,通过特别申请我坐上了驶往南部马拉卡尔的军艇。马拉卡尔是苏丹南部的大城市,我认为在那里应该能搭乘飞机。我同几位政府要员一起坐上了那艘船,并和伊克维克道了别。

从长度仅有几十米且和水面几乎相同高度的军艇眺望尼罗河,我发现河景非常宜人。虽然头脑昏昏沉沉,但美丽的景色仍深刻在我脑海里(图21),尤其是穿过芦苇丛的时候,我感觉仿佛穿越到古埃及。这是船在拨开纸莎草丛前进的缘故(图22)。我去过北边的苏丹及埃及的尼罗河河岸。这让我回味起在各个地方看到的尼罗河不同的景色。

图21　白尼罗河河岸的黄昏

图22　拨开白尼罗河的纸莎草丛前进

一到马拉卡尔我就和政府相关人员一起住到了河岸的宾馆。几十位苏丹南部的政府要员前几天参加了在尼日利亚阿布贾召开的和平会议。我记得当时他们在谈论和平会议上提及的争论点等问题，并和当地的人们热烈地讨论着。到了晚上，陪同人员把我带到了挂有红十字的诊所。那里无法进行血液检查，但据说应该是疟疾。比起这个结果,路上看到的野狗更让我无法忘怀。十几只野狗组成一群,并且有好几个这样的野狗群。它们展开了激烈的地盘争夺战。流着血、呻吟着的野狗扭打在一起,只只目光凶残,对敌人拼死决战,白天它们却慌慌张张地躲着人类,孩子们还会朝野狗扔石头。这些野狗中有的被扯掉了耳朵,有的拖着受伤的腿,有的伤痕累累,其中还有只狗看上去像野狗首领。虽然都是狗,但和现代日本的狗大不相同。不知为什么看到狗的这种样子后,我反观了人类的行为。

到了第二天早晨,我勉强能走路了。在陪同人员的带领下我来到了联合国儿童基金会办公室。他们认为那里也许会有药物,此外,他们还帮我联系上了马拉卡尔分局局长。幸运的是这位局长跟苏丹联合国儿童基金会的日本女性职员很熟。我提起在喀土穆帮助过我的事情,对方得知我是她的熟人,就让我在宾馆住了下来。我大致说了下身体状况,他说腹泻很可能是伤寒(Typhoid)导致的,并给了我一些药。他拥有从医资格。按时服药几天后,腹泻便停止了。由于疾病名称是用英语写的,所以当时我并不了解是什么病,后来终于明白自己得的是肠伤寒[16]。知道自己得了伤寒后,我一度以为这是一种非常严重的疾病而情绪低落。也许当时不知道自己得了什么病,反而是件好事。

他认为发热可能是疟疾引起的,就给了我另外一种药。我坚持吃了几天,但没有好转。仿佛天气一样,有种每6小时为1个周期,晴天、阴天、大雨不断袭来的感觉。晴天时,只是浑身乏力,头脑则清醒,随后出现头痛,如同被丝绵紧紧勒住一样,痛得无法忍受。而在下大雨时,全身疼痛加剧,尤其后背一阵剧痛,无法躺在床上,而只能睡在地上。在这一过程中,我在等待某样东西。

那就是不知何时会飞来的飞机。联合国的轻型飞机往返于两地之间,先从首都喀土穆运来援助物资,然后再返回去。由于返回时基本不载任何货物,所以也许会让我搭乘。问题是,虽然通过无线电联系过,但不知道飞机何时能来。据说至少1—2个星期会来一次。为此,状态好的时候我就把椅子搬到房前,焦急地等待着不知何时会来的飞机。我随身携带的短波收音机能断断续续地播放新闻,所以在那种地方也收听过日本的广播电台。现在已不记得是什么小说,但通过收音机听到的日语朗读声,使我有了战胜病魔的勇气。

又过了3天,终于来了一架飞机。联合国儿童基金会工作人员马上开车把我送到了机场。轻型飞机已经降落。我们到达时,货物都已搬运完毕。当地联合国儿童基金会工作人员向欧洲飞行员说明了我的情况,但他只瞅了我零点几秒,最终还是没让我搭乘飞机。他好像并没有在听我们说话。的确,他没理由因为我是外国人，就特别照顾我，让我搭乘联合国的飞机。后来听说，他是给南部战争地区运送物资的轻型飞机专属飞行员，他为自己的工作感到自豪，并致力于自己的本职工作。如果对物资运送目的地的现状和这类恳求都去倾听并解决的话，就没法专心工作了。对于我来说，我无法从记忆中抹去他那一刹那的眼神，无非是因为被他残忍拒绝了。那时，我便深切感受到当地人曾经经历过的无数次此类事情。

联合国儿童基金会工作人员通过无线电向总部反映了我的情况，并尽全力帮助我获得许可。但无线电连接并不顺畅。当我们这边信号好的时候，就经常和他们联系。他们有一名男性工作人员和一名女性工作人员，两人都是南部苏丹人。他们在战争地区困难如山的环境中也全力以赴的身影深深感动了我，使我心中涌现出一股敬佩之情。我从他们那里得知了很多有关战争地区现状的消息，虽然这些不会在新闻中公开报道。在这里，许多欧美NGO工作人员被反政府军绑架，并被要求支付赎金，听说他们的祖国有时还会用食品和武器等和反政府军进行交换。据他们的消息（传言），那时美国海军先遣队已经秘密登陆苏丹南部，好像是在执行索马里军事行动之后的下一个作战任务（后来听说共和党的乔治·H.W.布什没有再次当选总统，向索马里出兵也以失败告终，从而解除了对苏丹的军事介入）。虽然我不能断定这些都属实，但知道了内战地区的一些幕后隐情。

此后过了1个星期，又一架飞机降落了。虽然没有和总部联系，但这次对方允许我搭乘飞机。不知是因为我的样子看上去很严重，还是托了飞行员的福，总之真心感谢这份幸运。和救命恩人——联合国儿童基金会工作人员一一道别后，我便乘上了轻型飞机。我刚要入座时，飞行员大声喊道："你在干什么？不是那里，是在后面。"我刚要坐上去的座位是副驾驶的位置。我的头脑似乎因高烧仍非常不清醒。我记得只有前面4个和后面4个座位。前后座位之间是放置货物的空间。除了我之外没有其他乘客。我坐在前面的座位，飞行员们看着航图驾驶飞机的样子历历在目。然而，最令我印象深刻的是如白尼罗河文字般的"白色"。在午后阳光的照射下，周围从苏德沼泽逐渐变成热带草原和沙漠。河流犹如一条美丽玉带流淌其间。当初如此辛苦地逆白尼罗河而上，但现在乘坐轻型飞机则只需1个小时左右。我非常羡慕生活在这般景色里的人们。

回到首都喀土穆的家，那种踏实感是不能用语言表达的。只是回来之后更麻烦。由于日本大使馆的医务人员正好在休假，所以在联合国儿童基金会日方工作人员和大使馆工作人员的帮助下，我先去了当地医院。经检查并没有发现疟原虫。对于当地人来说,疟疾相当于重感冒而已[17]。医生给我开了药,我发现和在马拉卡尔吃的是同一系列。医生告诉我说,如果按时吃这些药物的话马上就能康复。之后的几天,我静静地等待病情好转。后来,的确感觉好多了,但是,离全面恢复还有相当的距离。

我放心不下,便翻看了从日本带来的有关热带病的书。逐一确认可能会在苏丹得的疾病,查看其症状后我发现自己得的不像疟疾,而更像是另一种疾病——埃博拉出血热。这是臭名昭著的地方病,目前没有治疗方法。大部分人发病后,会在几周内死亡[18]。掐指一算,再过1个星期左右我将会死去。一想到这些,我便哭了起来。我觉得自己对不起父母,打算向他们道歉,还打算向所有关爱我、曾经帮助过我的人们表示感谢。于是,我产生了很强烈的念头——无论如何都不能死在这里,如果死的话就要死在日本。情绪稍微平复一点之后,我咨询了关照过我的日本人,并恳求大使馆的人帮我安排回日本的飞机。他们劝我稍微冷静下来后再确认病情,并给我介绍了美国大使馆的医务人员,还让我做了疟疾检查和其他检查。虽然仍旧没有确诊,但基本认为应该是疟疾,这次医生给我开了一种新药。吃了药之后,身体逐渐从病痛的束缚中解放出来。任何时候疟疾都会制造抗体。我的身体在与疟原虫进行对抗,以前的药物已无法根治这些疟原虫。

回到首都之后我所经历的,与其说是肉体上接近死亡,更像是精神上接近了死亡。此后,病情逐渐好转。即便如此,我还是没有完全恢复元气。让远在日本的各位担心非常抱歉。也有人建议我去埃及等医疗设施更好的地方接受治疗,但我最终还是留在了苏丹。疟疾特别不容易去根,容易反复发作,但总算渡过了难关。

等身体恢复得差不多时,我在位于首都的家里招待了希鲁克的朋友(图23)。虽然未能邀请到首领,但其几位亲信受邀而来,并和我共进了晚餐。后来听说政府的治安当局在监视我们,好像是在怀疑日本人想利用这些担任重要政治职务的希鲁克人。通过这件事情我认识到,即使自己没有任何政治意图,但如果不注意的话,仍容易被人误解。

图23 希鲁克的重臣们到我位于首都喀土穆的家中做客

此外,还发生过这种事情。我在附近的超市买东西时,店主问:“你是不是参加过在苏丹航空国际航班的机舱内播放的节目?”在科多克开会时我确实参加过机内电视采访。和其他苏丹政府相关人员一样,记者也向我提出了有关政治的问题,这时导演让记者问我不同的问题,所以被问:“和日本相比,你觉得苏丹南部怎么样?”记得我当时用阿拉伯语回答说,苏丹南部的人非常优秀,雨水多等气候特点和日本很相似。这段采访好像在自己不知道的地方被用于宣传,即日本研究人员也深入苏丹南部开展研究。

2.7 结语

这是我第一次也是最后一次前往苏丹南部,此后便再也没有机会去了。但在2002年5月29日,我居然收到了来自伊克维克·帕克万的电子邮件。当时我们一起和希鲁克首领进行过对话。据说栗本英世(专门从事苏丹南部地区研究的社会人类学家)在肯尼亚见过他,并告诉他我的邮箱地址。1994年和1996年伊克维克给我当时在苏丹的住址寄过信。1997年他为了接受高等教育去了肯尼亚,并于2001年11月毕业。据说目前在苏丹南部从事开展人道援助活动的工作。上网查看的话,在名叫“法绍达青年论坛(Fashoda Youth Forum)”的NGO团体中就能发现他的名字。

据他说在2002年3月回国时曾谒见过希鲁克首领昆戈,首领还问起我的情况。他告诉首领我应该是在日本,但很久没有联系了。伊克维克在邮件中写道,非常高兴能够再次和我取得联系,也很高兴有机会向首领转告我的近况,从而终于能够履行他与首领的约定了[19]。

3 总结

基于人类学当地调查的民族志的优点在于,了解当地现状和总结存在的问题。据此,即使没来过当地的人也能够了解到,每个问题不再是七零八落,而是紧紧联系在一起,并对此能有一个全面的理解。这是对某个社会的所有课题进行总结,并在当地取得的调查结果和研究成果(和本文中我讲述的轶事差别很大)。

另一方面,民族志也有很多缺点和限制。我想到的是其叙述方式并不简洁。民族志由依赖上下文的案例组成,并以故事形式展开。如果不看全文的话,就很难理解。而且,本文中涉及的是十几年前的内容(本文是极端例子),不能否认从当地调查到总结成研究成果的速度的确很慢。此外,在分析方法上过分依赖一个人的经验和感觉,也会被认为是终归没有脱离“个人执念”的阶段。

对人类学研究的优点和缺点进行分析时,会遇到只有人类学家才能做到的事情是什么及与从事开发的人共同作业时能够主张的专家(Specialist)的存在价值是什么等问题。答案是,能够概括并揭示当地生活的真实情况,以及对当地居民和社会(当然不是全部)问题有所理解(对事物的看法、想法)。我认为人类学家只有在对地区、国家、民族等领域进行统筹管理的同时,不动摇完全依靠当地居民的立场,并把当地的生活前景放在第一位,这样才能主张其有不可被其他专家代替的存在意义。

此外,我认为只有和开发援助的实际业务执行者,人文社会、自然科学等其他领域的研究人员一起从事相关项目和计划开发时,才能够最大限度地发挥人类学家的能力,这是因为保持了“倾听别人话语”的态度。无论对方是当地居民、开发援助的执行者，还是其他领域的科学家，肯定具有不同于自己的想法和信念。我们应和这些“异文化”的人们进行面对面的交流，并共同探索人类向往的更美好的生活。

我之所以想从事与“开发”相关的工作是因为通过肉体上和精神上接近死亡的经验，能够强烈反思自己对这个社会的价值。我希望将保持理性的好奇心和为社会做贡献的想法融合在一起。当问自己想做什么，能做什么时，其结论必然是“开发”中的主体参与。不过，自己能做的事情实在太少，也可想象在当地实际能做的工作极其有限。尽管如此，总结我的心情，仍是“在有生之年做一些只有自己才能做到的事情”。

【注】

[1]目前我在综合地球环境学研究所准备题为“阿拉伯社会的生存生态系研究——为了恢复生活基础”的研究项目。研究目的在于，通过提高生存（生计、生业、生计经济）的连续性来巩固阿拉伯社会的生活基础，由此推进检验干燥地区的人和自然界相互作用的基础研究。为了从重建研究和开发的人力资源网的观点探索研究具体课题的新方法，应建立除了大学和研究机构的研究人员之外，NGO和领事等的开发实践者、国际机构和开发机构等的行政人员，以及在当地承担各种社会责任的居民（族长、技术人员、普通村民等）共同建构的、强化跨行业合作的跨领域研究体制（绳田，2006）。

[2]希鲁克部族位于苏丹南部上尼罗河州的白尼罗河西岸（右岸），向南北方向细长延伸。人口约175000人（1982年）。由于内战持续至今，逃到苏丹北部或在海外沦落为难民维持生计的人也不在少数（平川，1999，2000；Nyaba，2004）。希鲁克语属于尼罗-撒哈拉语系的西尼罗语族，并形成北卢奥方言语族（稗田，1989）。自称是Chollo，后来应该是由此改为希鲁克这个别称（Nyaba，2004）。属于尼罗语族的人被称为尼罗人，以尼罗河流域为中心，横跨苏丹、埃塞俄比亚、扎伊尔、乌干达、肯尼亚、坦桑尼亚而分布在各地。他们有着高大消瘦、手脚长、肤色漆黑等身体特征（栗本，1994）。他们是以高粱、玉米、豆类、芝麻等的栽培为主的农耕民，还饲养牛、山羊、绵羊，狩猎野鸟和河马等大型兽，采集树木果实等，还用小船捕鱼，生计方式多元化。雨季时以高粱等的种植为主，旱季时则主要进行捕鱼。主食是在高粱和玉米的糊里加点水，然后在铁板上面铺上薄薄一层烤制而成的薄烤饼状食物，或将糊揉成

细小的颗粒后用平底锅炒制而成的炒饭状食物,再浇上用鱼、肉、蔬菜一起炖的咸味汤汁,还可以喝用糊酿造的啤酒(平川,1999)。结婚时,牛作为新郎向新娘支付的结婚费用(彩礼)特别受到重视,其数量在10头以内,而在周边的努维尔和丁克则需要几十头。饲养家畜、挤奶、狩猎是男人的工作,农耕则是男女共同从事的工作(松园,1989)。

[3]希鲁克首领即位时,和部族的祖先——神灵般的英雄尼康的灵魂融为一体,据此他将变成神一般的存在。首领去世后尼康的灵魂转至模型,新首领在即位仪式中率领南部军和尼康的模型所率领的北部军开展模拟战斗。新首领被俘虏,尼康的灵魂进入其体内,两军融为一体。通过这种对立和融合的仪式,再现希鲁克部族的统一(小田,1994a;渡边,1994)。前任首领即位时的样子被记录在影像资料中(Chris et al.,1976)。

[4]尼康作为神话里的英雄和建立王国(希鲁克曾是王国,后成为南苏丹的一个部族)的祖先而被广为流传,希鲁克的历代国王(首领)皆是尼康灵魂的化身。尼康被视为和希鲁克的宇宙三领域(天空、大地、河川)及整个宇宙同为一体,同时也是统一和永久的象征,关系到希鲁克的过去、现在和未来。他是拥有超人类能力的神格和人类的媒介者。据说失去肉体后他的灵魂会附于历届国王(首领)身上,并继续保佑着希鲁克。由于尼康的命运象征着希鲁克的命运,如果尼康死去的话,希鲁克就会灭亡。所以人们深信尼康是不死的,其灵魂在历届国王(首领)的体内继续存活下去。作为尼康的化身,国王(首领)不仅能实现希鲁克的繁荣、五谷丰登和安宁,还将整个国家的活力和生命力保存在其体内。他作为希鲁克人们的精神支柱,是不可缺少的存在(出口,1997;平川,2000;井上,1989)。

[5]科多克的旧称是法绍达。1865年建造了穆罕默德·阿里执政时期的埃及军驻地,作为奴隶交易场地发挥着作用,1883—1884年受马赫迪军的支配。1898年法国的马钱德军占领了此地,但由于英国的基奇纳军发动进攻,并主张此地是穆罕默德·阿里执政时期的埃及领土,由此导致两国局势越发紧张。这就是“法绍达事件(Fashoda Incident)”。通过外交协商,法国做出了让步,从该地区撤退,从此该地置于英国和埃及的共同统治下。1904年英法缔结协约,为了抹去“法绍达事件”的记忆,英国将其改名为科多克。苏丹独立后,此地作为上尼罗州地区的重要城市,仍发挥着行政上的作用(京大西洋史辞典编纂会,1983;Mua·Head,1970;冈仓,2001;高野,1985;义井,1988)。

[6]“法绍达事件”标志着围绕非洲殖民地化展开的英法对立进入高峰。通过此

事件，人们了解到“法绍达”这一地名(参考注11)。这是希鲁克首领居住的地方，也是部族的首府。希鲁克部族通过村落里的上级村及司法区里的原住民法庭，维持社会秩序，首领作为法绍达的最高法官，进行审判。首领所在的村落中心有一棵大树。开庭审判当天，村里的所有成年男性都聚集在这棵树下。首领坐在中间，周围坐着村民，呈马蹄形。原告和被告，以及各支援者面对着首领聚集在其左侧，而首领的助手和长老们则聚集在其右侧。每一位出席的人都有发言的机会。首领从他们的讨论中斟酌合适的判决结果和赔偿金额。审判过程是神圣的，从而被人们尊重，判决被称为“Juok之声”。据说如果进行虚伪供述，就会传来Juok(拥有超人类能力的神格)的声音(平川，1999，2000)。

[7]采采蝇传播的疾病是锥体虫导致的昏睡性脑炎(川上，2001；厚生劳动省检疫所，2007)。

[8]首领的身体一旦衰弱，大宇宙的力量之源——自然的生产力也会随之变弱，首领无法控制破坏性力量，从而使国家陷入危险状态。因此，不应该被动地等待首领身体逐渐衰弱，而是人为地把首领作为故人，并由强有力的新首领取代。“杀害首领”就是这种制度和传统(小田，1994b)。许多学者常于“神圣王权”的关系中论及这种制度化的杀害首领。英国的人类学家J.G.弗雷泽(J. G. Frazer)所撰写的《金枝》的主题是，“理解神圣的首领和杀害首领之间的各种观念”。据弗雷泽所述，在旧式社会首领兼具政治权威和宗教权威，因而其存在本身就被认为是神圣的。首领通过神秘的纽带和整个部落紧紧相连，人们认为他的衰老和疾病会给全部落带来衰落、瘟疫及饥饿等灾难。于是，就形成了这一杀害首领的惯例。通过杀害身体衰弱的首领，使充满活力的新首领登基，谋求世界的重生与革新。即使研究人员认为这是虚构的，但对于在此生活的人来说，杀害首领有时将构成现实社会的一部分(渡边，1994)。弗雷泽在《金枝》中，基于C.G.塞利格曼(C. G. Seligman)的报告，将希鲁克作为神圣王权的典型进行了介绍(弗雷泽，1966)。但是，在1948年举行的弗雷泽的演讲中，伊凡·普理查(Evans-Pritchard)就希鲁克是否真的存在杀害首领的习俗提出了质疑。于是，首领主张说，“虽然君临天下，却未能统治”，即虽然在礼节上非常重要，但不享有政治权利。而且，并不是根据其自身的神圣性，而是应在区域间的对立和对抗的社会结构中理解王权。后来，人们认为伊凡·普理查是把弗雷泽的讨论当作一般想象力的产物进行了否定。林哈德(Lienhardt)所认为的希鲁克社会概况也基本沿袭了伊凡·普理查的论

点。西蒙斯(Simonse)指出，位于南部苏丹东南部的尼罗河各社会中，目前还保留着杀害首领的习俗，其各种模式位于弗雷泽式的礼节性杀害和政治性军事政变的两极之间(Evans-Pritchard,1948;弗雷泽,1966;栗本,2004;Lienhardt,1954;Simonse,1992)。

[9]疟疾是疟原虫属的单细胞原虫(三日疟原虫、间日疟原虫、恶性疟原虫、卵形疟原虫)等的单独或复合感染所导致的疾患。疟原虫主要在日落到日出之间，通过疟蚊叮咬吸食患有疟疾的病人的血液来进行传染。疟原虫在红细胞内寄生繁殖，并使红细胞被周期性大量破坏而发病。最常见的症状是发烧和恶寒。发热前出现浑身疲倦、背痛、食欲不振等原因不明的前驱症状。得了恶性疟疾后，如果诊断延迟、治疗不当或治疗不及时可加重病情甚至死亡。抗药性疟疾和能抵抗杀虫剂的蚊子使疟疾的治疗及其控制更加困难。报告称，在苏丹发现了对氯喹有强烈耐药性的恶性疟原虫(川上,2001;厚生劳动省检疫所,2007;广岛县传染性疾病信息中心,2005;日本热带医学协会,1990;WHO,1997)。

[10]指的是，当时在尼日利亚首都阿布贾举行的和平谈判的主要代表。穆罕默德·哈利法是政府代表;约翰·加朗是反政府军——苏丹人民解放军主流派的领袖;拉姆·阿科尔是从苏丹人民解放军主流派分支出来的反主流派的领袖之一，是希鲁克人。关于当时苏丹人民解放军内部分裂状况请参考绳田(2007a)。

[11]指的是“法绍达事件”，标志着围绕非洲殖民地化展开的英法对立进入高峰。英国的纵贯非洲政策(通过以铁路为中心的交通网，把埃及的开罗、南非的好望角、位于二者之间的东非和肯尼亚连接在一起进行开发的政策)和法国的横贯非洲政策(通过交通网，把红海和大西洋连接在一起进行开发的政策)，在位于苏丹南部白尼罗河西岸的法绍达起了冲突。1898年7月10日，从刚果进军的J.B.马钱德(J. B. Marchand)率领的法军宣布占领法绍达。同时也击退了马赫迪军的攻击，到了9月3日，法国和希鲁克首领缔结了9项条约，判定白尼罗河右岸的希鲁克管辖地区为法国的保护领地。同年9月2日，英国的H.H.基奇纳(H. H. Kitchener)在白尼罗河的下游再次成功占领了马赫迪国首都恩图曼。恩图曼位于白尼罗河与青尼罗河的汇合处。基奇纳军得知马钱德军占领法绍达的消息后，急忙逆白尼罗河而上，双方进行了海上会谈。英方主张法绍达是埃及(穆罕默德·阿里执政时期)的领土(1882年在保护领地的名义下，埃及沦落为英国的殖民地)。法国提出了抗议，与

英国的关系越发紧张。但由于其当时与德国处于对立关系，所以法国不希望进一步恶化与英国的关系，因此，外交上做出让步，并决定撤退。同年12月11日，马钱德不得不让出了法绍达，并根据1899年3月达成的协议平息了事件。此后，上尼罗河州地区由英国和埃及共同统治（京大西洋史辞典编纂会，1983；Mua·Head，1970；冈仓，2001；高野，1985；义井，1988）。

[12]丹尼尔·公博尼主教率领罗马天主教会传教团去了苏丹。公博尼是于1929年由丹尼尔·公博尼在喀土穆创建的基督教男子高中（Quinn，2002）。

[13]阿瑟·米勒没有获得过诺贝尔奖。作品中出场人物的名字可能有些不准确，希鲁克首领所提及的作家和作品主要有如下几个。《我的儿子们》（*All My Sons*）可以说是美国20世纪最具代表性的剧作家阿瑟·米勒（1915—2005）在商业方面获得成功的处女作。该剧于1947年首次上映，家庭关系和军事产业的道德伦理构成故事的主要内容。该作品中，约翰·凯勒是制造飞机发动机零件，并将其贩售给军方的军火商，同时也是一位无比爱自己家人的父亲。他有两个儿子，名叫赖瑞和克里斯。但他们有着截然不同的人生观和价值观。赖瑞驾驶战斗机征战到中国后，便杳无音信，而克里斯根据其参战经历，对通过军事产业暴富有着厌恶感。阿瑟·米勒在1949年发表的《销售员之死》（获普利策奖、托尼奖）中也在探究断绝父子关系、个人和家庭与社会的关系，以及人类的尊严等主题。他还是玛丽莲·梦露的前夫（1951—1961）（米勒，1986；Moore，2000）。

[14]黑热病（Kala-azar）又称内脏利什曼病。白蛉叮咬人体时，即可引起感染。人体开始不规则地发热，并出现腹部症状，晚期出现营养不良的症状（川上，2001；厚生劳动省检疫所，2007；Human Rights Watch/Africa，1994）。

[15]请参考Deng（1993）、Salih（1993）及Ahmad（1994）。

[16]肠伤寒是伤寒杆菌引起的急性全身性传染病。潜伏期在7—14天，发病的过程会时常伴随着发热、持续高烧、腹泻等症状。有时还会引起肠道出血（厚生劳动省检疫所，2007；日本热带医学协会，1990）。

[17]在疟疾猖獗的地区常见血液中有变异型红细胞——镰形红细胞的人。镰形红细胞形如镰刀状，易堵塞毛细血管。通过小孔，里面的钾离子流失到外面。如果钾离子流失殆尽，寄生在里面的原虫就无法继续发育为成虫，最终死去，从而导致疟原虫的繁殖力下降，产生抗疟疾的抗体（有坂，2004；川上，2001；高畑，2002）。

[18]埃博拉出血热是由埃博拉病毒（丝状病毒科）感染导致的急性出血性、动物

源性传染病。目前没有有效的抗病毒剂。1967年在苏丹南部发现，1979年也流行过，并于1976年、1977年、1995年在扎伊尔北部流行。人体通常在感染后3周左右发病，据说死亡率为53%—88%(厚生劳动省检疫所，2007；日本热带医学协会，1990)。

[19]打算将本文英语版发表在*Sudan Notes & Records*，以便供苏丹及全世界的人们参考。我有幸获得了在日本的小学、中学、高中及大学的课堂上和面向普通市民的演讲中讲述希鲁克部族之旅的机会。当时我选择的作品是《秃鹰与女孩》(普利策奖获奖作品)。这张照片刊登在中学的英语教科书上，对整个日本社会具有较大影响力(绳田，2007a)。不仅如此，作为时空上距离该照片的拍摄现场最近的日本人，我试图把当地的经验、思索、活动内容直接传递给教育第一线(绳田，2007b)，并探讨孩子们的反应、对话及开展讨论的方式等。通过此举，日本的孩子们会将非洲的饥饿和内战作为切身问题进行主体思考，同时探索其“开发”之策(日本海新闻，2005)。

【参考文献】

英文文献

CHRIS C, PAUL H, WALTER K, et al., 1976. The Shilluk, disappearing world 19[Z]. London: Granada LWT International.

DENG A O, 1993. Reth amends Shilluk local laws[J]. New Horizon, 9: 9.

EVANS-PRITCHARD E E, 1948. The divine kingship of the Shilluk of the Nilotic Sudan[C]// EVANS-PRITCHARD E E. Essays in social anthropology. London: Faber and Faber: 66-86.

Human Rights Watch/Africa, 1994. Civilian devastation: abuses by all parties in the war in Southern Sudan[R]. New York: Human Rights Watch/Africa.

Human Rights Watch/Africa, 1999. Famine in Sudan 1998[R]. New York: Human Rights Watch/Africa.

LIENHARDT G, 1954. The Shilluk of the Upper Nile[M]// DARYLL F. African worlds. London: Oxford University Press: 138-163.

MOORE A, 2000. Studying Arthur Miller's all my sons[EB/OL]. [2008-03-31]. http://www.universalteacher.org.uk/gese/allmysons.htm.

MUHAMMAD A T M, 1994. Allah wa al-Huriyah[J]. al-Multaqi, 1: 4.

NYABA P A, 2004. The making of the Shilluk kingdom: a socio-political synopsis [J]. The Sudan mirror, 1 (8): 15.

QUINN F, 2002. African saints: saints, martyrs, and holy people from the continent of Africa[M]. New York: Crossroads Publishing Company.

SALIH H A A, 1993 Fashoda: a model of stability and development[J]. New horizon, 3: 11.

SIMONSE S, 1992. Kings of Disaster: dualism, centralism and the scapegoat king in Southern Sudan[M]. Leiden: E. J. Brill.

SUDANUPDATE, 2000 .Chronological digest of peace meetings and proposals, 1983-98 [EB / OL]. [2008-03-31]. http://www. sudanupdate. org / REPORTS / PEACE/peace%20inits%201983-2000.htm.

The European-Sudanese Public Affairs Council, 2002. The search for peace in the Sudan: a chronology of the Sudanese peace process 1989-2001 [M]. London: The European-Sudanese Public Affairs Council.

日文文献

有坂忠雄，2004. ゲノムから見た人間と病気[J]. 筑波医療科学，1 (1)：11-13.

アーサー·ミラー，1986. アーサー·ミラー全集 I [M]. 倉橋健，訳. 東京：早川書房.

出口顕，1997. ナイル川世界[M]// 宮本正興，松田素二. 親書アフリカ史. 東京：講談社：149-178.

フレイザー，1966. 金枝篇（二）[M]. 永橋卓介，訳. 東京：岩波書店：230-236.

稗田乃，1989. シルク語[M]// 亀井孝，ほか. 言語学大事典第二巻世界言語編（中）. 東京：三省堂：270-271.

平川智章，1999. 中心に向かう住まい[M]// 佐藤浩司. 住まいはかたる. 東京：学芸出版社：189-210.

平川智章，2000. シルック[M]// 綾部恒雄. 世界民族事典. 東京：弘文堂：236.

広島県感染症情報センター，2005. 医療機関向けの感染情報[R/OL]. 広島：広島県感染症情報センター[2008-03-31]. http://www.pref.hiroshima.jp/hec/hidsc/iryokikan.html.

井上兼行，1989. シルック王国[M]// 伊谷純一郎，ほか. アフリカを知る事典. 東京：平凡社：212.

川上洋一，2001. 世界珍虫図鑑[M]. 上田恭一郎，監修. 東京：人類文化社.

厚生労働省検疫所，2007. 海外旅行者のための感染症情報[EB/OL]. 東京：厚生労働省検疫所[2008-03-31]. http://www.forth.go.jp.

栗本英世，1994. ナイロート[M]// 石川栄吉，ほか. 縮刷版 文化人類学事典. 東京：弘文堂：545-546.

栗本英世，2004. アフリカの神聖王権をめぐる論争[M]// 小松和彦，ほか. 文化人類学文献事典. 東京：弘文堂：717.

京大西洋史辞典編纂会，1983. 新編 西洋史辞典[M]. 改訂増補. 東京：東京創元社：27，28，630.

松園万亀雄，1989. シルック[M]// 伊谷純一郎，ほか. アフリカを知る事典. 東京：平凡社：212.

ムアーヘッド アラン，1970. 白ナイル[M]. 篠田一士，訳. 東京：筑摩書房.

縄田浩志，2006. アラブ社会におけるサブシステンス生態系の研究—生活基盤回復のために[C]// 総合地球環境学研究所. 大学共同利用機関法人 人間文化研究機構 総合地球環境学研究所 要覧二〇〇六. 京都：総合地球環境学研究所：48.

縄田浩志，2007a. スーダンの飢餓·内戦へのまなざし—写真〈ハゲワシと少女〉撮影時の状況を探る[M]// 池谷和信，佐藤廉也，武内進一. 朝倉世界地理講座11巻 アフリカⅠ. 東京：朝倉書店：14-31.

縄田浩志，2007b. 写真〈ハゲワシと少女〉の最も近くにいた日本人[M]// 池谷和信，佐藤廉也，武内進一. 朝倉世界地理講座11巻アフリカⅠ. 東京：朝倉書店：31.

日本海新聞，2005.「生と死」をテーマに授業[N]. 日本海新聞，2005-11-16(2-3).

日本熱帯医学協会，1990. 海外医療ハンドブック 中部アフリカ[M]. 東京：日本熱帯医学協会.

小田亮，1994a. シルック[M]// 石川栄吉，ほか. 縮刷版 文化人類学事典. 東京：弘文堂：373.

小田亮，1994b. 神聖王権divine kingship[M]// 石川栄吉，ほか. 縮刷版 文化人類学事典. 東京：弘文堂：378-379.

岡倉登志，2001. アフリカの歴史：侵略と抵抗の軌跡[M]. 東京：明石書店.

高畑尚之. 2002. 進化から病気を考える 環境依存性が高い人間（三）[EB/OL]. [2008-03-31]. http://elekitel.jp/elekitel/series/2002/02/sr_02_i.htm.

高野清，1985. ファショダ事件[M]// 世界歴史大辞典16. 東京：教育出版センター：214.

渡辺重行，1994. 王殺し[M]// 石川栄吉，ほか. 縮刷版 文化人類学事典. 東京：弘文堂：113-114.

WHO（世界保健機関），1997. 海外旅行と健康：必要な予防接種と健康上のアドバイス[M]. マラリア情報ネットワーク，訳. 東京：法研.

義井博，1988. ファショダ事件[M]// 世界大百科事典24. 東京：平凡社：277.

“非洲的人类开发”相关书目介绍

绳田浩志、石田慎一郎

1 从文化人类学视角推荐的著作和论文(5个)

(1)挂合诚《非洲地区研究和国际协力——传统农业和地区发展》(《亚非地区研究》1,2001年)

作者过去与坦桑尼亚西部和赞比亚北部等地区的火田农民有过密切交往,如今这些农民的生活发生了巨大变化。作者认为,想要多方面深入了解“生活在同时代的非洲”,就要参与到地区发展中去。于是,作者从从事20多年的生态人类学研究迈入国际协作之路。在JICA研究协作事业“米扬博林地的农业生态综合研究”(1994—1997)与索科伊内农业大学地区开发中心的项目型技术协作(1999—2003)中,通过现场主义和当地研究人员一起分析地区农村的真实情况,并在居民的参与下探索与实践基于“传统性”潜力的地区发展计划之路。此外,将焦点放在以恩戈罗农耕方法为核心的传统农业上,恩戈罗农耕方法是把山区斜坡上的草地变成耕地的农耕方法。

(2)重田真义《非洲研究和“开发”——探寻成果丰硕的研究和实践的关系》(《非洲研究》59,2001年)

以前一些研究人员为什么会对干预并参与到有关社会中感到犹豫呢?或者为什么实践者未能成功介入呢?从事研究的人和参加实践的人之间并不是先形成期待和信赖关系,而是仍旧存在相互不信任感。为了使研究和实践成功结合,本文围绕相关课题进行了论述。过去是把通过研究获得的知识和见识有效利用于实践,而作者主张应摆脱这种想法,并指出开发事业逐渐成为当事人和局外人良好的相互交流过程。此外,伊谷纯一郎、河合雅雄、川田顺造、福井胜义、森淳、铃木秀夫等日本的非洲研究者也对国家公园的建设、传统知识和传统技术的调查与发展、教育活动开发史等问题进行了研究。

(3)鹰木惠子《小额贷款文化人类学——面向中东、北非的金融民主化》(世界思想社,2007年)

本书主要以中东、北非地区的马格里布三国(突尼斯、阿尔及利亚、摩洛哥)为例,通过文化人类学的实地调查和文献研究,就小额贷款、小额融资的现状,明确其融资计划的多样化和动态性,尝试从金融民主化的观点进行研究。通过①比较手法(1999年同时期开始实施计划的马格里布三国)、②田野工作的信息收集方法(通过纸质版问卷调查的半结构访谈和开放式访谈的混合使用)、③整体分析(围绕对象的整体把握)等文化人类学的基本研究方法,不仅可以明确把融资跟削减贫困联系在一起的难度与冲突,还可以基于此揭示探究更加现实有效的融资方式和改善措施的线索。结尾处就性别开发及人类、社会开发之间的关系,以及面向金融民主化的日本的国际协作提出了建议。

(4)福井胜义《从文化人类学来看地区开发的现状》(佐藤宽编《援助的社会影响》,亚洲经济研究所,1994年)

为什么文化人类学离不开"地区开发"呢?本文从重视"本地知识"和"本地技术"的重新认识、"个别社会的内在性"的立场进行了论述。这是因为,若想在某些地区扎实推进开发援助,就不能忽视该地区社会长期建构的本地知识体系。任何社会都有其社会规律和生活方式,而我们决不能忘记这些。因此,为了强化援助对象地区和文化人类学这一学术领域之间的契合点,人类学家应发挥更积极的作用,并进一步促进文化人类学家的主体参与。此外,作者在同时期撰写的短文(福井胜义《开发援助中加入哲学因素》,《季刊民族学》63,1993年)中也提出了开发援助的4点建议:①把地区居民放在首位;②有效利用本地的传统知识;③重新审视以国家为单位进行援助的援助活动;④相对承认各固有民族社会。

(5)松园万亀雄《寻求国际协力和人类学的契合点》(《国际协力研究》15(2),1999年)

欧美的援助机构在援助事业实施过程中积极有效地应用人类学(家)的意见。与此相比,日本的JICA和人类学之间几乎没有契合点。文章不仅涉及海外学术调查的制度和环境的变化、人类学研究方法的变化,还涉及JICA事业方针的新进展。同时提出以人类学专业研究生为对象的人才培养建议等,以及面向JICA和人类学之间实质性协同的具体建议。

2 其他著作和论文(按作者姓氏五十音图顺序排列)

(1)青木澄夫著《横渡非洲的日本人》(时事通信社,1993年)

这是一本通过精心收集沉睡在日本的图书馆和旧书店里的第一手资料,追寻明治时期移民到非洲的日本人足迹的著作。从免费周游世界写下第一本日本人非洲游记的中村直吉，曾经到过南非和东非的"唐行小姐"，扎根在开普敦和德班等地的日本商人等的轨迹，描绘出日非关系的开端和近代日本的实态。

(2)青木澄夫著《日本人的非洲"发现"》(山川出版社，2000年)

本书通过丰富的文献资料和插图等，详述从幕府末期到明治、大正、昭和前期为止的日非关系史和交流史。通过非洲研究者、政府开发援助机构和非政府援助机构的相关人员、商务人士等年轻的一代(现代日本人)，了解日本人非洲观的变迁，并追问自身对非洲的态度，促进日本和非洲的交流与关系的新建构。

(3)青柳Machiko编《开发的文化人类学》(古今书院，2000年)

根据小马彻的《吉卜赛吉斯女性自助组合运动和女性婚姻》的介绍，肯尼亚吉卜赛吉斯社会的"女性婚姻"对当事人来说是极具吸引力的选项之一，同时具有符合"女性进步"的积极一面。代表这种见解的文化人类学，通过明确地区固有的规律，帮助诊断开发现象，并提出解决方法。

(4)赤阪贤、日野舜也、宫本正兴编《非洲研究》(世界思想社，1993年)

姆布蒂人和俾格米人在扎伊尔伊图里森林和现代社会的支配性市场经济之间设置了某种缓冲器，并以此防止市场经济的破坏性影响直接波及他们自己的生活和地区生态环境。市川光雄的《环境问题和地区研究》对此进行了评价，并提出有效利用当地的人和物对森林生态环境进行保护的重要性。富永智津子的《非洲女性研究现状》根据传统社会与女性、开发与女性、城市化与女性、宗教与女性等主题描绘出非洲女性研究的示意图。日野舜也的《斯瓦希里社会调查法》介绍了在坦桑尼亚埃亚西湖畔的Mangola采用的和崎洋一调查方法。该调查方法通过建立叫作"Mangolarondo"的私塾式学校，给孩子们提供接受教育的场所。这是走进斯瓦希里社会的一种尝试。

(5)朝日新闻社编《探险与冒险》(朝日新闻社，1972年)

本书介绍了战后到20世纪70年代初期，由日本人组成的探险队和学术调查队。日野舜也在《共同生活在非洲小镇》中讲道："对于年轻的我们来说，与非洲人的生活是真正与笃守礼仪和信义、礼貌待客的人们一起度过的慰藉心灵的生活。我们立刻被其魅力所俘虏。我们应关注日本青年海外协作队的年轻人在非洲所做的工作。在2年的时间里大部分人都学会了当地语言，这一事实告诉我们，他们对待工作的热情度非常之高。从和非洲人共同生活这一主题来看，他们的生活记录中也会包含具有真实性的内容和宝贵的经验教训。"

(6)阿曼口述(彭斯、博迪整理，高野裕美子译)《裸体的阿曼——索马里少女

的故事》(早川书房,1995年)

这是一部关于出生在索马里的17岁少女阿曼(化名)的传记。她虽然伤痕累累,但仍突破种种难关,按照自己的意志坚强地生存下去。她对9岁接受割礼时的感觉和情绪记忆犹新。对于个人而非社会、对于女性而非男性、对于小孩而非大人,以及对于当事人而非局外人来说,所谓"女性割礼"的现实到底为何物?阿曼对这些进行了描述。她主张:"这是我们的文化,是宗教。不同国家的人或许不能理解对方的文化。如果索马里的女性想改变这些,就应通过我们的双手从内部进行改变。……你们可以提出建议,但不要强加于我们。"

(7)荒木美奈子著《女人们的大地——"开发援助"田野记录》(筑地书馆,1992年)

作者在英国的研究生院取得开发学学位后,作为青年海外协作队村落开发普及员被派遣到赞比亚。在这期间,作者对女性村庄的社会生活进行了描写,并对村落开发实践活动进行了考察。"援助'现场'并不华丽。只是每天的工作和生活的延续。喜悦、愤怒、嫉妒、野心、恐惧交织在一起,这一点与日本的日常生活没有区别。在赞比亚的时候是宽松且慢节奏的生活,但随着习惯这里的生活,(我)发现自己在逐渐堕落。从而想通过一点点记录日常生活,重新审视自己和他人。"

(8)池谷和信著《现代牧民——干燥地区的生活》(古今书院,2006年)

本书基于东非、西非、南亚实地调查的地区间比较的视角,描绘出现代牧民的多样的生活状态。在终章"牧民与开发"中,对牧民的多样性和地区规模差异下的开发现状进行了具体阐述。

(9)池谷和信编《地球环境问题的人类学——对自然资源的人道主义冲击》(世界思想社,2003年)

市川光雄指出,围绕热带雨林的破坏进行的讨论使我们对过去把人类活动只当作阻碍因素来考虑的自然保护现状进行了重新认识,并揭示了解地区的森林与人类的总体关系的途径在于文化生态学、历史生态学、政治生态学这三个生态学观点的统一。门村浩强调,针对"荒漠化"所采取的国际性措施中,为了实现社区层面上的土地生产性的改善与修复、土地和水资源的保护与管理等,需要横跨自然科学和人文社会科学的跨学科团队的支援。山极寿一指出,中非的现金经济的普及进一步加剧了对野生动物的猎捕,加之自然保护法遵守情况恶化和内战爆发,出现了非法狩猎大猩猩的现象;他还探索不辜负当地人的希望和期待的有效的保护政策。杉村和彦通过利用自然能源在坦桑尼亚的农村建设小型风力发电站的经验,试图在现代社会中寻求以有效利用地区资源的循环型社会为目标的“低能源”发展之路。

(10)池谷和信、佐藤廉也、武内进一编《朝仓世界地理讲座11 非洲Ⅰ》(朝仓书店,2007年)

岛田周平在《非洲农村的日常环境问题》中,考察了政治经济对荒漠化和破坏森林等环境问题的影响。鹰木惠子在《伊斯兰女性和突尼斯》中,通过与阿拉伯各国和撒哈拉以南非洲各国的比较,论述了突尼斯的女性解放运动、女性政策、女性的经济差距等问题。绳田浩志在《关注苏丹的饥饿与内战》中,以刊登在中学英语教科书上,并对整个日本社会具有较大影响力的一张照片——《秃鹰与女孩》(普利策奖获奖作品)为题材,揭示了当时苏丹“摆在饥饿与儿童面前的现状”。

(11)石弘之著《孩子们的非洲——在“被遗忘的大陆”架起希望之桥》(岩波书店,2005年)

作者作为新闻工作者、联合国职员(联合国环境计划上级顾问)、外交官(赞比亚大使),从事非洲的环境和开发问题研究,并以艾滋病、童工、少年兵、FGM等问题为切入点,刻画出“最弱势群体”——儿童的现实状况。此处,还提醒人们在考虑“应该为非洲做些什么”之前,应先考虑“不应该做什么”。

(12)石井洋子著《开发边远地区的民族志——生活在东非灌溉计划中的人们》(御茶水书房,2007年)

本文在对位于肯尼亚中央地区的姆韦阿灌溉事业区进行长期实态调查的基础上,详细叙述了由上而下的经济开发过程。作者将经济自由化的本地实施和基库尤社会特有的社会网络化等联系在一起,论述了开展民间经济活动的可行性。

(13)伊势﨑贤治著《何谓NGO——来自现场的声音》(藤原书店,1997年)

20世纪80年代后半期,作为国际计划(国际NGO)的职员(当地事务所所长),作者9年间在塞拉利昂、肯尼亚、埃塞俄比亚积累了丰富的实地经验。作者批判性地论述了在现场看到的开发援助实态和援助机构中存在的各种问题。

(14)伊谷纯一郎著《大旱灾——图尔卡纳日记》(新潮社,1982年)

“我与非洲干燥地区宿命般的痼疾不期而遇,从而立志将这些汇成一册。我们是唯一在那种危机局面中和真正游离生死之间的人们一起,在凝视干旱的人地、仰望无情的天空中度过每一天的人类学家。关于旱灾救助,肯尼亚和乌干达的政府自不待言,联合国、欧洲共同体、宗教团体、各国维和部队也参与其中,并且,世界各国发起救助筹款,运送粮食和药物。我回国后也马上诉说了当地的实情,为筹集救助金尽了微薄之力。但我仍然感受到作为一个目睹了那次旱灾的人类学家应有的义务。旱灾退去，救援活动也结束了。但在非洲干燥地区，与痼疾之间的对决并未结束。研究非洲的自然和人类的生活时，无法回避这一问题。”

(15)井上忠司、祖田修、福井胜义编《文化的地平线——来自人类学的挑战》(世界思想社，1994年)

吉田宪司在拜访赞比亚调查村的老友时发现，他们不仅完全掌握了有关艾滋病及其预防方法的知识，还有着与患者“共存”的态度，从而人们看到了战胜艾滋病的希望。过去认为，“他们的逻辑”这一传统观念阻碍了非洲农业的“发展”。重田真义为了摆脱这一观念，在将科学家的合理与不合理、农民的合理与不合理进行相对化处理的同时，探索“能和他们共享价值”之路。

(16)今西锦司、梅棹忠夫编《非洲社会研究》(西村书店，1968年)

这是在20世纪60年代，以坦桑尼亚埃亚西湖畔的Mangola为中心，由京都大学非洲学术调查队“人类班”实施的人文科学和社会科学研究报告。今西锦司在绪论中指出：“在殖民地时期，欧美学者可以在任何自己喜欢的非洲地区自由地进行学术探索，而现在的非洲正时时刻刻发生着变化。任何地方都一样，新独立国家的国家主义不希望把所谓国内落后的一面展现给外国人看。人类学家如果按以往消极的态度只研究落后的一面，没准什么时候会吃闭门羹。今后人类学家需要采取积极的态度也和这种情况有关。总之，我们应充分理解该国政府或普通国民的积极态度，并与其动向保持同一步调，以积极态度开展研究。我衷心希望在不久的将来迎来这一时刻。因为，我希望把我们的非洲研究成果提交给世界任何地方都不会感到羞愧，同时期待它能够成为为了非洲和非洲人进行的非洲研究。”

(17)大塚和夫编《活在当下的人类学——反全球化和伊斯兰世界》(中央公论新社，2002年)

本书从“同时代性”出发探究在21世纪人类学存在的理由。作者以女性参加埃及茶馆和餐厅的工作为题材，研究因伊斯兰社会的“女性解放”、女性的“人权侵犯”而受到人们广泛控诉的“女性生殖器切除”陋习，将焦点放在为了废除该陋习由本地NGO开展的活动上。主要包括，对这种传统文化的内部批判、从“文明化”和“价值开发”的视角进行探讨的“文明的冲突”等。

(18)大塚和夫编《现代阿拉伯伊斯兰世界——在地中海和撒哈拉的夹缝》(世界思想社，2002年)

大塚和夫对埃及和摩洛哥的女性戴面纱所反映出的宗教性和世俗性，女性外出所反映出的男女空间的分离和性别空间的变化进行了论述。鹰木惠子把突尼斯农村地区的女性利用民俗知识和技术从事的手艺活看作获取现金收入的“副业”，并对伊斯兰女性的经济独立、女性进入社会等课题进行了论述。堀内正树介绍了摩洛哥农村社会的传统教育体系——“宗教学校”的重建过程，并指出：“他们是和日本人一样被近代基础建设所包围，并从中获取各种信息的现代人。因此，我们有了能够在此参与策划、共享问题、交换意见的可能性。”

（19）绪方贞子著《纷争与难民——绪方贞子的回忆》（集英社，2006年）

这是在1991年2月至2000年12月末担任过联合国难民事务高级专员的作者所撰写的回忆录（日语版）。本书第3章“非洲大湖地区的危机”详细论述了联合国难民事务高级专员办事处对卢旺达种族大屠杀、难民流失、周边国家治安局势恶化，以及在战争向和平、和解过渡过程中采取的战略。绪方贞子的《我的工作》（草思社，2002年）中收录了其在任高级专员期间发表的随笔、访谈，以及2001年9月发生在美国纽约世界贸易中心的一系列恐怖袭击事件后在哈佛大学进行的演讲等内容。

（20）小川了著《作为可能性的国家志——现代非洲国家的人与宗教》（世界思想社，1998年）

本书基于对塞内加尔的国家与非正式部门诸特征的分析，在相互关联中对国家（公权力）面临的困难和各民族交错杂居的社会进行了描述。作者认为非洲独立后发展不起来是因为，其只是在控诉过去奴隶贸易造成的损失和殖民剥削，而且过分依赖输血式援助，并对此进行了批判。作者还在绪论中提到了A.卡布的《假如非洲拒绝发展?》，该书指出了非洲人自行谋求发展的意识的重要性。

（21）小田英郎编《非洲的21世纪第3卷 非洲的政治与国际关系》（劲草书房，1991年）

千代浦昌道在《国际援助的现状》中，就20世纪80年代之前对非国际援助的现状和课题进行了总结。青木一能在《日本与非洲》中，就20世纪70—80年代的日本对非援助计划进行了概观。

（22）小田英郎编《非洲——通过现代史了解新闻》（自由国民社，1996年）

这是一本能够帮助人们全方位了解非洲的现代课题及其背景的著作。主要分成非洲概况，现代非洲的历史背景，独立与国家建设，结构调整时期，民主化的20世纪90年代，内战、民族纷争、地区纷争，种族问题，政治与宗教，地区合作与地区机构，开发与援助，国际关系中的非洲，现代非洲的课题等几个章节进行讲解。在望月克哉的《开发与援助》中，指出了20世纪90年代之前的结构，在落合雄彦的《现代非洲的课题》中，就粮食问题、人口问题、难民问题、人权问题、艾滋病问题、环境问题等进行了简单总结。

(23)片寄俊秀著《阿俊先生的歌》(朝日新闻社,1963年)

1961年,当时还是工科系研究生的作者毛遂自荐成为京都大学非洲类人猿学术调查队“设营班”队员,被当地的村民称作“阿俊先生(俊旦那)”,并和他们一起为坦噶尼喀湖畔的调查基地的建设出力流汗。本书记载了该项工作的详细经过,是个富有现场感的记录。“非洲正在发生变化。当非洲人拒绝外力引起的变化,而开始通过自己的能力成长时,在他们中间民族和谐将呈强有力的复苏态势。这才是向全世界高调展示非洲和非洲人存在感的格调。”

(24)胜俣诚著《现代非洲入门》(岩波书店,1991年)

本书以北非和西非的原法国领地及南非的案例为中心,就非洲各国从独立之后到现在的政治体制和民主化,部族主义、社会主义、资本主义的关系,贫困地区专项计划,“北部”各国强加于人的开发与援助的含义等进行了全方位论述,并就“非洲应如何以自己的风格开拓自己的未来”提出了疑问。

(25)胜俣诚著《非洲真的贫穷吗?——在西非思考的问题》(朝日选书,1993年)

本书是作者基于1982年末至1998年在西非的所见所闻,面向普通读者叙述现代非洲各国所面临的各种问题的随笔。书中提出了从南北问题或非洲与日本的关系研究削减贫困和开发援助课题的视角。

(26)胜俣诚编《全球化与人类安全保障——行动的市民社会》(日本经济评论社,2001年)

本书根据人类安全保障和市民社会的新作用这一观点编辑而成。重光哲明的《从法国紧急医疗NGO来看人道主义干预》论述了在卢旺达配套实施“无国境医师团”紧急医疗援助和法军军事干预的案例。林达雄的《艾滋病与人类安全保障》批判了医疗商品化和重视专利。胜俣诚的《非洲的人类安全保障》也以艾滋病问题为例,从人类安全保障的观点论述了非洲课题。

(27)上温汤隆著《献给撒哈拉的青春——上温汤隆手记》(时事通信社,1975年)

上温汤隆著《死于撒哈拉——上温汤隆的一生》(时事通信社,1975年)

本系列旅行日记讲述的是1974年22岁的年轻人在单峰骆驼的陪伴下只身挑战横越撒哈拉沙漠的故事。“撒哈拉啊!只要我活着,就会像那不死鸟一样,向你发起无数次挑战。向你坦白。被恐惧笼罩的黑夜里,被你环抱着的深夜里,‘死’这个字在我的脑海里曾浮现过多少次。在一望无际的沙漠里,在没有路、没有人居住的地方，假如与我为伴的骆驼去了另外一个世界……想想都觉得很可怕。但这就是你的魅力！因此，我被你俘虏了。敌忾心熊熊燃烧的心灵上，即使突然出现恐怖乌云，我也会穿过乌云，一步步走向地平线的彼方。我嘟囔着‘所谓冒险就是对可能性的信仰’，将把你征服。一定会征服你！这就是我对你的倾尽所有的爱和友情。”

(28)龟井伸孝著《非洲聋人和手语的历史——拜访A.J.福斯特的“王国”》(明石书店，2006年)

这是一本描写被称为“非洲聋人教育之父”的美国黑人聋人安德里厄·福斯特和他的弟子们建设的“由聋人实施的面向聋人的世界最高级别教育事业”全貌的民族志。摆脱并跨越“你是低开发非洲的残疾人吗？一定很辛苦吧”和“非洲是不是还有尚未发现的手语”等来自周围的两个极端的期待和反应，为了阐明历史法则，向文化人类学、聋人教育、开发政策提出通过聋人自主发明的手语进行的教育及追求幸福的意义。

(29)河合雅雄著《猴子的眼睛 人的眼睛》(平凡社，1980年)

这是由以研究非洲的大猩猩和狮尾狒狒而闻名的灵长类动物学家撰写的随笔集。《对发展中国家的援助》(初版1977年)中指出，活跃在国外的商人缺乏基础知识，是“因为几乎没有机会学习与不同种族交往的方式，以及对其进行了解。解决这一问题的学科就是人类学，但(日本)国立大学居然没有文化人类学的讲座——从这一悲惨现实来看，不能一概抱怨商人没有基础知识”，并明确了人类学对日本社会的重要作用。还写道：“应给予发展中国家什么样的援助，就这一问题我想提一个建议。那就是对教育和文化相关的内容进行无偿援助。”此外，还高度评价了为埃塞俄比亚奥莫国家公园建设派遣生态学专家团的海外协作事业团(现国际协力机构)的工作态度，并指出“希望成为文化援助的一个典型”。同时指出，为提高发展中国家孩子们的教育和文化水平，派遣小学、初中、高中教师的行为还能为培养日本青少年的国际意识做出贡献。

(30)川田顺造编《非洲入门》(新书馆，1999年)

“我们在没有电和自来水的村庄，在与当地村民交往过程中吸入了大量的‘非洲之毒’。从这一立场来看，一元化且僵硬化的开发思想，以及目前全球范围内存在的种种难题中，把非洲之毒当作解药，从根本上解决陷入停滞状态的开发现状，才是目前需要做的事情。日本人被打上‘保持传统的同时，开发成功’的神话烙印。因此，趁非洲之毒被非洲人否定而消失之前，应由我们作为外部催化剂，为了非洲人，更是为了日本人乃至全世界人民更加美好的未来，努力从非洲之毒中吸收有效成分。”本书是由编者的这一问题意识问世，并由27人共同执笔撰写的非洲入门书籍。

（31）川田顺造、上村忠男编《文化的未来 在开发与地球化中思考》（未来社，1997年）

佐藤章在《非洲——政府的权限与个人的生存》中，论述了非洲各国政府如何实现经济发展——这一政府的权限，并试图以此克服现行开发模式中的困难。胜俣诚在《世界中的非洲》中，揭示了非洲各国未能使开发目标覆盖到整个社会这一事实。

（32）川田顺造等编《岩波讲座 开发与文化》（岩波书店，1997—1998年）

小马彻在《现在为何是“开发与文化”》（1997年）中，论述了肯尼亚农牧民社会的开发概念的历史背景和社会文化特征。大塚和夫在《反开发思想》（1997年）中，从价值的普遍性与个性的观点出发，指出了地区居民对苏丹的政治和社会性发展的评价不同于对经济发展的评价。胜俣诚在《开发与民族问题》（1998年）中，以塞内加尔为例，论述了非洲的全球化与经济发展和国家主义之间的关系。青木克己在《地球的环境与开发》（1998年）中，就非洲各国的水资源开发对生态环境的影响，以及由此造成的疾病的传播和流行进行了批判性探讨。铃村博在《人类的未来与开发》（1998年）中，介绍了在尼日尔的音乐活动支援过程中作为海外青年协作队员及联合国支援者的亲身经验。

（33）川端正久著《非洲人民的觉醒——坦噶尼喀民族主义的形成》（法律文化社，2002年）

本书以坦桑尼亚的坦噶尼喀民族主义的形成为例，论述了非洲人民的民族主义。通过此书可以了解由非洲人民组织的民族主义运动是怎样开展的。

（34）川端正久、落合雅彦编《非洲国家再考》（晃洋书房，2006年）

本书围绕被称为非洲文艺复兴的政治民主化、新领导人就职、经济增长、投资与贸易的增长、市民社会的形成、纷争的防止与解决、地区合作的发展进行了探讨，并详细介绍了坦桑尼亚和赞比亚的民主化最新动向。

（35）川那部浩哉监修，堀道雄编《坦噶尼喀湖的鱼儿们——探解多样性之谜》（平凡社，1993年）

本书总结了非洲大地沟地区的坦噶尼喀湖研究团队15年来的研究进展和成果。从1985年开始由JICA和日本学术振兴会共同研究的调查项目也加入其中，每年有数名日本研究人员奔赴当地进行调查。川那部浩哉就自然及野生生物的保护是什么给出了如下答复：“野生生物是在悠长的地球环境历史长河中，在与其他生物及非生物环境的相互作用下逐渐形成的。反过来说，自然是包括人在内的生物与非生物环境在相互作用下形成的总体。它们基本是朝着扩大各个级别的多样性的方向，通过自律慢慢变化而成的。因此，所谓保护无非是这些总体的以及作为总体的保护。"

（36）神户俊平著《热血！！ 动物医生》（白杨社，1991年）

上小学的时候读完摆放在爸爸书柜上的探险日记和冒险故事书后，作者就开始幻想和非洲的俾格米族和芒萨族一起生活。老师布置的作业是："长大了想做什么。"结果作者写了："第一想当兽医，第二想在非洲生活。"在肯尼亚内罗毕的动物孤儿院工作期间，作者成为那里的第一位日本兽医。这是一本面向儿童撰写的图书，用通俗易懂的文字，作者记录了在当地芒萨动物诊所从事兽医工作时的状况。

（37）神户俊平著《话说热带草原——兽医俊平的非洲日记》（时事通信社，1999年）

在"非洲与神户俊平同好会"的支援下，（援助者们）开展了肯尼亚动物孤儿院活动、芒萨牛的采采蝇防治、保护野生动物和环境等各项活动。本书中记录了作者从第一次非洲之旅到之后28年来的活动内容。"想学习生活在正在消失的热带草原的居民的智慧。想在大自然中侧耳倾听动物和植物无声的悲鸣。"

（38）岸上伸启责任编辑"专题 原住民与开发"《民博通信》117：1—17（国立民族学博物馆，2007年）

阅读指南中刊登了岸上伸启的《原住民的开发研究方法与人类学研究》、细川弘明的《开发与土著居民漫谈》、丸山淳子的《既不仅是"开发"，也不仅是"传统"》、井上敏昭的《阿拉斯加的石油开发与原住民》、吉田睦的《西西伯利亚涅涅茨的驯鹿饲养》、贝泽耕一的《居住在沙流川流域的阿伊努民族与河坝建设》。作为非洲的案例，丸山淳子考察了非洲博茨瓦纳中部卡拉哈里禁猎区的圣徒迁徙问题。此外，《民博通信》第112号（2006年）中刊登了由铃木纪责任编辑的《田野开发援助》，文中论述了人类学家能为开发援助活动做出的贡献，但未包含非洲的案例。

（39）北川胜彦编《非洲——超越国民国家的矛盾，朝着共生》（大月书店，1999年）

津山直子结合自身经历对日本NGO在南非实施的开发援助事业现状与课题进行了汇报，藤本义彦围绕援助前提条件之民主化对非洲各国进行了概观，望月克哉对20世纪80年代以后非洲各国的经济危机和经济发展的诸多制约进行了阐述，北川胜彦对非洲各国与主要援助国及国际机构之间的关系进行了概述。

（40）栗田祯子著《近代苏丹的体制改革与民族形成》（大月书店，2001年）

本书是从体制改革与民族形成的视角，对19世纪上半期之后的苏丹共和国近现代史进行论述的历史书。通过探究苏丹的“民族”现状问题，对位于近代社会体系底层的苏丹的社会变容、变革主体的形成，以及体制的成立、维持、变质过程进行了总体概述。据此可以获得了解“南北”内战和“达尔富尔”问题等现代苏丹课题时所不可或缺的视角。

(41)栗本英世著《活在民族纷争中的人们——现代非洲国家与少数派》(世界思想社，1996年)

本书是非洲现代政治和军事纷争的实验性民族志。从苏丹的巴里、埃塞俄比亚的阿努亚克的视角，对民族纷争进行了描述。本书还指出：“巴里和阿努亚克人们在困境中依然为了保持自己的自豪感而努力奋斗。书中表达了笔者对此产生的共鸣与对故友的安抚之情。”

(42)国际开发中心“专题/非洲农村开发”面向开发援助问题实践者的理论信息期刊IDCJFORUM22号(财团法人国际开发中心，2002年)

有着丰富的实践经验的作者，围绕非洲农村开发的基本观点、非洲农村开发方式、参与型农村开发现状、农村开发中政府的作用等问题撰写了10篇论文。其中，田中清文在《从人类学学习，看待非洲社会的视角》中，提出了从人类学中学习了解农村的视角，并将此有效利用到农村调查中的框架。为了摆脱外部调查者引发的知识掠夺等支配与被支配的关系，实施了以当地人为主体进行调查的参与型农村调查方式。但在实际农村调查过程中，存在过于效率主义、时间短、目的性太强等风险。而且，还伴随着外界人代替当地人设置框架，或者当地人受外界人的影响而导致他们迎合外界人进行回答的风险。为了克服这些现实问题，应重视只能通过人类学家长期的参与观察才能发现的因素。应学习非洲人民的历史与文化，建构和非洲人民同一视角看待问题并产生共鸣的关系。此外，还要进行生活经历调查，从而做到虽然效率低，但能够认真倾听人们的谈话。

(43)国际协力事业团编《撒哈拉以南非洲各国的基础教育现状与日本教育援助的可行性——报告书》(国际协力综合研修所，1997年)

1996年(DAC新闻发布战略)，日本从以高等教育、职业训练为中心的教育支援转移到对基础教育(初等、中等教育)领域的支援，进而表明了在教育援助领域重视非洲等的立场。本书是在这种动向的背景下编写的关于1996年6月至1997年9月举办的研究会的成果报告书，是用于日本对非教育援助的“基础研究资料”。除了JICA专家之外，人类学家也参加了该研究会。书中除了总论之外，还收录了《国别教育概要》《日本教育支援概要》《文献与数据库一览》。

(44)国际协力事业团编《撒哈拉以南非洲各国农业开发协力现状基础研究》(国际协力综合研修所,1997年)

独立后的非洲各国虽然把重点放在工业化上,却忽视了出口经济作物之外的农业部门。本书对此进行了反省。本书是关于1996年7月至1997年8月举办的研究会的成果报告书,是“今后研究对非农业开发协作现状时的基础资料”。

(45)湖中真哉著《畜牧二重经济人类学——肯尼亚桑布鲁民族志研究》(世界思想社,2006年)

本书基于对肯尼亚中北部桑布鲁社会进行的长期人类学调查,分析了20世纪90年代地区经济中的家畜市场、家畜商、家庭经济的案例,揭示了以独有方式将市场经济和生计经济组成一个整体——“畜牧二重经济”的现状。作为桑布鲁社会“有关开发政策的建议”,在结论部分论述了切合“畜牧二重经济”实态这一内发性发展的开发计划。

(46)小堀岩著《撒哈拉沙漠——为干燥的国度寻求水源》(中央公论社,1962年)

作者1961年勘察撒哈拉沙漠的绿洲后,记录了水利体系暗渠、椰枣农业及当地人生活。作者在本书中生动细致地描绘了与政府高官、学者、村民等各种人的相遇和谈话中形成的不同交往方式。在阿尔及利亚中部初次遇到从事农业指导的朝觐青年时发生了一些小插曲。从那以后作者与他们持续了近半个世纪的交流,为传统水资源管理暗渠的记录与保护、撒哈拉沙漠绿洲社会的发展竭尽全力。

(47)小堀岩著《干燥地区的水利体系——暗渠的形成与发展》(大明堂,1996年)

这是一本根据40多年来在撒哈拉沙漠的绿洲、西亚、中国、阿拉伯半岛等国家和地区进行的实地调查和比较研究,揭示干燥地区的暗渠(因地区不同被称为Karez,Khottara,Foggara等)水利体系的起源、分布、灌溉技术的特色及与水资源管理的关系等的著作。“哪怕是本书中记载的普通调查研究的一部分成果也要还原给当地,并以此报答当地人。我时常考虑,研究者应以此为目标,至今仍在撒哈拉沙漠的绿洲等地艰苦奋斗着。在此意义上,我想今后趁身体还能动时,在实地调查的基础上,进一步深化研究,并进行总结。”

(48)坂本达著《实现梦想》(三起商行株式会社,2001年)

坂本达著《挖水井》(三起商行株式会社,2006年)

入社不到4年,却享有入社4年以上的带薪休假,跑遍55000千米,终于实现了小学时“骑自行车环游世界”的梦想。在几内亚得了疟疾和赤痢时,受到当地村民无私的照顾才得以保住性命，从而明白“人类不是独居的，而是群居的”的道理。作者将本书的版税作为资金来源，为几内亚农村的救命恩人实施了“报恩项目”——兴建水井。水井竣工时，恩人说：“托了阿达的福，我们村里终于有了水井，非常感谢你。其实最让我们开心的是，阿达没有忘记我们，每年都会记得来看我们。”此外，作者还开展了向全国儿童分享经验的演讲活动——“日本纵贯梦想之桥梁计划”。

(49)泽村信英编《非洲的开发与教育——以人类安全保障为目标的国际教育协力》(明石书店，2003年)

编者在教育开发领域，围绕人类开发中具有代表性的研究之一——人类安全保障进行了讨论，并出版了该论文集。据编者说，20世纪60年代非洲各国对整个开发过程有着较好的预期，并积极推进教育普及工作。但从20世纪70年代中期开始，经济低迷导致了教育开发处于停滞状态。本书介绍了20世纪90年代以后，在重视教育的趋势下，在马拉维、南非、加纳、肯尼亚等国家和地区实施的教育支援的具体案例。此外，对科特迪瓦、加纳、尼日利亚、肯尼亚、坦桑尼亚、赞比亚、津巴布韦、南非等国家的教育开发相关课题进行了概述。

(50)泽村信英著《非洲的教育开发与国际协力》(明石书店，2007年)

作者曾经是青年海外协作队员(马拉维数理科教师)和国际协力事业团(现国际协力机构)职员，现担任大学教员一职。为了对国际教育协作的研究与实践做贡献，作者对非洲的教育开发及国际协作进行了综合分析。本书主要由非洲教育开发与日本教育协作比较研究，非洲四国(加纳、埃塞俄比亚、肯尼亚、赞比亚)教育诸问题案例研究，肯尼亚学校教育开发研究等几个部分组成。

(51)岛田周平著《有效发挥非洲可能性的农民——环境、国家、乡村的生态研究》(京都大学学术出版会，2007年)

参考非洲农村开发的新视角和方法论——政治生态论的同时，对尼日利亚和赞比亚的多个农村进行了比较研究，并结合其宏观分析和微观分析的结果，对在日常生活中“有效发挥可能性的农民”进行了分析。

(52)嶋田义仁著《优雅的非洲——一夫多妻制及伊斯兰王国超越部族的生活》(明石书店，1998年)

本书描述了生活在喀麦隆北部一王国的人们的生活。通过与当地年轻人交往过程中的小插曲，指出“被从事非洲开发与援助的人当作障碍性问题”的“奴隶制、一夫多妻制、传统王权制、伊斯兰、牧民等，从近代价值观来看，背负着负面印象的各种现象”，“存在另外一面和其他理解方式，或许还存在被近代世界所遗忘的、揭示人类社会新的可能性的内容"。

(53)末原达郎著《对于人类来说农业为何物?》(世界思想社,2004年)

作者对刚果某一社会的农业状况开展了持续性实地调查,并分别与法国、日本社会的农业和社会的关系做了比较。同时,围绕对于人类来说食品为何物,农业为何物,何谓在全世界范围内思考农业、农学研究的田野工作方法论等问题进行了论述。

(54)末原达郎编《非洲经济》(世界思想社,1998年)

本书是有关结构调整的图书,包括近几年的情况在内,按国别论述了20世纪80年代以后实施的结构调整政策带给非洲各国的影响。这是一本概论式的书籍。

(55)杉村和彦著《非洲农民的经济》(世界思想社,2004年)

本书基于扎伊尔河中游火田农村的村落社会组织原理、与商品经济的关联、农民经济的双重结构、村落内部农民之间差异化结构、消费结构特征等的案例研究,探讨从属论视角的界限与非洲小农世界的可行性问题。

(56)杉山幸丸著《非洲能重新站起来吗?——探访西非的自然、人类、生活》(春书房,1996年)

灵长类动物学家对西非的野生黑猩猩进行了20多年的实地调查,从而产生非洲"必须发生根本性变化"的想法。作者基于对政治、社会、行政、人类生活的亲身观察,指出应培养脱离中饱私囊的官僚组织,能为建设新国家"超越部族、超越宗教、只为人民竭尽全力"的领袖。还提出,为此需尽快完善教育,并广泛实施。

(57)世界经济调查会编《非洲研究》(世界经济调查会,1961年)

本书终章为"经济开发与援助",此部分介绍了开发计划个别案例的概况、两国之间的援助及世界银行等国际机构实施的援助动向。

(58)高梨和纮编《非洲与亚洲——展望开发与削减贫困》(庆应义塾大学出版会,2006年)

本书通过对非洲的IMF、世界银行政策(坂本浩一)、乌干达城市的粮食供应问题(吉田昌夫)、艾滋病带给农村社会的影响(岛田周平)、塞内加尔开发政策与花生行业动向(胜俣诚)、非洲各国的小额信贷(高梨和纮)等案例的研究,对削减贫困的课题进行了论述。

(59)高根务编《非洲的政治经济变革与农村社会》(亚洲经济研究所,2001年)

本书以卢旺达(武内进一)、南非(佐藤千鹤子)、肯尼亚(津田美羽)、科特迪瓦(佐藤章)、加纳(高根务)、赞比亚(杉山祐子)、埃塞俄比亚(儿玉由佳)、坦桑尼亚(上田元)为例,分析了20世纪90年代发生在非洲各国的各种政治经济变革(结构调整、市场化经济、多党制的引入、纷争与内战引起的政治混乱等)与农村社会的相互关系。

(60)高桥悟著《沙漠啊,快点绿色复苏吧——吉布提共和国10年热战》(东京农业大学出版会,2000年)

东京农大沙漠绿化协会编《吉布提的沙漠绿化100景》(东京农业大学出版会,2000年)

这两本书通过研发符合当地水土的技术,最大限度地发挥当地自然的自我修复能力,逐渐改善沙漠的生态环境,从而确立不依赖海外援助的永久性农业生产方式。这是始于1991年的吉布提共和国沙漠绿化活动与研究的记录。

(61)高桥基树著《非洲的开发合作关系——以部门计划为中心》(国际协力事业团,2001年)

进入20世纪90年代以后,由部门计划(部门援助模式)取代了以往援助方主导的项目支援。本书对这一动向及其历史背景进行了概观。此外,从所有权等方面探讨了现阶段存在的问题。在此基础上指出,援助方和非援助方之间确立协调关系及信息共享、强化非援助方计划担当部门的能力等今后研究的课题。

(62)高村泰雄、重田真义编《非洲农业诸问题》(京都大学学术出版会,1998年)

坂本庆一指出,作为解决非洲农业危机的途径,传统的农业食品生产隐含内发性发展的可能性。他还提出了农业与农村协同组合的组织化、教育的普及、经济发达国家的合理合作(ODA)现状等促进该可能性的条件。重田真义指出,必须打破落后的非洲农业这一近代化论的魔咒,扭转破坏森林的元凶——火田的科学实证主义研究的危机。在此基础上,重田质问重新审视传统农业与传统农作物的意义,试图解释可供科学家和农民相互学习的传统农业科学。过去东非畜牧社会的开发援助因“环境收容力”的概念,导致干燥地区的生态学特征单纯化和一般化,从而造成了各种问题。太田至对此进行了批判性探讨。高村泰雄论述了粮食自给自足之路、以传统农业为基础的农村社会及其变革、种植体系研究与农作物品种改良问题、农村可持续性发展与环境保护并存等通过实地调查查明的非洲农业研究课题。

(63)田口幸子著《喀土穆来信——亲身体验的南北问题》(Simul出版会,1982年)

作者曾在国际协力事业团的青年海外协作队事务局工作,并于1979年,作为首位日本女性联合国开发计划职员到苏丹赴任。本书真实地记录了一年来其以首都喀土穆为中心,从事农业指导、沙漠绿化、难民支援等的事业时,"在现场实际体验过程中想到的事情"。通过本书可以了解当时联合国机构实施的活动、援助合作的实态及苏丹国家的状况。

(64)武内进一编《现代非洲的纷争——历史与主体》(亚洲经济研究所,2001年)

本书以现代非洲的纷争为主题,收录了《20世纪90年代后半期发生在肯尼亚的民族间抗争》(松田素二)、《向多党制过渡后发生在肯尼亚的居民袭击事件》(津田美羽)、《20世纪60年代布隆迪的"种族渊源"与对立》(佐藤章)、《卢旺达历史中的图西族与胡图族》(武内进一)、《利比里亚的市民概念》(真岛一郎)、《苏丹内战中的多样化参与者》(栗本英世)等文章。此外,在卷末收录了联合国秘书长科菲·安南(时任)的《联合国秘书长报告——非洲纷争的诸原因与永久性和平及可持续性发展的推进》文献的解题(原口武彦)。

(65)田中二郎著《最后的狩猎采集民——历史潮流与布须曼》(动物社,1994年)

进入20世纪70年代后,近代化的浪潮向生活在非洲南部卡拉哈里沙漠的狩猎采集民布须曼人涌来。本书将焦点放在那个时期的行为方式与价值观的变化,尤其是定居政策的影响上。在此基础上,作者在不适合进行技术优先的生活改善和经营近代集约式农业、畜牧的当地,作为"当地人利用当地的原材料勤勤恳恳工作的、具有现实意义的方法",建议修建过去所利用的对野生植物进行半旱式栽培的"生态农场"。这是因为,"拥有对动向进行客观观察的冷静视角的同时,也有不得不亲自参与该社会的时候,笔者认为构成这些的正是与这个社会息息相关的研究者的责任"。

(66)田中由美子、大泽真理、伊藤琉璃编著《开发与性别》(国际协力出版会,2002年)

本书是从性别视角介绍国际协作的"开发与女性"、"性别与开发"的框架,以及性别分析、性别评价方法等的概论式书籍。书中包含了由西田良子撰写的《加纳的生殖健康》、由荒木美奈子撰写的《坦桑尼亚乞力马扎罗山的性别与劳动》、由野田直人撰写的《坦桑尼亚的社会林业与性别》、由及位满枝撰写的《为了废除女性生殖器切除(FGM)》等以非洲为背景的个案研究文章。

(67)迈克尔·M.塞尼编(开发援助与人类学学习会译)《为谁而开发——援助的社会学与人类学》(日本林业技术协会,1998年)

本书通过具体方法论和丰富的案例，介绍了社会科学知识在开发项目中可以有效利用的同时，还可以在世界银行社会学家、社会政策高级顾问塞尼的指导下，明示开发事业中"重视人类"的立场。本书收录了由人类学家戴森-赫德森撰写的对肯尼亚的畜牧生产体系和畜产开发项目进行论述的论文。该文中提到："努力将社会人类学引入开发计划主导的现场确实很有意思。开发是为了人类且由人类实施的。但目前为止所谓的开发过分偏重于经济活动。从这一现状来看，在整个人类开发事业阶段引入人文科学的重要性毫不逊于在整个项目阶段引进经济学家的重要性，有着非常重要的理论意义。"

(68)富川盛道著《DATOGA民族志——东非畜牧社会的地区人类学研究》(弘文堂，2005年)

作者主要以20世纪60年代至80年代的坦桑尼亚中北部埃亚西湖畔的Mangola为中心，对东非畜牧社会的地区人类学进行了研究。本书是该研究的集大成之作。作者在"森林诊所"开展医疗活动，建构与地区居民的关系，同时还从事实地调查工作。"我真心希望能治好它们，所以才从事这项工作的。"《一条裙子》是一部描述脱掉象征传统文化的皮质裙子，走向外部世界的一个年轻女性前半生的随笔。该随笔描绘了"通过若生逢其时将会在DATOGA社会里平淡无奇地度过一生的一个女性，被卷入外部社会大变革中或走在该变革之前坚强地活下去的身影，是一首富川写给DATOGA的挽歌"。"通过该著作，希望立志于非洲研究的年轻人，以及包括异文化在内对各种人生充满巨大好奇心的人，能对人类的多样性与共同性、每一个个体和每一个人独一无二的生活方式充满好奇心，并给予关注和呵护。"(日野舜也)

(69)中村千秋著《在非洲和大象一起生活》(文艺春秋，2002年)

作者实现了"想在非洲等第三世界从事为人们服务的工作""如果在非洲工作，就想把和全世界最大的与大象相关的工作当作我毕生追求的事业"等中学时期的梦想。简单易懂地介绍了以肯尼亚的东察沃国家公园为据点，在非政府组织从事野生大象的实地调查和保护活动的现场工作情况。

(70)西田利贞、上原重男、川中健二编著《马哈勒的黑猩猩》(京都大学学术出版会，2002年)

本书是自巧设黑猩猩的饵食之后，在坦桑尼亚马哈勒持续了37年的黑猩猩研究的集大成之作。马哈勒山脉国家公园是在日本的援助下诞生的第一个在日本以外的国家公园。这是在地区居民的协助下，长年累月的潜心耕耘和严谨学术研究最终发展为具体保护措施的成功案例。因此，具有深远意义。据此可以追寻日本人开展的研究紧密结合自然保护活动、记录和报道而发展起来的足迹。

(71)野口英世纪念会编《野口英世——为了人类 纪实摄影 野口英世博士120周年诞辰纪念写真集》(野口英世纪念会,1996年)

作者为了研究黄热病,于1927年到加纳阿克拉的研究所赴任。次年,因患黄热病,经医院全力抢救无效,不幸因公殉职,年仅51岁。为了纪念为人类医学做出杰出贡献的野口英世而建成的加纳大学野口英世医学研究所和在日本政府的援助下由福岛县立医科大学合作建成的研究所,为日本和加纳的医疗交流做出了贡献。

(72)野田直人著《坦桑石——我在坦桑尼亚工作》(风土社,1999年)

作者大学毕业后加入青年海外协作队,此后的20多年作为国际协力事业团专家,在中美、亚洲、非洲等地区从事造林等与林业相关的国际合作。因此,对坦桑尼亚的自然环境、社会、文化,以及当地人和工作环境了如指掌。“所谓发展中国家的开发事业,其实是与当地息息相关的地区居民和像我们这种外来的专家共同学习、共同实现自我发展的共同作业过程。该过程复杂而又充满了乐趣。”

(73)野田直人著《开发田野工作者》(筑地书馆,2000年)

“最近经常被问到‘学习人类学对开发有用吗?’等问题。大部分学习经济学的人似乎深信‘肯定有用’(偏见),这虽然是件棘手的事情,但笔者认为基本上是有用的。不管在哪个领域,或者即使把多个领域组合在一起,仅靠这些无法解决开发中存在的问题。学问是学问,现实是现实。有必要认清学问与实际开发的区别,如果牢牢把握住这一点,今后无论学什么都不会造成很大的困惑。‘学问是把复杂的问题简单化,并从中找出规律的过程。但开发必须从多样性的视角看待问题。’这就是它们的区别。”

(74)林晃史编《非洲援助与地区自立》(亚洲经济研究所,1988年)

20世纪80年代,为了非洲各国的经济稳定,由世界银行和IMF主导的结构调整政策(以经济自由化等制度改革为附带条件的援助政策)被引入非洲各国。与此相应,本书针对结构调整带给各国的影响进行了研究。本书重点是捐赠方的援助作用和超越国境的地区合作。具体来说,第Ⅰ部中对捐赠方,即世界银行(结构调整贷款)(千代浦昌道)、美国(USAID)(林晃史)、欧洲经济共同体(European Economic Community,EEC)(洛美协定)(大隅宏)、北欧各国(吉田昌夫)、日本(吉田昌夫)的援助特点进行了论述。第Ⅱ部中对非洲的地区协作机构,即“西非国家经济共同体(ECOWAS[①])”(望月克哉)、“西非经济共同体(CEAO[②])”(原口武彦)、

① ECOWAS,全称为Economic Community of West African States。(译者注)

② CEAO,全称为Communaute Economique de I'Afrique de I'Ouest。(译者注)

“中部非洲关税和经济联盟”(大林稔)、“东南非特惠贸易区”(Lazesvaran)、“南非发展协调会议”(林晃史)的现状进行了论述。

(75)林晃史编《冷战后的国际社会与非洲》(亚洲经济研究所,1996年)

本书通过冷战结束后援助国实施的援助政策,证实了20世纪90年代的转变。本书指出,冷战后发达国家“对非洲大陆的关注度下降”,有可能给非洲各国造成新的周边危机。同时,对IMF(高桥基树),世界银行(林晃史),主要援助国[英国(远藤贡)、法国(大林稔)、德国(永原阳子)、美国(小田英郎)、日本(青木一能)]等机构和国家从冷战末期到冷战结束后为止的对非政策上的变化进行了论述。作为20世纪90年代的展望,本书具体指出,要以削减贫困、良政善治、WID等为重点,以美国恢复对非消极政策,同时日本通过主办“非洲开发会议”等来强化对非关系。

(76)原口武彦编《转换期非洲的政治经济》(亚洲经济研究所,1993年)

作为援助的前提条件,“转换期非洲”不仅要在经济政策上实施结构调整,同时还要实现政治民主化。围绕这一现状,本书收录了科特迪瓦(原口武彦)、加纳(高根务)、尼日利亚(室井义雄)、肯尼亚(津田美羽)、坦桑尼亚(吉田昌夫)、赞比亚(小仓充夫)、津巴布韦(林晃史)的案例研究。

(77)原口武彦编《结构调整与非洲农业》(亚洲经济研究所,1995年)

本书以坦桑尼亚(池野旬)、赞比亚(儿玉谷史朗)、马拉维(坂本浩一)、尼日利亚(望月克哉)、加纳(高根务)、科特迪瓦(原口武彦)为中心,论述了结构调整对农业的影响。非洲的结构调整(由佐藤章撰写的概论)是以世界银行为主导统一实施的机制。但实际对农业造成的影响则不尽相同。这是由各国的农业在国内产业结构中的地位、国家干预农业的方式、民主化进程等不同所导致的。本书收录的论文在丰富的统计数据基础上,对各国农业经济的现状进行了论述。

(78)日野舜也著《来自非洲小镇》(筑摩书房,1984年)

作者在喀麦隆的农村和贝洛·伊塞尔一家共同生活了一年多。本书记录了这一年多的生活。“该记录中既没有结论部分,也没有高潮部分”,“我来自东洋一隅的小国。因此,我承认一定会有很多偏见,也会有很多自以为是的想法。但从芦苇的空茎中窥视天花板,也不是能预测其面积的吗?在书中我常常把个人偏见表露无遗,并把内心感受也毫无保留地记录下来。但唯有一个不可动摇的信念,那就是,不管在外表和身高上有怎样的区别,人类内心的美与丑是万人皆同的。人们都真挚地生活且集思广益,从而创造了自己的文化。那些作品中不存在对错、好坏等的价值差异。既可以说是正确的,也可以说是错误的。我想尽量不形于色，而是在正文中平淡地描写这些内容，但我还没有这种度量”。

(79)福井正子著《Kilinto之歌》(河出书房新社，1981年)

“常言道，人类了解人类和社会的过程正是在了解自己和自己所属的社会的过程。但是，这种想法是不是太过于主观武断了呢？我逐渐觉得他人与自己，或与外面的世界，以及与外面的社会并非是那么容易比较和类型化分析的。世界上各种事物千差万别，但它们之间又紧密联系在一起，所以可以说是非常了不起的。据说博迪族居住的地区将被改造成国家公园。这是以保护野生动物和观光旅游为中心的计划。当然，我深信这是在反复斟酌的基础上制订的计划，同时希望不要忽视人口不足千人的博迪族的重要性。这种在别人精心绘制的画卷上，用自己的水彩随意地为其涂抹颜色的鲁莽行为是不可饶恕的。”

(80)福岛浩一郎著《埃塞俄比亚之夜——洋槐林的对面》(东洋出版，1999年)

1994—1996年，作者作为青年海外协作队员被派遣到埃塞俄比亚，并在首都亚的斯亚贝巴的埃塞俄比亚政府“都市开发住宅省与住宅调查服务科”从事上下水卫生设备的技术指导工作。作者在国际协力事业团本地事务所见到了派遣到此地的“首位受试”文化人类学专家宫腋幸生。援助活动中怎么会有文化人类学家参与呢？作者经过与他的交谈了解到什么样的人聚集在这个地区，该地区又有什么样的地方特色，以及对什么给予怎样的指导才会达到确有其效的援助效果。本书对人们的生活环境、价值观及经济状况做了分析，并基于该分析结果制订开发计划。探访文化人类学家的调查地——南奥莫时留下的深刻记忆让作者久久铭记于心，于是在大学开始学习有关国际关系的知识。

(81)藤田弘二编《非洲各国的经济开发》(亚洲经济研究所，1966年)

20世纪60年代，非洲各国相继独立。在那个时期，国际援助的基本方针是以经济稳步增长为目标的经济开发。这种动向也反映在当时的开发研究上。本书是以几内亚(上杉聪彦)、南非(林晃史)、尼日利亚(入江敏夫)、阿尔及利亚(宫治一雄)、刚果(入江敏夫)为案例的有关经济开发的文献调查成果。其中对几内亚的经济概况及各国对其实施的开发援助动向做了详细介绍。

(82)舩田克拉森纱香著《莫桑比克解放斗争史——追溯“统一”与“分裂”的起源》(御茶水书房，2007年)

作者是达成和平协议之后协助联合国维持和平活动(Peace Keeping Operation，PKO)的选举支援负责人，并于1994年被派遣到位于莫桑比克边境尼亚萨省南部的农村地区。10个月任期结束后，作者坐上小型飞机离开尼亚萨。当从飞机上俯瞰大地的瞬间,“我们所主张的‘和平’‘民主主义’‘从枪弹到投票纸’等字眼与生活在纷争现场的人们所拥有的经验、思想,以及愿望相差多么遥远。哪怕一次也好,我们曾试着停下脚步倾听别人说话过吗?当笔者怀揣着这些疑问闭上双眼时,仿佛看到了每一个居民眼神深处的沉默”。本书是作者10多年来“停下脚步”,通过实地调查和文献资料对莫桑比克解放史进行解读的研究成果。

(83)皮尔·普拉德邦著(犬饲一郎译)《倾听非洲——非洲民间开发》(めこん出版社,1995年)

本书是具有布基纳法索、马里、塞内加尔、肯尼亚、津巴布韦等国家实务工作经验的一个瑞士人,通过在这些国家农村地区的见闻所进行的采访报道。作者对农民的言论做了介绍,同时对各种民间自助团体的活动实态进行了描绘。

(84)柯拉·安妮·普雷斯利著(富永智津子译)《非洲女性史》(未来社,1999年)

这是一本从性别视角描述肯尼亚的独立运动和基库尤部落的历史书籍。本书指出,基库尤女性反对殖民主义的斗争事实上也是反对基库尤部落内部家父长制的斗争,并提出具体的女性地位变革模式。

(85)A.阿杜·博亨编《联合国教科文组织 非洲通史 第七卷上、下》(同朋舍出版,1988年)

联合国教科文组织编写的《非洲通史》(第一卷—第八卷)中,对20世纪的非洲研究进行了总结。其中,本卷对1880—1935年殖民地支配下的非洲进行了归纳总结。阅读本卷能够全面了解殖民地支配对非洲的影响及其意义。

(86)Fran Hosken著(鸟居千代香译)《女性割礼——受旧习束缚的女性的性与人权》(明石书店,1993年)

“女性割礼”是对女性“健康的迫害”,更是对女性“人权的侵犯”。本书是基于这一观点向国际社会广泛宣传其实态的著作,以避免造成“文化干预”等对立情况,将其作为“保健卫生”领域的问题启发大众。据此,以往奉行不干涉主义态度的联合国各机构将其定义为“影响女性和儿童健康的传统陋习”,国际社会开始认识到这是“对女性的暴力”。本书对人类学家只提及割礼问题,而“只字不提这种野蛮行为导致的一生的健康问题”的态度进行了强烈批判。

(87)旺加里·马塔伊著(福冈伸一译)《珍爱地球,绿化地球》(木乐舍,2005年)

旺加里·马塔伊在家乡肯尼亚发起了NGO“绿带运动”,鼓励农村妇女和农民在他们的地里种树,以达到保护环境和促进可持续发展的目的。本书对旺加里·马塔伊发起的这项运动进行了记录,对科学、实践、政治干预具有启发性。该运动获得了高度评价,旺加里·马塔伊当选为肯尼亚的国会议员、环境和自然资源部副部长。这名发起非洲种树运动的女性是第一位获得诺贝尔和平奖的非洲女性。

(88)松泽哲郎著《黑猩猩的内心》(岩波书店,2000年)

小爱及其儿子小步是掌握部分人类的语言和数字,并能熟练操作计算机的黑猩猩。本书主要通过田野实验,观察这对黑猩猩的内心和认知世界的能力。国内外的黑猩猩研究者开展了禁止砍伐森林、保护黑猩猩栖息地的活动。作者在几内亚的Bossou村积极推进建设"绿色长廊"的造林事业,以此促进与其他群体的交配。作者还注意到这是兼顾当地人的统率力、造林树种多样性及生计的造林事业。

(89)松园万亀雄、绪方贞子著《国际协作中加入民族学的知识和经验》(对话)(《月刊民博》2007年11月号)

作为纪念国立民族学博物馆开馆30周年的活动之一,本刊与国际协力机构(JICA)理事长绪方贞子和国立民族学博物馆馆长松园万亀雄进行了特别对话。本文记录了本次对话的全过程。绪方理事长上任后,JICA提出重视非洲的方针,对非支援经费在总事业经费中占据的比例从15%提高到了21%。此外,围绕非洲支援领域中的特别需求,日本国际协作中的人才培养课题,以及民族学、文化人类学与开发实务的协作关系等问题交换了意见。

(90)松田素二著《抵抗的都市——内罗毕移民的世界》(岩波书店,1999年)

本书指出,对非开发援助战略和殖民地支配策略有着惊人的相似之处。"传道型""人才培养型""居民参与型"等援助战略的变迁相当于欧洲对非洲的殖民地支配历史中可验证的支配理念的变迁与平行。作者在对内罗毕城市打工者日常生活中的抵抗活动进行描写的基础上,主张21世纪的人类学家应积极干预并参与社会生活。还指出:"这是通过日常的共享,与试图支配自己的强大力量抗衡的策略。"通过田野工作,"相互获得自由,并形成改变自我和社会的契机"。

(91)水野一晴编《非洲自然学》(古今书院,2005年)

山越言在《生活在几内亚精灵之林的黑猩猩》中指出,非洲的自然保护行政与地区居民之间存在严重对立。通过几内亚Bossou案例明确指出,以居民为主体的"神圣的森林"或"传统森林保护区"将成为承载多项课题的自然保护区自上而下的"另类"保护模式。宇野大介在《短秆与长秆,两种御谷并存的理由》中指出,单从食品保障这一方面来看,把纳米比亚北部产量低的传统品种作为家畜饲料对维持复合型生计形态发挥重要作用，还论述了农户通过御谷的传统品种和改良品种的并存，应对不规则降雨模式的战略意义。

(92)绿资源公团编《萨赫勒地区荒漠化防治对策技术集》(绿资源公团，2001年)

这是对计划制订、居民组织培养、水资源开发、水资源利用、农地保护、农业技术、畜牧技术、造林技术等项目进行汇总的萨赫勒地区荒漠化防治技术手册。

(93)峯阳一著《现代非洲与开发经济学——在市场经济的怒涛中》(日本评论社，1999年)

作者在对W.瑟·路易斯、艾伯特·O.赫希曼及阿马蒂亚·森等开发经济学家的理论进行比较研究的同时，对现代非洲的出口型小农经济、城市化、劳动市场、累积债务、民主化、饥馑、市场化经济的展望等进行了论述。

(94)宫本正兴、松田素二编《现代非洲的社会变革——语言与文化的动态观察》(人文书院，2002年)

本书第Ⅲ部分是“开发与环境的现状”，其中赤阪贤对马里的扫盲教育、地方分权化、针对女性的自立支援、日本民间无偿援助协作现状进行了汇报，三岛祯子则对塞内加尔农业开发中的农民参与度和政府干预性质进行了批判性探讨。

(95)望月克也编《非洲的“人类安全保障”的射程——研究会中期成果报告》(亚洲经济研究所，2004年)

本书从纷争问题与和平建构的视角对人类安全保障进行了探讨，并在联合国人类安全保障委员会于2003年发表的报告书(*Human Security Now*)的基础上，主要从纷争问题着手对非洲的“人类安全保障”概念的可适用性进行了探讨。具体对卢旺达的和平建构(筱田英朗)、在国内纷争中开展预防性外交(平井照水)、加拿大政府的人道主义干预(滝泽美佐子)、卢旺达的难民问题(武内进一)、尼日利亚地区社会中的居民对立(望月克哉)、埃塞俄比亚农村地区的粮食安全保障(石原美奈子)等进行了探讨。望月克哉编写的《人类安全保障的射程——非洲的课题》(亚洲经济研究所，2006年)对本书内容做了进一步的补充和修改。

(96)诸石和生著《在埃塞俄比亚挖水井》(草思社，1991年)

1982—1986年，全世界呼吁对埃塞俄比亚人民进行饥饿救助。本书如实地记录了在这期间作者作为青年海外协作队员在埃塞俄比亚从事地下水开发(挖水井)工作的经历。“当生活陷入困境时，出走远方或许能解决问题。怀揣着淡淡的希望与梦想”到当地赴任的作者，目睹了革命政府、反政府游击队成员、医生、药店员、救援支援者、间谍、摄影家、新闻记者、商人、宗教家、外交官等“利用大旱""袭击饥饿难民"的丑态，并将此经历描述为"在亚的斯亚贝巴寂静的街角处，小客栈微暗的房间里烛光摇动着，正如在那里的女人们不停地诉说着微不足道的人生经历和自己为何物一般"。

(97)山极寿一著《大猩猩杂学笔记——"森林巨人"不为人知的真面目》(钻石社，1998年)

在《保护濒临灭绝的大猩猩》一文中，大猩猩成了"保护的象征"，作者提出通过抑制热带雨林的破坏来保持生物多样性的框架。还指出，推进与当地人的合作及生态旅游之道。此外，还有针对从事保护大猩猩工作的世界NGO及目前自己也在参与的NGO基金的相关介绍。

(98)吉田昌夫编《正当技术与经济开发——现代非洲的课题》(亚洲经济研究所，1986年)

进入20世纪80年代以后，许多学者分析经济危机现状的同时，基于对传统划一的对非援助的反省，从多角度开展了有关开发问题的研究。本书在指出当时备受瞩目的"正当技术"论的历史背景(吉田昌夫)的基础上，对热带草原农耕文化中牛耕(犁耕)的引进(半泽和夫)、衣料生产(坦桑尼亚)(古泽纮造)、制粉技术(肯尼亚)(儿玉谷史朗)、冶炼技术与陶器制造(坦桑尼亚)(吉田昌夫)、UNICEF的农村技术开发对策(坦桑尼亚)(森本荣二)、工业布局与均衡发展的条件(尼日利亚)(岛田周平)、技术教育与职业训练(肯尼亚)(犬饲一郎)等具体案例进行了论述。

(99)吉田昌夫编《80年代非洲各国的经济危机与开发政策》(亚洲经济研究所，1987年)

在两次石油危机冲击下，非洲经济在20世纪70年代处于停滞状态，而在20世纪80年代陷入更加严重的危机中。基于这种动向，本书对非洲国家的经济危机(与国际收支、财政、对外债务、国民不满情绪增加、饥饿、依赖援助、政治纷争等相关的经济危机)的原因及其国家政策进行了论述。本书重视非洲各国的内生性问题的同时，也将国家与农民的关系、中央与地区的关系纳入考察视野。具体来看，主要对坦桑尼亚经济危机的政策应对(吉田昌夫)、扎伊尔的IMF计划的特征(大林稔)、赞比亚开发计划中的结构性问题(小仓充大)、津巴布韦的土地政策与矿业政策(林晃史)、加纳农业行政的基本方针与农民视角的偏差(细见真也)、尼日利亚大规模灌溉计划对农村的影响(室井义雄)、肯尼亚干燥地区开发计划的制订与实施上存在的诸问题(池野旬)、科特迪瓦棉花栽培技术的引进对地区社会的影响(原口武彦)等进行了论述。

(100)吉田昌夫、小林弘一、古泽矿造编《复苏的非洲》(日本贸易振兴会,1993年)

本书以简洁的文字对非洲人的环境问题、民众的生活与民主化、农民的政治生态学、民间女性自助团体、接受紧急援助者、南非的黎明、开发政策、日本与非洲交流史、日本对非援助等非洲经济开发相关课题进行了多角度解说。这是基于日本贸易振兴机构(Japan External Trade Organization,JETRO)非洲经济研究会的成果,是"明确我们能为试图复苏的非洲做些什么"的尝试。

(101)米山俊直著《非洲学的邀请》(日本放送出版协会,1986年)

撰写本书的目的是建构非洲学。作者在最后一章中写道,"世界、非洲、日本"中,"日本在非洲没有殖民地。在此意义上日本与非洲的关系比较平缓,即没有作为侵略者的劣等感。换言之,能够从第三者的立场上看待非洲问题。……但是,当今世界各国的联系日益密切,所以仅从第三者的立场看待问题是远远不够的"。

(102)和崎洋一著《在斯瓦希里的世界里》(日本放送出版协会,1979年)

1963年在坦桑尼亚北部Mangola村开设了"草原的私塾"。作者一边教当地的小孩"读、写、算数",一边在班图语系各部族形成的农耕社会中与村民建构交往关系。"为了推进社会人类学的实地调查,我们首先应具备能与当地居民共同生活的基础。'和居民的共同生活'最初是进行调查的一种手段,但在10年后的今天,我并不认为那段共同生活仅仅是一种手段。""我感受到了和狭隘的'学术调查'毫无关系的、可称之为非洲事业的一种东西。"作者回顾和当地村民前后15年以上的交往历程,并描绘出斯瓦希里社会中人民的生活与人生。

(103)和田正平编《非洲女性民族志——在传统与近代化的夹缝中》(明石书店,1996年)

岛田义仁围绕多婚与劳动的分工、多婚与生产、育儿的分工、多婚与少产、长寿战略等几个点,对喀麦隆北部一王国伊斯兰王朝社会中的一夫多妻制进行了叙述,并从"女权主义"的视角对此进行了考察。小川了介绍了居住在塞内加尔首都达喀尔的"贫困"阶层女性是如何"防卫"每一天的生活的。户田真纪子提及了埃及女性活动家Nawal El Saadawi所描述的埃及女性受压迫的状况。

(104)Naboth Ngulube著(塚田幸三译)《非洲的文化与开发——从烦恼中解脱出来》(荒竹出版,2000年)

本书指出了文化在非洲开发中的作用,同时还指出了政治行政中伦理和责任制的必要性。作者曾经是赞比亚政府官员,译者则作为青年海外协作队员及国际协力事业团职员,曾经在赞比亚工作过。

后 记

日本有庞大的人类学领域(文化人类学、社会人类学、民族学)的研究资源。在大学和研究机构工作的人类学家、攻读博士课程的研究生,以及刚获得博士学位的博士后研究员很多都在世界各地从事田野工作。在每一项调查研究基础上撰写的厚厚的民族志报告,是只有通过在所调查地区长期的田野工作,才能够获得的宝贵的原始资料。

研究者各自收集的数据及其分析结果,通过在国立民族学博物馆和东京外国语大学亚非语言文化研究所等举办的各种共同研究会、人类学家的全国性组织——日本文化人类学会的研究大会及地区恳谈会中的讨论,或评审制学术期刊中的同行审查,作为优质的研究资源逐渐积累下来。在这种一系列的调查研究过程中所获得的人类学见解公开发表在各种刊物上,并应用到国内各大学和研究机构的研究教育活动中。

将这种人类学的庞大资源应用到日本的开发援助机构(JICA和NGO)的事业中时,研究者和实务者双方都需要认真思考。

首先,研究者一方应努力扩大搜索各种研究成果的可能性,并以通俗易懂的形式提供基于个案研究与专业研究的可靠信息。关于这一点,只要是有着丰富经验的人类学家时常思考应在什么样的时机(例如,学会报告、大学课堂、提交给调查地区政府的调查许可更新所需的报告书、提交给调查地区语料提供者的成果报告等),对什么领域的谁(其他领域的研究者、在邻接地区实施调查的同行人类学家、所指导的本科生和研究生、调查地区的政府负责人、对异文化理解感兴趣的普通读者等),以什么样的分量(适合举办说明会的时间和原稿张数等)提供自己在调查研究中所获得的见解。尤其是近几年,以询问学术存在意义的形式,将研究成果归还给普通社会群众或研究数据提供者的方法备受关注,并对此进行了热烈讨论。

在我国(日本),人类学的研究者和开发援助的执行者之间,意见交换和人事交流等协作总算起步了。为今后进一步的发展,研究者应把执行者和受援者当作读者，并向其提供研究资源。这种方法被视为现实且紧迫的课题，应对此进行积极探讨。基于协作尚未有实质性进展的现状，许多人类学家并没有获得足以提高这种能力的机会，人类学家应更加积极主动地向援助机构推进各项工作。

执行者在应用人类学研究资源的基础上，应思考如下几个点。正如本书绳田论文中所说，只有通过人类学家长期在调查地区进行的实地田野工作，我们才能获得优质的原始资料。开发援助的执行者如果想在制订计划和评价事业时充分发挥人类学家的作用，就应理解人类学以田野工作为中心的独特研究模式，并具备坚持不懈地为此实施支援的制度性应对措施，否则就不能要求专业的人类学家提供最优质的与事业实施地区相关的信息。目前，国内的大学和研究机构正处于制度变革当中，从而使人类学家乃至所有研究者足以踏踏实实地进行研究的时间变得越发难以保证。

作为这种现状的改善措施，JICA是否可以将国内大学和研究机构的人类学家和博士后研究员特聘为短期（半年至两三年）兼职研究员，并创造围绕援助课题开展传统的人类学田野工作的环境呢？与此同时，如果能将JICA职员作为客座教师或特聘教师派遣到大学和研究机构的话，通过双向人事交流，协作可取得新的实质性进展。

为了使援助机构充分利用人类学的研究资源，大学和研究机构也应积极完善人事交流的制度性环境。虽然尚处于蠕动状态，但这种趋势似乎已经出现苗头。

撰写本书的基础——民博共同研究会似乎根据不同的研究者和执行者来编制计划，并使用了我在总序中提到的二分法。但事实上，本书的大部分撰稿人是同时参与研究和实践活动的。我希望今后这种研究实践者更加多起来，如果本书能为此尽到一分力量，我将十分荣幸。

我向民博共同研究“开发与原住民族”的代表人物——负责管理研究会的同事岸上伸启教授，以及各位发表者和撰稿人表示衷心的感谢。关于本书的编辑，石田慎一郎先生（时任民博外聘研究员，现任大阪大学研究生院人类科学研究科特聘助教）尽到了重要职责，还得到了绳田浩志先生（时任鸟取大学干燥地研究中心讲师，现任综合地球环境学研究所准教授）的支持。我再次向两位的协助和辛勤付出表示深深的谢意。

松园万龟雄

作者简介

杉田映理(Sugita Eri)

东京国际大学讲师

专业:开发人类学、水与卫生的社会研究

主要著作和论文:

『水問題への働きかけ—安全な水と衛生』佐藤寛編『テキスト社会開発』日本評論社、pp.79—97、2007年

「水と"人間の安全保障"と文化人類学—ウガンダ農村の視点から見て」伊藤亜人教授退官記念論文集編集委員会編『東アジアからの人類学—国家·開発·市民』風響社、pp.223—326、2006年

"Increasing Quantity of Water: Perspectives from Rural Households in Uganda". *Water policy*, 8, pp.529-537, 2006.

箱山富美子(Hakoyama Humiko)

藤女子大学人类生活系教授

专业:开发援助

主要著作和论文:

"UNICEF Annual Report 1996 Mauritania", UNICEF,1996.(主要作者)

"UNICEF Annual Report 1997 Mauritania", UNICEF,1997.(主要作者)

"UNICEF Annual Report 1998 Mauritania", UNICEF,1998.(主要作者)

"UNICEF Annual Report 1999 Mauritania", UNICEF,1999.(主要作者)

"UNICEF Annual Report 2000 Mauritania", UNICEF,2000.(主要作者)

花谷厚(Hanatani Atsushi)

国际协力机构、国际协力综合研修所客座专家

专业:非洲开发协力论

主要著作和论文：

「援助協調関与の利害と対応戦略」『IDCJ フォーラム』23号、2003年3月

「アフリカにおける地域社会開発のあり方に関する一考察」『JICAフロンティア』vol. 9、1999年

「政府開発援助における『人間の安全保障』の実践から見たアフリカの国家と開発」2006年5月日本アフリカ学会第43回学術大会シンポジウム「人間の安全保障とアフリカ研究」での発表(『アフリカ』誌掲載予定)

若月利之(Wakatsuki Toshiyuki)

近畿大学农业系环境管理专业教授

专业:生态工学、土壤学、非洲水田开发

主要著作和论文：

廣瀬昌平·若月利之編著『西アフリカ·サバンナの正態環境の修復と農村の再生』農林統計協会、1997年

S. Hirose and T. Wakatsuki eds. *Restoration of Inland Valley Ecosystems in West Africa*, Norin Tokei Kyokai, 2002.

Wakatsuki, T., Shinmura, Y., Otoo, E., and Olaniyan. "Sawah system for integrated Watershed management of small inland valleys in West Africa". In FAO ed., *Water Report NO.17*, pp.45-60, FAO, 1998.

松园万龟雄(Matsuzono Makio)

(日本)国立民族学博物馆馆长

专业:社会人类学

主要著作和论文：

『新訂·文化人類学——文化的実践知の探究』(共編著)財団法人放送大学教育振興会、2007年

『性の文脈——くらしの文化人類学4』(編著)雄山閣、2003年

「グシイ——ケニア農民のくらしと論理」弘文堂、1991年

绳田浩志(Hiroshi Nawata)

大学共同利用机关法人，人类文化研究机构、综合地球环境学研究所准教授

专业:文化人类学、社会生态学

主要著作和论文：

「スーダンの飢餓·内戦へのまなざし」『朝倉世界地理講座——大地と人間の物語 第11巻 アフリカ Ⅰ』(共著、池谷和信·佐藤廉也·武内進一編)朝倉書店、2007年

「アシール山地の自然保護区と地域住民のかかわり」『サウジアラビアを知るための65章』(共著、中村覚編)明石書店、2007年

「外国人労働者との共同作業による環境保全」『村落開発と環境保全——住民の目線で考える』(共著、草野孝久編)古今書院、2008年

石田慎一郎(Ishida Shin-ichiro)

大阪大学大学院人类科学研究科特任助教

专业:社会人类学、法律人类学

主要著作和论文：

「ケニアの民間開発」『季刊民族学』123号、2008年

「ADRとメノナイト——アジア·アフリカにおける多元的法体制の新しい展開」『法律時報』79巻12号、2007年

「紛争過程分析における千葉理論の所在——法規則·法前提のダイコトミーをめぐる方法論的提言」『法社会学』64号、2006年

译后记

在中非关系快速发展、中非人文交流日益密切的时代背景下，深入开展与非洲大陆的人文交流合作，可为我国民间、社会团体、组织与政府提供一个了解非洲的窗口。浙江师范大学外国语学院、非洲研究院与浙江工商大学出版社在深入沟通、多次调研的基础上，共同策划了“日本对非研究”系列译丛。本译丛为国内首批大型“日本对非研究”系列译丛，也是浙江师范大学非洲研究院“非洲文库”国家智库丛书的重要组成部分。译者有幸参与该项目，并负责翻译了《非洲的人类开发——实践与文化人类学》(松园万亀雄、绳田浩志、石田慎一郎编著)。

译者接触到本书是机缘巧合。当时正考虑翻译另一本有关日本对非研究的著作，然而终因版权问题，未能如愿。在日访学期间，访学单位丰富的图书资源为译者提供了更广阔的选择空间，译者结合自身的研究兴趣和当时的研究热点，最终选择了本书。进入正式翻译阶段后，由于译者对这一新领域缺乏了解，从而导致翻译工作一度停滞不前。但非常幸运的是，在各方人士的大力支持和无私帮助下，拙译终得以顺利问世。另外，有两点需要说明：第一，文中所有脚注皆为译者注，原书的注解则按照原书，以文后注的形式出现；第二，书中所用图片，皆为原版图书图片，但因版权问题无法进行改动，只能以脚注形式进行翻译。

借此机会，我首先要感谢本译丛的总主编——浙江师范大学日语系主任徐微洁博士。作为该项目的领航者，徐博士引领大家共同完成这项工作，同时对整个项目的实施有着全面而前瞻性的认识。敲定选题、项目申报、经费落实、各方联络、后续跟进等工作无不凝聚着徐博士的心血和付出。若无其大力支持和督促，本书不可能这么快与读者见面。

感谢浙江师范大学非洲研究院初始院长刘鸿武教授的鼓励和支持。刘院长在百忙之中为本书赐序，他的序言高屋建瓴，为本书增光添彩。感谢浙江师范大学外国语学院洪明院长、俞明祥书记、胡美馨副院长对本译丛和本人的指导、支持。感谢浙江师范大学日语系李沛老师，她在繁忙的工作之余不辞辛劳地帮我解决翻译难题，尤其在术语翻译方面给予了无私的帮助和中肯的建议。感谢浙江师范大学“外国语言文学及应用语言学”省级一流学科和非洲研究院的经费支持。

感谢浙江工商大学出版社的姚媛女士，是她不遗余力地为我们创造了翻译本译丛的机会。姚媛女士高度的责任感和一丝不苟的工作态度使得本书的版权引进、合同签订、版式确定、译著审校等工作得以顺利进行。

我还要感谢我的家人，有了他们的理解和支持，我才能坚持下来。家人是我最坚强的后盾，是我能够坚持下来的动力。感谢他们为我所付出的一切，感谢他们呵护着我一路前行。

最后，由于译者相关专业知识和翻译水平有限，本书难免会有疏漏不当之处，敬请读者批评指正。

金稀玉
浙江师范大学日韩语言文化研究中心
2018年6月